Três Ottos por

OTTO LARA RESENDE

Três Ottos por

OTTO LARA RESENDE

Tatiana Longo dos Santos
(organizadora)

IMS
INSTITUTO MOREIRA SALLES

Concepção e coordenação editorial
Instituto Moreira Salles

Projeto gráfico/editoração
Ronaldo F. Barsotti/Zeta Studio

Revisão
Marilena Vizentin
Saga Editora

Supervisão
Adam Sun

Foto da Capa: Alécio de Andrade, 1972

Dados Internacionais de Catalogação na Publicação (CIP)
(Câmara Brasileira do Livro, SP, Brasil)

Três Ottos por Otto Lara Resende/Tatiana Longo dos Santos (organizadora).
– São Paulo: Instituto Moreira Salles, 2002.

ISBN: 85-86707-06-6

1. Resende, Otto Lara, 1922-1992 – Crítica e interpretação I. Santos, Tatiana Longo dos.

02-4526 CDD-869.98

Índices para catálogo sistemático:
1. Escritores brasileiros: Apreciação crítica: Literatura brasileira 869.98
2. Escritores brasileiros: Vida e obra: Literatura brasileira 869.98

Av. Paulista, 1294, 14º andar, CEP: 01310-915, São Paulo-SP
Tel: (0 XX 11) 3371-4455; fax: 3371-4497
Internet – http://www.ims.com.br e-mail: ims@ims.com.br

IMS
INSTITUTO MOREIRA SALLES

SUMÁRIO

A CRIAÇÃO

OTTO E COMPANHIA

EM MEMÓRIA DE OTTO LARA RESENDE

Formulada com graça na hipérbole poética de Mário de Andrade "eu sou trezentos, sou trezentos e cinqüenta", a expressão cabe como luva em Otto Lara Resende. Os dois escritores viram-se pela primeira vez em Belo Horizonte quando Otto se achava na "glória dos 20 anos". Na verdade estava com 22 na noite daquele encontro de 10 de setembro de 1944, no Cassino da Pampulha, que marcou o jovem mineiro com as "impressões indeléveis" que ele deixaria registradas no *Poema para Mário de Andrade,* escrito ali mesmo com a força de um *impromptu*, numa de suas raras incursões pela poesia.

Apesar de ser um nome consagrado, Mário tinha os ouvidos bem abertos para os moços buliçosos que, da capital de Minas Gerais, lhe enviavam cartas e, para que opinasse, as tentativas de uma literatura ainda em estado de ovo. Eram vários esses jovens, mas com Otto "não foi preciso apresentação": havia uma química entre eles. Talvez por serem ambos personalidades plurais, cuja unidade era múltipla, o fardo do autoconhecimento, ao longo de suas vidas, lhes pesaria dobrado.

Advogado por formação, Otto foi jornalista, professor, adido cultural e diretor de banco, ocupação de que logo desistiu, por inadaptação, e lhe rendeu a *blague:* "Devo ter sido o único mineiro que deixou de ser diretor de banco". Melhor frasista de seu tempo, na opinião dos amigos, era o *causeur* por excelência na confraria dos "cavaleiros de um íntimo apocalipse", como ele chamava o grupo dos companheiros de juventude Hélio Pellegrino, Paulo Mendes Campos e Fernando Sabino. Mas ao lado desses Ottos havia também o católico devoto, o confidente, o acérrimo defensor dos amigos, o sutil entendedor da natureza humana.

Não por outro motivo o título deste volume alude à multiface de Otto Lara Resende, ilustrada pelo próprio autor no desenho reproduzido na última capa, com três caras num mesmo eixo horizontal transformadas no autógrafo de seu nome palíndromo. Apesar de legível por qualquer lado, esse nome "sem princípio nem fim", que é a efígie de seu dono, encerra um mistério.

São três os Ottos neste livro – numa referência à divisão dos textos no volume – como são quatro na plaquete biográfica[1] que lhe dedicou a neta Mariana, em 1999, no trabalho de conclusão de seu curso universitário, como também são quatro, ou *Otto ao quadrado*, no *ex-libris* inventado pelo publicitário Carlito Maia, em 1986, para presentear o amigo. E poderiam ser muitos além desses, até mesmo – com a licença da poesia – trezentos e cinqüenta. Mas sob esses muitos houve sempre uma personalidade de fundo, resistente como um princípio ontológico, unindo todas as faces num único e sofrido personagem: o escritor.

Sim, porque o Otto escritor sofria. Não para escrever matérias jornalísticas, que lhe fluíam ao correr da pena, mas para criar o texto literário, talvez porque padecesse do que Yeats chamou de "fascínio daquilo que é difícil". E o difícil para Otto era chegar a uma forma capaz de satisfazer sua implacável exigência, que o compeliu, por exemplo, a reescrever cinco versões de *O braço direito*, romance de 1963, que após milhares de páginas não foi dado por concluído até sua morte, vinte e nove anos depois. Não fosse por Ana Miranda, que preparou a versão inacabada, a partir das indicações de Otto, para a edição publicada em 1993 pela Companhia das Letras, o livro reescrito permaneceria nas gavetas do autor. Para Otto a literatura tinha algo de metafísico, podendo alcançar a duração, acima da contingência do tempo. Era pois contra a morte, lucidamente, que o escritor lutava.

No entanto, esse Sísifo insaciável de palavras foi ao mesmo tempo o mineiro modesto que deixou na Academia Brasileira de Letras um *curriculum vitae* de três linhas, como recorda seu biógrafo Benicio Medeiros[2]. Em Otto não há paradoxo e, apesar da fórmula sumária de seu registro como "imortal", não lhe faltava fôlego para o bate-papo. Nelson Rodrigues dizia que "a grande arte de Otto Lara Resende é a conversa". Lembro-me de suas

1. *Os quatro Ottos*. Mariana Jaguaribe Lara Resende. São Paulo: Edição da autora, 1999.

2. *Otto Lara Resende: a poeira da glória*. Benicio Medeiros. Rio de Janeiro: Relume Dumará/Secretaria Municipal de Cultura, 1998.

intervenções nos almoços com que se encerravam as reuniões do Conselho Consultivo do Instituto Moreira Salles, quando sem se dar conta Otto acabava protagonizando a conversa com sua verve incomparável. Sentavam-se à mesa, no último almoço do qual ele participou, Walther Moreira Salles, Antonio Candido de Mello e Souza, Francisco Iglésias, Jurandir Ferreira, Fernando Moreira Salles, Pérsio Arida, Pedro Moreira Salles e o redator desta nota. Otto contou dois casos divertidíssimos e, como insistimos, acabou contando outros. Dias depois recebi um bilhete aflito: "Acho que estraguei nossa reunião. Monopolizei, falei demais. Prometo que não vai acontecer na próxima vez".

Membro do Conselho Consultivo desde a fundação do IMS, em 1990, nele permaneceu até sua morte, em 28 de dezembro de 1992. Menos de dois anos depois a família doou seus arquivos ao Instituto, começando então os trabalhos de conservação. Em 1998, em convênio com o Instituto de Estudos Brasileiros da Universidade de São Paulo, teve início a organização do acervo, a cargo da equipe coordenada pela pesquisadora Tatiana Longo dos Santos, sob a orientação da professora Telê Ancona Lopez.

Com a edição *in memoriam* do presente volume, no décimo ano da morte de Otto Lara Resende e no octogésimo de seu nascimento, o IMS abre ao público os arquivos do escritor para estudos e pesquisas.

Antonio Fernando De Franceschi
Outubro de 2002

INTRODUÇÃO

OTTO PALÍNDROMO, 2002

Oitenta anos de nascimento e dez de morte, 2002 é um ano palíndromo* como o nome Otto. Nascido em São João del Rei, Minas Gerais, no dia 1º de maio de 1922, Otto Lara Resende começou sua carreira de jornalista aos 16 anos em Belo Horizonte, transferindo-se para o Rio de Janeiro em 1946. Era esperado na então capital federal por seus amigos mineiros Fernando Sabino e Paulo Mendes Campos, que também descobriam o ofício de escritor. Viveu a maior parte de sua vida no Rio, onde trabalhou nos jornais e revistas mais importantes do país e na televisão. No serviço diplomático, foi adido cultural em Portugal, dedicando-se ainda à divulgação da literatura brasileira na Bélgica e na Holanda. Fez poesia, foi autor de sucesso no romance e no conto, tornou-se conhecidíssimo na crônica. Morreu no Rio de Janeiro, em 28 de dezembro de 1992.

Durante mais de meio século formou um importante acervo, doado por sua família, em 1994, ao Instituto Moreira Salles para servir a estudos e pesquisas. O acervo compõe-se de biblioteca com mais de cinco mil volumes, de arquivo, com suas séries (que incluem correspondência, manuscritos, fotos etc.), de uma pequena coleção de obras de arte e de outra, também pequena, de móveis e objetos pessoais. Depois de uma triagem realizada pela pesquisadora Mariângela Alves de Lima Vallim, o Instituto Moreira Salles, para orga-

* Naturalmente, o termo é empregado aqui numa acepção ampla, já que capicua é a palavra correta na língua portuguesa para designar o número que, lido da esquerda para a direita ou da direita para a esquerda, apresenta o mesmo valor (nota dos editores).

nizá-lo, firmou um convênio com o Instituto de Estudos Brasileiros da Universidade de São Paulo. A partir de projeto elaborado pela professora Telê Ancona Lopez, em 1998, formou-se a Equipe Otto Lara Resende.

No caso da biblioteca, buscou-se uma classificação capaz de oferecer não apenas o tombamento das obras, mas também de acusar a existência de "exemplares únicos", isto é, com dedicatória, anotações marginais do Otto leitor ou papéis deixados entre suas páginas – recortes ou folhas manuscritas –, caracterizando a marginália apensa. O rigor dessa classificação obedeceu à intenção de patentear as relações do escritor com sua biblioteca, valorizando a presença do diálogo intertextual na respectiva marginália. Tal tarefa foi confiada às bibliotecárias Vânia Santos, que implantou o processamento informatizado do acervo, e Maria Inês Ricci, que concluiu o trabalho.

Na organização do arquivo que ficou sob minha orientação direta, procurei, contando com a consultoria de Telê Ancona Lopez, garantir tratamento adequado aos documentos, visando disponibilizá-los para consulta. Bancos de dados norteados pelos princípios da arquivística e com o respaldo da crítica genética – no tocante à análise documental dos manuscritos da criação literária e da correspondência – foram criados pelo programador Patrick Levy e, depois, por mim. Foi desenvolvido um sistema de acondicionamento levando-se em conta as melhores soluções de salvaguarda. Ultrapassando 20 mil unidades documentais e seis décadas do século XX, o arquivo de Otto muito tem a oferecer aos estudiosos no âmbito da literatura e de outras áreas do conhecimento. Suas sete séries refletem momentos importantes no campo intelectual brasileiro das décadas de 1930 a 1990.

PERCORRENDO UM ARQUIVO DE ESCRITOR

Em uma rápida apresentação dos conjuntos documentais que compõem o Arquivo Otto Lara Resende, tomamos primeiramente a Correspondência, com mais de 8 mil documentos, composta de três subséries já processadas – correspondências passiva, ativa e de terceiros sob a custódia do escritor. A passiva, naturalmente a mais numerosa, reúne nomes de vulto na literatura, no jornalismo e na política do país, familiares e amigos pessoais. A ativa, que salvaguarda os textos do Otto remetente – ou seja, missivas recambiadas, cópias, esboços e rascunhos –, permite a recomposição imediata de certos diálogos epistolares. A Correspondência de terceiros, que exibe trajetos originais desviados, coloca em pauta assuntos que outros destinatários julgaram interessantes ao autor de *O braço direito*. A classificação operada desvenda os cruzamentos que explicam a função dos documentos, que os historiam e recuperam fatos. Um bom exemplo de reconstituição pode ser este que se liga ao comportamento independente de um jovem intelectual; surge na junção da Correspondência passiva com a de terceiros. Em 19 de agosto de 1948, Antônio de Lara Resende escreve de Belo Horizonte a Francisco Negrão de Lima (secretário-geral da Administração da Prefeitura do Distrito Federal, na época, recorde-se, o Rio de Janeiro), pleiteando uma colocação no serviço público para seu filho Otto, recém-formado em Direito. Com receio de que essa carta se extraviasse, ele redige outra e encarrega de sua postagem, diretamente no Rio, o jovem bacharel, então já radicado na cidade. A esse documento anexa o original e uma cópia da solicitação, os quais permaneceram entre os papéis do escritor.

A série Fotografias apresenta quase exclusivamente imagens referentes à vida pessoal e profissional de Otto Lara Resende. Testemunha, por exemplo, sua presença, aos 22 anos, em setembro de 1944, no grupo de estudantes e jornalistas que posa ao lado de Mário de Andrade em Belo Horizonte; fixa sua posse solene na Academia Brasileira de Letras, em 1979; registra, em 1981, Otto acompanhado de seus inseparáveis amigos em fotos para a divulgação do disco *Os 4 mineiros*, no qual ele, Fernando Sabino, Hélio Pellegrino e Paulo Mendes Campos leram os próprios textos num clima de sarau – para não falar de um flagrante do jornalista durante a apresentação de sua "crônica falada" no quadro "O pequeno mundo de Otto Lara Resende", inserido no telejornal da TV Globo (1967).

Outra das séries, Dedicatórias em folhas extraídas de publicações, já é por si só curiosa, uma vez que funde o culto da memória ao hábito generoso de não guardar o supérfluo. Ao separar dos volumes que doou para bibliotecas esses pequenos textos grafados em folhas de guarda ou folhas de rosto, Otto, com sua "delicadeza de alma", não perdeu de vista o gesto de aproximação dos autores nem os presentes de amigos. Pôde, todas as vezes que desejou, mirar a letra, revisitar as palavras. O processamento dessa série incluiu os dados bibliográficos completos das obras recebidas.

Em Manuscritos, o arquivo apresenta duas vertentes: os manuscritos da criação literária e jornalística de Otto Lara Resende e de outros escritores que lhe pediam leitura e opinião. Destacam-se notas prévias, planos, esboços, bem como cinco versões de *O braço direito* (1963).

Ressaltam também as provas rasuradas a tinta preta, que fazem delas o manuscrito do artigo "O que é preciso para a universidade? 'Muita coisa'", nascido após maquilagem operada pela censura de Vargas. Sabedor da importância desse documento, o autor denuncia a intervenção e restaura a integridade do texto, advertindo: "Trecho de/ uma entrevista a/ 'O Diário', de B. Hori-/zonte, provavelmente/ em 1944, sôbre Uni-/versidade. Esta prova/ mostra os cortes feitos/ pela Censura do 'Estado/ Nôvo'/ Otto Lara Resende". Este documento completa-se na parcela que cobre os artigos do jornalista, a série Matéria extraída de publicações, no recorte de *O Diário* de 5 de agosto de 1944 (versão proveniente da censura).

Curiosamente, aquele que manifestava uma certa resistência a publicar seus livros multiplicou-se em contos e artigos na imprensa. Esses textos em jornais e revistas teriam desaparecido não fosse sua responsabilidade de autor, colecionando-os juntamente com trabalhos alheios. Desse modo, a série Matéria extraída de publicações exibe a produção de Otto e de terceiros, revelando interesses do autor de *As pompas do mundo* (1975), bem como a fortuna crítica de sua obra. A série reúne ainda a notável produção de Otto Lara Resende como crítico de cinema do jornal *Última Hora*, em artigos que preferiu assinar como J.O.

A série Documentação pessoal desvela a biografia do escritor por meio de passaportes, carteiras de associações, agendas telefônicas e de endereços – que recuperam relações de amizade ou contatos do jornalista –, diplomas e certificados vinculados a homenagens, láureas etc.

A série Desenhos infantis, composta basicamente de trabalhos de crianças da família, traz outro dado biográfico: a presença do pai e do avô incentivador.

Examinando-se os documentos conservados, pode-se concluir que Otto tinha plena consciência de que eles serviriam como fonte de pesquisa. Seu cuidado em fornecer informações complementares, em salvar material jornalístico, em agrupar cartas ou em não permitir que se perdessem anotações feitas até em minúsculos pedaços de papel – inclusive aproveitando fragmentos de envelope – referenda essa escolha.

A organização do arquivo significou, e significa, o empenho de uma equipe que, paralelamente ao objetivo de disponibilizar da melhor forma os documentos para consulta, considera, em cada um de seus membros, seu próprio desenvolvimento enquanto pesquisadores. Participam desse trabalho Flávia de Oliveira Nunes, Sergio Barbosa da Silva e Pedro Paulo da Silva. Rosana Fumie Tokimatsu, Ana Paula Gomes do Nascimento e Maria Guadalupe Pessoa deram também sua contribuição.

TRÊS OTTOS POR OTTO LARA RESENDE

Este volume – ao lado dos índices elaborados, dos bancos de dados e da informatização da biblioteca – é produto do trabalho de organização empreendido até o momento. Representa uma primeira exploração do extraordinário Arquivo Otto Lara Resende, agora aberto à consulta pública no centro cultural que o Instituto Moreira Salles mantém na capital paulista.

Resultado de uma seleção de textos de cunho autobiográfico – alguns inéditos – escritos por Otto entre as décadas de 1940 e 1990, o livro começa por uma feição quase desconhecida do autor mineiro – a de poeta, que brinca com o "palíndromo" de seu nome de batismo. Como cabe a uma edição anotada, *Três Ottos por Otto Lara Resende* se faz acompanhar de informações que fecham lacunas concernentes a nomes, apelidos ou pseudônimos, recompõem relações profissionais e de amizade e esclarecem historicamente as passagens dos períodos focalizados. Ao recorrer às diversas séries do arquivo – mormente à correspondência, aos recortes e aos manuscritos (nos quais flagram o processo criativo do escritor), aos títulos e às dedicatórias classificadas na biblioteca –, as notas deste trabalho acompanham os fios que tecem a complexa trama dos documentos que compõem o acervo.

A maioria dos textos aqui referidos não foi titulada originalmente por Otto Lara Resende. Títulos atribuídos por mim aparecem entre colchetes. Em algumas notas, a exemplo do que foi adotado por Telê Ancona Lopez em *Balança, Trombeta e Battlesphip ou o descobrimento da alma* (São Paulo: Instituto Moreira Salles/Instituto de Estudos Brasileiros, 1994), foram usados os seguintes sinais para a classificação das rasuras nos manuscritos: * *, substituição; > <, supressão; + +, acréscimo; @ @, alteração na pontuação; = =, confirmação; ^ ^, correção; # #, deslocamento.

Tatiana Longo dos Santos
Outubro de 2002

Sou imóvel e semovente.

Por que diabo, Deus meu, nasci eu com esse destino de compreender?

Otto Lara Resende

Em casa, na rua Peri, 879, Jardim Botânico (Rio de Janeiro, outubro de 1965). Foto de Cláudio Mello e Souza

Três Ottos por

OTTO LARA RESENDE

CADERNO NOVO

Na década de 1980. Arquivo OLR/IMS

[OTTO]*

OTTO:
        prisão da simetria
O, mais que um círculo:
começa e acaba sem princípio nem fim.
O esburaca o branco firmamento de papel
Limita
cerca o branco no branco
um certo vazio no vazio ilimitado.
Otto: um O que grita vocálico
e morre sem eco n'o átono.
O O
dois olhos espiam abertos
(abertos ou fechados?)
entre a balança de dois TT
Telefônicos
postes e fios que reclamam

---

* Poema; data atestada como posterior a 30 de março de 1969; sem assinatura; datiloscrito original, fita preta, uma folha, escrita ocupando a frente, papel branco, borda superior picotada; 21,0 x 16,5 cm. Há outra versão do poema, com disposição dos versos diferente da apresentada aqui e sem a parte final a partir do verso "Impronunciável R s n d". Como ambas não possuem data expressa, optamos por transcrever a versão que nos pareceu mais completa (V. subsérie "Manuscritos Otto Lara Resende").

a livre continuidade:
TTTTTTTTTTTTTTTTT
portas colunas templo
que um O e um O limitam e tiranizam:
O TT O
L AR A
Clarinada
Clara clarinada
LAR
AR
ARA
Lara
Otto Lara
Nasalmente
Resende.
Impronunciável R s n d
que um E argamassa e organiza: Resende Edneser
Lara Aral
Otto ottO
Lara araL
Resende edneseR
OAE
na perfeita simetria: Ott Lar Resend – o a e[1]

1. Adendo a caneta esferográfica, tinta azul, escrita invertendo a posição do papel, ocupando a margem direita: "Nunca teve a alegria de apresentar uma palavra a outra palavra. Na sua prosa, nunca um substantivo marcou um primeiro encontro com um adjetivo. Não era um casal, era a aliança de dois egoísmos contra o mundo".

[PALÍNDROMO]*

30 de março de 1969

1

			surdina
	cara	cara	nasal
cla-			
rida-	{OTTO	LARA	{RESENDE
de			

As vogais se repetem binariamente

Manuel Bandeira – s/ m/ nome[1]
Mário Pedrosa: tem de?

---

* Nota datada: "30.3.69"; sem assinatura; autógrafo a caneta esferográfica, tinta azul; duas folhas, escrita ocupando a frente da primeira e metade da segunda; papel branco, borda superior picotada; 19,4 x 16,3 cm; dois furos; marca de grampo. Também integra esta nota o esboço por Otto Lara Resende de três carinhas. Em duas delas os prenomes "OTO" e "OTTO" servem para formar a expressão do rosto, em que os olhos são a letra "O"; a terceira figura traz em si o sobrenome "LARA". Auto-retratos simples, que contrastam com a elaboração da autobiografia que acompanhamos unindo os elementos de cada um dos textos de OLR presentes neste livro.

1. "Otto Lara Resende: este nome faz carreira sozinho!", frase de Manuel Bandeira (*apud* Benicio Medeiros, *Otto Lara Resende: a poeira da glória*. Rio de Janeiro: Relume Dumará/Secretaria Municipal de Cultura, 1998, p. 54).

A visualização errada de O.L.R.: OTTO germânico, LARA clarinada = sujeito louro e, por isto, alto, de olhos claros; RESENDE: finale tranqüilizante, crepuscular e confidencial.

OTTO: de trás p/ diante

palíndromo[2]

X X

2) ÓCULOS: olhar + agressivo, com sustenido, equipado mecanicamente

3) TOCAIA: postura frontal, na luta, dar costas significa desistir, dar-se por derrotado (mesmo entre animais)

2

Formação mineira: cristãos-novos fugindo aos rigores da Inquisição – a pressão sobre o fraco estimula a astúcia. O forte, seguro de s/ força, não precisa ser astucioso. É sagaz, qdo. muito. O leão e o rato.

O fisco e a coroa exigentes obrigam os mecanismos de autodefesa.

O excesso de autoridade gera a hipocrisia, os "*chemins détournés*".

Daí, o santinho de pau oco, usando a devoção para passar o ouro, unindo o puramente gratuito ao essencialmente interesseiro (lucrativo).

2. O interesse de OLR pelo assunto reflete-se em sua crônica "Asioc ed odiod", publicada na *Folha de S. Paulo* em 16 de junho de 1991 (republicada em: *Bom dia para nascer*. São Paulo: Companhia das Letras, 1993, p. 89), e também na Biblioteca OLR, na qual se encontra o exemplar de *Palindromia*, de Miguel González Avelar (México: Grijalbo, 1984).

[DEIXAR DE FUMAR É INAUGURAL]*

Deixar de fumar é inaugural. É o primeiro dia de aula, de manhã, com caderno novo. Há um avental branco em deixar de fumar, e que nos toca conservar. Deixar de fumar é abrir um calendário pelo princípio, a primeira hora do primeiro dia. Em deixar de fumar há um número 1 e o número 666, apocalíptico.

As verdadeiras alegorias são de ordem moral. O resto é perturbação dos sentidos, galope da besta, dissipação. Deixar de fumar é matinal. É intrépido.

[LER É CASTO]

Ler é casto em todo o seu silêncio. A leitura é impartilhável. Quem lê está sério, mas feliz. É frio, ler; mas com cobertor, gostoso como defender-se do frio. Ler não tem pressa. É extremamente confidencial: só entre o autor e o leitor, mais ninguém. Ler é por isto um ato de confiança. Só com absoluta e estrita confiança um autor se deixa ler. E só o deixa por leitores fidedignos. Ler é extremamente honesto. Quem não tiver os requisitos não se apresente, nem se habilite. Ler tem um longo corredor, mas há paisagens ao fim e durante. Talvez o Éden. Toda leitura é um reencontro. O leitor lê-se a si mesmo, desenrola-se como uma bobina. A cada página que passa, você fica mais perto de você – e de um segredo que só a leitura sabe.

---

* Nota sem data, assim como o texto "Ler é casto", provavelmente do período maio de 1965 – dezembro de 1973, no qual OLR esteve ligado ao *Jornal do Brasil*; sem assinatura; autógrafo a caneta esferográfica, tinta azul; uma folha, escrita ocupando a frente e 1/6 do verso; papel branco, timbrado: "JORNAL DO BRASIL/ Diretoria"; 22,7 x 15,3 cm; borda superior irregular.

ITINERÁRIO OBSCURO DE UMA PERSONALIDADE DIFÍCIL*

12 de abril de 1945

Nasceu no dia 1º de maio de 1922. Conta, pois, hoje, quase 23 anos. Não se sabe até onde a época em que tem vivido possa ter influído na formação disso a que se chama caráter. Mas é certo que o século XX não deixou marca rubra em seu espírito, que viveria perfeitamente na idade cavalheiresca ou no áureo século de Augusto. Em qualquer circunstância, as linhas mestras de seu temperamento seriam as mesmas, apenas variáveis no que não toca à essência de sua personalidade. No entanto, acredita-se que seja muito facilmente vulnerável às influências externas, ao meio em que viva e a um ou outro fator mais preponderante. Ainda que não se considere maleável a todas as imposições exteriores, o fato é que por elas tem sido bastante impedido de viver em perfeita liberdade, delas tendo recebido limitações que por vezes estiveram a ponto de sufocá-lo ou de desviá-lo de seu verdadeiro caminho. Hoje mesmo, não considera finda a tarefa de sua libertação, a que se entregou com todas as forças de sua alma, certo de que não deve resguardar implacavelmente o que tem de mais autêntico e mais íntimo em si mesmo, mas, pelo contrário, exercitar todas as potencialidades humanas de que foi dotado. Infelizmente, isso nunca lhe foi facilitado e nem mesmo permitido. Teve, por isso, que se descobrir por si mesmo e enfrentar heroicamente tudo o que, ao longo de sua vida, recolheu ao sombrio armazém interior. Para tanto não lhe falta generosidade. Nem lhe falta tampouco inteligência perscrutadora, capaz de se analisar com muita lucidez, mas nem sempre com suficiente segurança, o que por vezes lhe imobiliza grande parte dos lances para sua libertação. O hábito de se recolher avaramente, escondendo à porfia vários dos seus melhores impulsos, obri-

* Autobiografia datada "12-4-1945"; sem assinatura; autógrafo a tinta preta; escrita ocupando a frente e o verso de uma folha de papel almaço pautado; 32,3 x 21,8 cm; rasgamentos nas bordas direita e inferior.

gou-o à criação de uma personalidade de superfície, apresentável aos meios que freqüenta. E, na guarda desse "tesouro" oculto e intocado, viu-se forçado a admitir falsos ares de hostilidade, que o falsificou freqüentemente na aceitação, hoje detestável, de posições em completa desarmonia com sua natureza mais verdadeira. Por timidez, sempre recusou ingressar nas fileiras dos tímidos, cavalheiros que lhe despertam grande simpatia, porém pequena admiração.

Encetada a dura tarefa de sua libertação, conseguiu avançadas gloriosas, mas várias vezes foi obrigado a longos acampamentos à margem de brejos intransponíveis e mesmo a recuos capazes de levá-lo de embate a tudo aquilo contra o que vinha lutando bravamente. O brilho de algumas vitórias, para que contribuíram galhardamente alguns de nossos melhores generais, e, mais ainda, o convívio minucioso, direto ou indireto, com uma brilhante tropa de choque – o brilho de algumas vitórias, dizia, levou-o a exageros na apreciação de seu mérito, fazendo com que ele considerasse iluminados trechos ainda totalmente submersos na treva ou na penumbra aquietada. Em todo caso, jamais se iludiu diante de si mesmo e sempre conheceu detalhadamente os limites dentro dos quais se faziam possíveis as explorações.

Em seu vocabulário, há uma palavra insistindo em todas as páginas, malbaratando a boa ordem alfabética: a palavra – infância. Convém, porém, prevenir que dela deve ser retirada toda a possível ingestão de aurora sem nuvens, iluminada em céu de tranqüilidade alva. A infância, temporariamente submersa no descontrole caótico da adolescência, habita o homem jovem e lhe apresenta nas mãos pequenas as grandes chaves da câmara escura que só a custo ousa devassar. Todo o longo percurso é feito em solidão, jamais interrompida por vozes efêmeras que emocionam um momento a atmosfera parada. Do seu lado, a treva se povoa de fantasmas, a pouco cristalizados na solidez indestrutível que os conduzirá à soleira da maturidade. A memória é a cerrada tessitura que retém os gestos e as palavras jamais esboçados, e por isso presentes em dor aberta apenas a seus olhos, já bastante fatigados da monótona paisagem que desconhece as sinfonias e as estações do ano. Muitas figuras compuseram o cenário, mas os óculos impunham a distância e obrigavam o debruçamento suicida sobre o poço inexplorado. As águas imóveis continuam mais vivas porque o tempo morto permitiu a visão do alto de postos de análise lúcida, vigilantes na defesa do passado, impondo a coerência e a fidelidade. Vencida a euforia dos 17 anos, em que os ímpetos estremeceram ilusoriamente os alicerces da sombra, a luta se erigiu na angústia esmiuçada em face da inteligência definidora. Fluxos e refluxos se sucederam com regularidade, rasgando cortinas que devassavam novos horizontes, de cores desconhecidas. Em breve a luta se trava e as águas lodosas crescem, invadindo as praias que tentavam o esquecimento para a alegria da vulgaridade. O rastro de treva sulcava as areias e a volta para casa, ao crepúsculo, e fazia entre hesitações que se interrogavam com esperteza. Enfim, a posse de suas forças tentou o estabelecimento do equilíbrio, desembaraçando os fios do ódio e do amor que se confundiam. A tristeza estendeu seu manto opaco como uma cúpula de bronze, fixando os sentimentos e impedindo as decisões para a solução final. Irresolutos, os problemas se debatiam no vácuo, indo de encontro a paredes contrárias, no desgaste pouco viril de uma autodestruição sordidíssima.

As circunstâncias pesam em sua vida. Os bisavós mortos há tantos séculos dirigem seu olho cruel para suas ações[1]. O renegado expia culpas. Delas surge, solúvel, a noção de um Deus que a fé sustenta, entre escombros. Mais do que Deus, está presente o pecado. Este desfolha a consciência em lágrimas e temores e interrompe o sol em que o corpo se banharia. Malgrado tudo, o esquecimento colore a vida e há fugazes minutos deslumbrados. A diferença se instala, a observação que se conhece impõe a marginalidade. Embalde ensaia os cautos libertadores. No entanto, uma indisfarçável aurora se insinua por trás da nebulosa cinzenta. Todos os acidentes são postos de lado e as forças se disciplinam num único sentido, onde a infância se redime e a maturidade se explica. Um se destaca das águas obscuras e traz consigo bandeiras de países distantes, cuja mensagem concorda em decifrar. A solidão se faz mais rija, mais suave a sensação da vida que mil circunstâncias tentam quebrar. O convite à recusa do destino, a liberdade da instabilidade – provam a pouca segurança do território. Mas o despojamento se inicia com o fundo auroral de uma aleluia que se avoluma – e mergulha a alma na gaze etérea da ausência de ligações concretas. Mas existe o temor e o convite das sombrias águas turvas em que o rosto se retrata, marcado de vida torva.

---

1. Na série "Documentação pessoal" do Arquivo OLR podemos recuperar o nome dos bisavós de Otto. Bisavós paternos: Joaquim Pinto Rodrigues Lara e Maria José de Resende Lara; Francisco Justiniano de Albergaria e Maria Cândida de Albergaria. Bisavós maternos: Antônio Amancio de Oliveira e Simplícia Carolina de Jesus; José Luiz da Silva e Ana Cândida de Jesus.

BALANÇO*

Por que hei de agravar o rude sofrimento e mais rude torná-lo, na desesperança? Por que proclamar a tristeza inútil diante das coisas que secretamente e melhor compreendo? Não falarei do desamparo que finamente me aperta os dedos na garganta. Não citarei o sentimento peculiar aos que têm propensão para o desengano e, mais que nunca, ao crepúsculo, sentem-se traídos e ultrajados sem motivo. Não mais me referirei a estados de alma que nada contêm além de um vazio cinzento e interminável, um abismo de sombra e de abstrato, onde a tristeza rumina o seu cadáver.

Todos os gestos seriam inúteis. Nada salva e tudo nos perde e atraiçoa. O temor sustenta minhas interrogações e de repente me sinto só, perdidamente só e anterior a todos, como se ninguém mais houvesse. Tudo desaparece na refração das águas da memória. Vejo as imagens deformadas, mas que persistem, fantasmas íntimos. Rio e já não entendo; choro e me dilacero lentamente no tempo em que tudo está pesadamente mergulhado. Não grito porque o hábito se forma e o pudor defende[1]. Conheço e entendo. Algumas vezes adivinho, mas não devasso. O que sabe deve calar-se para não ferir. Se digo, as pala-

---

* Poema em prosa; data atestada como posterior a 22 de dezembro de 1946. Optamos por transcrevê-lo em prosa, mas a subsérie "Manuscritos Otto Lara Resende" guarda também a versão anterior em versos livres. Apresentamos nas notas a comparação entre as versões. Primeira versão: poema; datado: "Rio, 22.XII.1946"; assinado: "Otto Lara Resende"; datiloscrito original, fita preta; autógrafo a tinta preta; duas folhas; escrita ocupando a frente; papel creme; 32,7 x 22,0 cm. Segunda versão: poema em prosa; data atestada como posterior a 22 de dezembro de 1946; sem assinatura; datiloscrito original, fita preta e vermelha; autógrafo a tinta preta; uma folha; escrita ocupando a frente; papel creme; 32,7 x 22,0 cm; rasgamento na borda direita.

1. Acréscimo em relação à primeira versão: "se forma + e o pudor defende +. Conheço".

vras nada significam senão o prazer de proferi-las e achá-las bem achadas, não para que exprimam, mas simples jogo[2] colorido que diverte. Não proporei normas, nem direi o que abomino. Deu-nos Deus a palavra para melhor silenciar. No inarticulado, me descubro um homem, com um nome, certos hábitos, fisionomia, alguns cacoetes e muitas impossibilidades[3]. Mas sobretudo vivendo por conta própria. Foi um ato irresponsável[4] confiar-me a mim mesmo. Meu destino gira nos meus dedos. Não me pertenço e nem me encontro[5]. O tormento da lembrança, como cãibra, paralisa os gestos e sobrepõe ao que é o que já foi. Calculadamente percorro o caminho da fatalidade, onde os abismos espreitam e aguardam a imagem quebrada, e cem vezes traída[6].

---

2. Acréscimo: "mas + simples + jogo".

3. Substituição: "alguns cacoetes * e pequenas manias *. Mas".

4. Substituição: "própria. * Estou certo de que foi uma irresponsabilidade * confiar-me".

5. Acréscimo em relação à primeira versão e substituição: "mesmo. + Meu destino gira nos meus dedos + * Não me pertencendo,/melhor me encontro*. O tormento".

6. Alteração na pontuação e substituição: "foi @, @ * ao que será pela/fatalidade cujo caminho/calculadamente percorro *".

NOTAS SEM DESTINO*

Contadas, as coisas (os fatos) assumem outras proporções. Quando são trágicas no ato do acontecimento parecem, às vezes, cômicas, convertidas em relação – palavra. O drama se irisa de ridículo. Nunca consegui jamais dizer textualmente alguns fatos de minha vida interior; nunca consegui dá-los, na expressão, no seu próprio peso e medida, sem as contrafações que os corrompem e lhes mudam a face – ou certos aspectos essenciais de sua verdadeira fisionomia.

Há momentos em que a criatura se sente desligada de tudo. Não um simples sentimento de solidão. Mais, muito mais. Uma sensação de vácuo, de inexistência – de presença parada, anestesiada. O *eu* se desprende puro, sem a ganga que a vida – os sucessos da vida, grandes e pequenos – lhe empresta. Nesses momentos é que o homem também se suicida.

Indecisão, indecisão. Não saber resolver entre uma coisa e outra. Entre o bem e o mal. Não poder escolher, nem renunciar. O conflito instalado na raiz do espírito, fazendo parte, constituindo algo essencial ao espírito. Só uma hemoptise da personalidade – mas como? A loucura não soluciona – e apavora. Então assobiamos. Tiramos os olhos de nosso cadáver, para que os vermes possam comê-lo em paz.

A saudade é uma presença na ausência presente. Tem toda a força da presença e mais o encanto da distância, que apaga os contornos para completar a unidade, ideal humano. Ideal dos homens fracionados, divididos. Uma parte devora a outra. Eu me devoro – e ponho a besta a pastar, como a distraí-la desse cruel espetáculo. Quando acabarei comigo

---

* Nota datada "7.VII.1950"; sem assinatura; autógrafo a lápis preto; duas folhas, escrita ocupando a frente; papel branco, timbrado: "SENADO FEDERAL/ SECRETARIA"; 23,2 x 16,1 cm.

mesmo? Sou o assassino de uma pessoa que me foi dada de graça. Entregarei a Deus os despojos. E serei julgado – mas tive sempre, a meu favor, essa fome insaciável que corrói, desfigura e mata, sem jamais satisfazer-se.

Há uma dinâmica da morte. Ela é que sustenta a nossa vida.

O amor jamais depende do ser amado. O objeto do amor somos nós. O máximo que se admite é um enxerto na nossa própria carne, para o contraponto da paixão. Incêndio sem fogo – e que não se extingue.

7 de julho de 1950

[SOU O QUE SOMOS]*

O que devemos uns aos outros. É nisso que o homem é um ser eminentemente, essencialmente social. Ele não existe desligado de seus semelhantes, do pai que o gera, da mãe que o pare e o aleita, da ama que o embala. Somos seres comprometidos; é inútil a tentativa – sempre frustrada – de libertação. Um simples olhar sobre a paisagem nos compromete, nos liga, nos situa. A revolta será sempre em função das amarras e, paradoxalmente, terá sempre o sabor[1] das amarras. O território individual não comporta defesas inexpugnáveis. Somos invadidos a toda hora, assim como invadimos nós próprios, agredindo ou não. Nessa teia de interpenetrações é que se levanta, briosa, a personalidade, a consciência do *eu*. Homens há que o têm menos sufocado, mais vivo, mais presente. Todavia, mesmo aí quanto compromisso, quanta informação. A agulha da bússola individual gira atraída por pólos que estão fora de nós e, até certo ponto, nos orientam e nos constrangem a ser o que somos. O homem não pode jamais, por isso, dizer: *sou o que sou*. Falta-lhe a pureza de essência, a realidade única, livre. *Sou o que somos* – diz a humana voz. E só no juízo final o Padre Eterno, com seus longos dedos delicados, há de destrinçar os fios alheios embaraçados no tecido de nossa própria personalidade. Ser pessoal é, assim, uma tentação do demônio, que nos empresta às vezes o seu sopro maléfico para colorir de

---

* Nota sem data; sem assinatura; datiloscrito original, fita preta; uma folha, escrita ocupando a frente; papel branco, timbrado: "MINISTÉRIO DA FAZENDA"; 32,5 x 21,8 cm; rasuras a máquina e a caneta esferográfica, tinta azul; marcas de oxidação; borda esquerda irregular; rasgamentos nas bordas inferior e direita; rasgamento no canto superior direito.

1. Hesitação do escritor ao datilografar "o conteúdo das amarras": dúvida na escolha do termo "conteúdo", sobreposição em autógrafo a caneta esferográfica, tinta azul "sabor", sem optar.

vida – vida, sim – as coisas apagadas que tocamos. É mais uma vaidade do que uma necessidade. O santo começa esmagando-se para, nessa difícil violentação, esmagar a cabeça do diabo que se insinua sempre onde Deus plasmou a sua própria imagem. Tudo isso roça pelo mistério da grande virtude, a caridade, e só palidamente o entendo – porque disso tudo há em mim apenas um eco longínquo que não se perdeu nas cavernas do tempo e do mundo. Eco que precisa de ressurreição para que eu viva. Eu?

[1º DE MAIO DE 1922, 4 HORAS DA MANHÃ EM PONTO]*

1º de Maio de 1922, 4 horas da manhã em ponto. Dia da semana: [?][1]

Parto demorado. Nasci com 4 quilos e 800 gramas[2]. D. Elvira Rodrigues, casada com Pedro Rico, vizinha pegada, assistiu ao parto. Segurava a mão de mamãe, rezando o terço de Nossa Senhora da Conceição (passa conta por conta e diz: "Nossa Senhora da Conceição, valei-me". Padre-nosso e Glória ao Padre). Nasci quando Gilberto[3] estava entrando na convalescença do tifo – nessa noite teve complicações de intestino, vomitou muito. Odete[4] estava com Gilberto. Vovó Zuzuca[5] não chegou a tempo, mas dois dias depois, a cavalo (naquele tempo não havia estrada de rodagem). Parteira: Sá Joaquina (portuguesa). D. Elvira

---

* Nota; data atestada como posterior a 1971 tendo em vista a informação presente no primeiro item da lista de afazeres que acompanha o manuscrito: "Assinar declaração de renda/ [...] Relacionar bens (cópia 1971)"; sem assinatura; autógrafo a caneta esferográfica, tinta azul; escrita ocupando 4/6 da frente e 1/4 do verso de uma das partes de uma folha de papel sulfite dobrada ao meio; 32,9 x 22,0 cm; rasgamentos provocados pela dobra do papel.

1. O sinal [?] indica lacuna no texto; o calendário permanente mostra 1º de maio de 1922 como segunda-feira.

2. Otto era o quarto dos 20 filhos do casal Antônio de Lara Resende e Maria Julieta de Oliveira. O pai de OLR, em seu livro *Memórias*, relata: "Dos filhos que teve minha mulher, nascidos todos felizmente normais e fortes, seis sucumbiram antes dos dois anos de idade" (V. Antônio de Lara Resende. *Memórias: da Serra do Caraça à Serra do Véu de Noiva*. Belo Horizonte: Record, 1972, p. 155).

3. Gilberto Oliveira de Lara Resende, irmão de Otto.

4. Odete de Oliveira, tia materna e madrinha de Otto.

5. Zuzuca, apelido da avó materna de OLR: Maria Cândida de Oliveira.

assistiu ao parto. Doutor Antônio Viegas[6] me viu no mesmo dia, pela manhã. Parto normal. Gordo, forte, cabeludo. Chorei logo e forte. Parei logo de chorar. Aos 3 meses (1.8.22), pesei 7 quilos e meio. Umbigo caiu com cinco dias, foi enterrado perto de uma roseira no Asilo. Nasci na rua do Matola, nº 9, casa de um só andar. Sá Joaquina que deu banho até cair o umbigo, que não foi tratado (costumava pôr água oxigenada, o meu não sangrou). Depois que caiu, só talco. Banhos com água fervida até cicatrizar o umbigo – mais uma semana. Se inflamava o umbigo, o médico mandava aplicar pó de Murta comprado na farmácia. Amamentado com leite materno só até 3 meses; depois, leite condensado, procedente de Sítio, perto de Barbacena, enlatado. Tive ama-de-leite depois de 3 meses, mas ela me beliscou de madrugada e foi mandada embora. Nome: [?], mãe do Arlindo (asilado), velha, branca, cabelo em coque. Batizado mais ou menos um mês depois, Odete foi madrinha. Monsenhor Gustavo Ernesto Coelho[7] representou o Jackson[8], por procuração. Quem oficiou o batismo foi [?]. Batizado na Matriz de Nossa Senhora do Pilar. Domingo, 14 horas, com recepção em casa. Eczema aos 3 meses, no rosto.

---

6. Antônio das Chagas Viegas, diplomado pela Academia de Medicina do Rio de Janeiro em 1908, exerceu a profissão em São João del Rei e cidades vizinhas. Foi o médico da família Lara Resende.

7. Monsenhor Gustavo Ernesto Coelho era o vigário da paróquia de São João del Rei até 1924; além das funções eclesiásticas, foi professor de Latim e Português.

8. Jackson de Figueiredo. Na subsérie "Correspondência de terceiros" do Arquivo OLR há duas cartas de Figueiredo a Antônio de Lara Resende, pai de Otto. A primeira: "1º/6/922/ Resende/ certas horas acho engraçado o tom de quase/ cerimonia com que V. me trata ainda. Pois é possi-/vel, meu caro Resende, que V. supponha que eu, se não/ lhe tivesse realissima estima, mantivesse para com V. a attitude que venho/ mantendo? Pois V. ainda me vem falar quase com timidez dando-me/ a honra christã de ser padrinho de um filhinho seu!! Pois diga ao Sr. Otto/ que já pedi a Deus por elle e de longe o abençôo// O que não poderei fazer, meu caro Resende, é a viagem./ Creio que este ano não poderei arredar pé do Rio, a não ser que/ factos de ordem política a isto *me obriguem*. [...]// Beijos nos pequenos e/ um abraço do [seu] Jackson". No dia do aniversário de Otto: "1º de Maio de [1923?]/ Resende: Hoje me lembro que é aniversario de meu afilhado e venho/ testemunhar-lhe que a benção de meu coração não lhe faltará,/ apezar das apparencias, dado esta minha vida, posso dizer/ tumultuosa, em que não há quase hora que eu possa/ dedicar às cousas mais delicadas e bôas.// Você também nunca mais me escreveu. Mas/ tenho notícias suas pela Irmã Helena.// Beije, pois, o meu afilhado e/ recomende-nos a sua Senhora.// Receba um saudoso/ abraço do seu [?]/ Jackson". Otto não chega a conviver com o padrinho Jackson de Figueiredo, que morava no Rio de Janeiro e morreu em novembro de 1928, com 37 anos.

Em La Coupole, café freqüentado por artistas e intelectuais em Montparnasse (Paris, 1972). Foto de Alécio de Andrade

QUEM É OLR?

No Studio Casa da Foto, Otto faz pose para ser retratado com as barbas brancas (Rio, 1984). Foto de Cláudia Jaguaribe

[QUEM É OLR?]*

Entrevista a Paulo Mendes Campos

Paulo[1],

por mais que procure me conformar, não consigo. Acho um absurdo, uma bobagem de todo tamanho, essa idéia fixa do Adolpho[2], e que você adotou, de me arrancar uma

---

* Carta; data atestada como anterior a 1º de abril de 1975; sem assinatura; datiloscrito original, fita preta; 16 folhas; escrita ocupando a frente de papel branco; 28,0 x 21,5 cm; rasgamento na borda superior da folha 16; marcas de oxidação; marca de clipe; rasuras a máquina, a lápis preto e a caneta esferográfica, tinta azul. Publicada na revista *Manchete* (Rio de Janeiro, ano 21, nº 1201, 26 de abril de 1975, pp. 102-103 e 105), tendo como título o nome do entrevistado, não traz o texto completo. Texto publicado postumamente sem a parte inicial em *O príncipe e o sabiá e outros perfis*, organizado por Ana Miranda (São Paulo: Companhia das Letras/Instituto Moreira Salles, 1994). Optamos por mantê-lo nesse novo conjunto, já que nos pareceu fundamental como autobiografia.

1. Paulo Mendes Campos e Otto Lara Resende, que se conheceram quando estavam no ginásio, em São João del Rei, escrevem juntos no periódico *O Diário*, de Belo Horizonte, artigos adotando pseudônimo híbrido "Otto Mendes". Na subsérie "Correspondência passiva", há 39 cartas de Paulo Mendes Campos, além de outras dez em que ele escreve com outros amigos; na subsérie "Correspondência ativa" há três cartas de Otto para PMC; na subsérie "Correspondência de terceiros" estão sete cartas recebidas por ele de diversas pessoas. Ainda no Arquivo OLR, na série "Matéria extraída de publicações", estão 29 textos de Paulo Mendes Campos, publicados em diversos periódicos. Além disso, há vários poemas de PMC na subsérie "Manuscritos de outros autores". Pertencem à Biblioteca OLR 18 livros dele; dentre os exemplares com dedicatória destacamos: *O cego de Ipanema* (Rio de Janeiro: Editora do Autor, 1960): "Para o Otto Lara/ Resende, com/ os meus votos/ de felicidade/ nesta e na outra/ vida, oferece com/ estima e/ consideração o/ Paulo Mendes Campos/ Rio 25/ julho/ 61"; *Diário da tarde* (Rio de Janeiro/São Paulo: Civilização Brasileira/Massao Ohno, 1981): "Para Helena e/ Otto, com/ o carinho maduro/ do/ Paulo Mendes Campos".

2. Adolpho Bloch, proprietário e fundador da revista *Manchete*, da qual OLR foi diretor, publica em seu livro *O pilão* o texto "Começos de um delírio" (vol. 2, Rio de Janeiro: Bloch, 1988, pp. 339-342), em que Otto relata o início da revista e seu vínculo com ela. Texto republicado sem a epígrafe na edição histórica de nº 2000 da revista *Manchete* (Rio de Janeiro, ano 39, agosto de 1990, pp. XLIV e XLV) e na íntegra em *O príncipe e o sabiá*,

entrevista, umas coisas sobre mim. Gostei da matéria com o Fernando[3]. Disse-lhe. Repito aqui. Você não repetiu, não pegou o convencional, achou a distância exata, sem se embaraçar no conhecimento íntimo do personagem. Ficou muito bom. Mas eu? Que dizer, meu Deus? Vou juntar aqui uma entrevista que achei quando eu estava no *Jornal do Brasil*. Foi pra alunos da PUC[4]. Tirando as referências circunstanciais ao *JB*, pode ter matéria que lhe dê algum pretexto. Vou juntar também outras entrevistas, que agora não estou encontrando. Por mal dos pecados, minha secretária, que me viciou a não encontrar nada, está de férias, só volta terça-feira, dia 1º. Não é 1º de abril, não. É verdade[5]. Bom. Você pergunta:

– Quem é OLR?

Difícil de responder sem cair no abismo insondável. Eu sou daquele tipo de chato a quem não se pode perguntar como vai. Porque respondo, explico, entro em pormenores.

---

op. cit. Na Biblioteca OLR, *O pilão* possui a dedicatória: "Meu bom e querido Otto/ Você é inesquecível na/ minha vida./ Este livro fala muito de você/ abraço carinhoso./ de Anna e Adolpho/ Rio de Janeiro, 27 de outubro de 1988"; o exemplar de nº 2000 da revista possui a dedicatória: "Para o meu Diretor de sempre, com amizade e admiração/ de Adolpho Bloch. Rio setembro 1990". Na subsérie "Correspondência passiva", no arquivo do escritor, há 20 cartas de Adolpho Bloch a OLR escritas desde a década de 1950 até a morte do escritor.

3. Entrevista de Fernando Sabino a Paulo Mendes Campos, publicada na revista *Manchete* (Rio de Janeiro, ano 21, nº 1198, 5 de abril de 1975, pp. 78-79). Fernando Sabino, Paulo Mendes Campos, Otto Lara Resende e Hélio Pellegrino formavam um coeso grupo que, em maio de 1980, gravou o disco *Os 4 mineiros* (V. Biblioteca OLR). Otto colecionou grande quantidade de notas e artigos publicados em vários periódicos quando do lançamento do disco (V. série "Matéria extraída de publicações").

4. A "Entrevista proposta por alunos do curso de Comunicação na PUC a OLR", manuscrito no Arquivo OLR, datada de 3 de setembro de 1972, foi publicada com o título "Saudoso da universidade e de volta ao jornal, Otto Lara Resende quer o escritor independente" no *Jornal Escola: Órgão de Treinamento do Departamento de Comunicação Social da PUC/RJ* (Rio de Janeiro, out. 1972, vide série "Matéria extraída de publicações"). A ligação de Otto com a PUC não se restringe a essa entrevista; o escritor foi membro do conselho de desenvolvimento, um dos três órgãos colegiados da instituição, de 1975 a 1977 (V. série "Matéria extraída de publicações": "D. Eugênio Sales empossa os 30 membros do conselho de desenvolvimento da PUC". *Jornal do Brasil*, Rio de Janeiro, 19 de novembro de 1977). Além disso, Otto profere a aula inaugural dessa universidade, em 1983: "Em sua palestra, na qual abordou informalmente passagens pitorescas de sua vida intelectual, Otto Lara Resende chamou a atenção para a necessidade de uma defesa constante do patrimônio cultural da língua portuguesa", segundo *O Globo* (Rio de Janeiro, 17 de março de 1983, vide série "Matéria extraída de publicações").

5. 1º de abril de 1975 foi terça-feira.

Você sabe disto. O melhor então é arranjar uma fórmula tipo Eça[6] (Eu sou um pobre homem da Póvoa do Varzim): pois eu sou um pobre menino do Matola, de São João del Rei. Mudei, mudamos. Mudei muito. E não mudei nada. O mundo é que mudou pra burro. Aquela história que você conhece melhor do que eu. Parece que de repente, tendo eu fechado os olhos, dormitado, em seguida aberto ditos olhos, tiraram o cenário, mudaram a peça. Eu tenho de rebolar pra não ficar ridículo, anacrônico, cruzado medieval. No fundo, estou mais perto do meu avô do que dos meus filhos, culturalmente falando, e culturalmente aí sociologicamente falando, integralmente de resto. A idéia que faço de mim? Um sujeito delicado e violento. Delicado pra fora, violento pra dentro. Um poço de contradições. Um falante que ama o silêncio[7]. Um convivente fácil e um solitário. O Castellinho[8] disse de mim uma vez que eu era solícito e esquivo, como amigo. Achei bem dito. Solicitude e esquivança compõem meu espectro. Gosto de partilhar, de participar, sou bisbilhoteiro, abelhudo. Gostaria de ajudar todo mundo. Gostaria de viver todos os lances, estar presente. E gostaria também de estar ausente, sumido, fora do mundo.

---

6. O interesse de Otto por Eça de Queiroz transparece em sua biblioteca, na qual há uma coleção de 25 volumes das obras do escritor português, bem como livros de crítica.

7. No discurso de saudação a Otto Lara Resende, quando de sua posse na Academia Brasileira de Letras, provavelmente tendo relido essa entrevista, Afonso Arinos "lembrou a sua alma mineira – como a dele –, 'um falante que ama o silêncio, muitos mineiros são assim'. Ele definiu os mineiros com figurações: 'A comunicabilidade extrema pode ser sintoma de reserva. O fogo de artifício brilha enquanto dura, mas não dissipa a sombra'" (V. "Otto assume na academia com exaltação a Cardim e ao JC", na série "Matéria extraída de publicações").

8. Trata-se de Carlos Castello Branco, de quem o Arquivo OLR guarda 108 cartas que vão de 1945 até a morte de Otto (V. subsérie "Correspondência passiva"), além de três cópias de cartas de Otto destinadas a Carlos Castello Branco (V. subsérie "Correspondência ativa") e uma carta de Luís Edgar de Andrade a ele endereçada (V. subsérie "Correspondência de terceiros"). Na série "Matéria extraída de publicações" há vários textos dele, dos quais destacamos uma nota publicada em sua "Coluna do Castello", do *Jornal do Brasil*, Rio de Janeiro, em 12 de fevereiro de 1985, intitulada "Otto Lara Resende": "Leio que o escritor Otto Lara Resende, de São João del Rei, poderá ser o novo Chefe da Casa Civil, num esquema segundo o qual o posto teria conotação administrativa e não política. O Presidente, na entrevista, não o confirmou. A lembrança é excelente. Otto Lara Resende não tem vocação administrativa, mas política. Sem participar da vida pública foi excelente repórter político e é, tanto quanto Tancredo, uma natureza política. O que o indica para o cargo, realmente".

Monacal homem de ação. Horror à ação. Ação sedutora. A gente é em boa parte o que os outros acham, o que vêem, como vêem a gente. Hoje, me importo menos, bem menos com o que possam ver, o que possam tresver. Já não pleiteio, nem reclamo. Tenho uma certa altiva distância, um orgulhoso desprezo pelo juízo alheio. É pecado, não é? E ao mesmo tempo ainda me maltrato, masoquistamente. Mas eu tenho intimidade comigo para esse maltrato. Não gosto de ser maltratado. Por isso não maltrato ninguém. Conscientemente, bem trato. Hoje, é parte do meu ser. Reflexo. Estou sempre operando na faixa da delicadeza. Programado para conviver, para ao menos não ser desagradável. Com as pessoas que contam, claro. E com qualquer presença humana em torno de mim – sou simpático a presenças humanas. Gosto de gente. Até acho que dependo de gente. Felizmente. Mas posso viver sozinho. Como estado civil, sou casado, casadíssimo, com a família toda. Muito familiar. Familioso. Familial. Gosto do convívio dos meus filhos. De uns tempos para cá, passei a viver muito o círculo deles, me exauro (?) socialmente em boa parte com eles. E Heleninha[9], que é todo um capítulo. Sozinha, toda uma razão de vida. O dever de continuar vivo. Como pai, me considero, modéstia à parte, uma mãe exemplar. Me interesso. Devo até ser meio chato. Os meninos que o digam. Profissionalmente, sou essa coisa indefinida que é todo sujeito da nossa geração o qual um dia cismou que podia ser escritor. Só pensava nisto. Meu projeto era esse. Escrever. O quê? Sei lá. Escrever. Ser escritor. Fui estudar Direito[10] porque os escritores estudavam Direito, muitos. Depois, acabou tudo, né? Perdi a fé em mim. Perdi a fé na literatura. Mas isto não deve ser levado ao pé da letra. É verdade, mas não quero que acreditem. Há muita coisa verdadeira para mim que digo para ser contestada, para me convencerem do contrário do que já estou conven-

9. Helena Cristina Pinheiro de Lara Resende, filha temporã do casal, nascida em 24 de julho de 1968, quando OLR tinha 46 anos, motivou um emocionado artigo de Otto, "O filho temporão", publicado na revista *Pais e Filhos*, Rio de Janeiro, ano 3, nº 5, janeiro de 1978: "Mel, manhã de sol, flor, passarinho, céu azul – tudo que há de bom e de belo no mundo renasce com uma filha retardatária, que só não é mais amada do que os outros, os filhos pontuais, porque o amor, sendo total para todos, não pode ser menor para nenhum".

10. Em dezembro de 1945 OLR conclui o curso de Direito na Faculdade de Direito da Universidade Federal de Minas Gerais. Na subsérie "Correspondência passiva" há dezenas de telegramas parabenizando-o pela formatura.

cido. Torço de pirolito, eta alminha complicada. Mas de fato, a mitologia literária, do escritor, mudou. Mudou tudo. Mudou o Natal. Já não se fazem escritores como antigamente. Podem me provar que hoje se lê muito mais, que se publica mais, etc. Não adianta. É dentro de mim que a estatística tem de ser provada. Aliás, não é caso de estatística. É clima. É fé. Deve ser fé. Minha fé perdeu-se. A literária. Na literatura. Talvez agora eu possa pensar em escrever. Sempre penso. Vivo, sobrevivo porque tenho esse recado, esse telegrama a entregar. No fundo, no fundo, acho que um dia me sento e escrevo memórias? Não. Não pretendo. Tenho horror de escrevê-las. Gosto, adoro o gênero, leio todas que me caem sob os olhos[11]. Mas não quero escrever. Em todo caso, pode ser que um dia, a escrever, eu escreva algo de testemunhal. A literatura é sempre fruto de uma certa, ou de alguma humilhação, como é o certo mesmo? Gosto muito desse conceito, correto. Revide. Reparo. Desagravo. A gente vive e fica devendo um testemunho, um troco, um troço. Veja o Pedro Nava. De repente desbarrancou[12]. O que não me atrai, me atraiu pouco, acho, é

11. A Biblioteca OLR tem 222 livros de memórias, muitos dos quais com notas de leitura. Na subsérie "Manuscritos Otto Lara Resende" há um ensaio sem título em que explora o assunto.

12. Alusão aos livros de memórias de Pedro Nava, cujos exemplares na Biblioteca OLR possuem dedicatória: *Baú de ossos* (Rio de Janeiro: Sabiá, 1972), "Para Helena e/ Otto Lara Resende,/ amizade e carinho/ do/ Nava/ Rio, 1972"; *Balão cativo* (Rio de Janeiro: José Olympio, 1973), com dedicatória impressa a Otto Lara Resende na página VI, e outros e duas dedicatórias no exemplar: "Aos queridos amigos/ Helena e Oto Lara Rezende, bi-dedico. V. p. VI/ Nava/ Rio, 29.XI.73" e "Querido Oto:/ eis aí o exem-/plar que *resgatei*/ das mãos do nosso/ Carpeaux.// Sempre/ N"; *Chão de ferro* (Rio de Janeiro: José Olympio, 1976), "Ao carissimo Otto Lara/ Resende, com o abraço/ do seu/ Pedro Nava/ Rio, 24.VI.76/p. 105", exemplar com marginália que na referida página apresenta cruzeta a caneta esferográfica azul destacando o trecho: "Tomo essa epígrafe para mandar o leitor ao *Anexo 1* deste livro, onde está a descrição de quarteirão quase o mesmo, apesar das revoluções urbanas por que tem passado Belo Horizonte. Trata-se de artigo publicado por ocasião do cinqüentenário de Carlos Drummond de Andrade e cuja leitura levou Fernando Sabino e Otto Lara Resende a insistirem para eu escrever minhas memórias de Minas no mesmo tom. Esse diabo de pensamento levou anos germinando... Os responsáveis, pois, pelos meus livros são a *Evocação da rua da Bahia* e os dois queridos amigos que tiveram a generosidade de aplaudir esse esboço de lembranças"; *Beira-mar* (Rio de Janeiro: José Olympio, 1978), "Aos queridos amigos/ Helena e/ Otto Lara Rezende/ muito afetuosamente,/ o velho/ Nava/ Rio, Natal 78"; *Galo-das-trevas* (Rio de Janeiro: José Olympio, 1981), "A Helena e Otto Lara/ Rezende, este vosso/ negro e servo,/ Pedro Nava/ Rio, set 81"; *O círio perfeito* (Rio de Janeiro: Nova Fronteira, 1983), "Para Helena e/ Otto Lara Resende,/ um abraço do/ Nava/ 12.12.83", e na última página, a assinatura e datas de leitura: "Rio, 29.XII.1983" e "Rio, 18.3.1988" com a informação: "As notas e marcas/ são todas da primeira/ leitura, em 1983".

carreira literária. Cenáculo. Vida literária. Sei lá. Gosto da companhia de escritores. De gente que gosta do que a gente gosta. Gosto de livro. Sou doido por livro. Livro é meu objeto sagrado, totêmico. Só gosto de ler. Meu único esporte. Não faço ginástica. Leão não faz ginástica, dizia San Thiago[13]. Então leio. Assim mesmo, leio pouco, menos do que devia, do que queria. Sem método. De uns anos pra cá, leio jornal e revista como verdadeiro louco. Qualquer junta médica me internaria se verificasse o tempo, o sono que eu perco com essa leitura perfeitamente dispensável. Gostei muito quando li no diário de João XXIII que a leitura de jornal é frívola. Ele lia, mas era doido pra parar. Como eu, só que eu no duro não quero parar. Quero diminuir. Me interesso por tudo. Graças a Deus, não me interesso por futebol, por esporte em geral[14]. Mas sou tão sem-vergonha que andei bispan-

---

13. Trata-se de San Thiago Dantas. Na Biblioteca OLR estão exemplares de *D. Quixote: um apólogo da alma ocidental* (Rio de Janeiro: Agir, 1948) com as datas de leitura: "Rio, 1948"/ "1957" e "Rio, 1976"; *Idéias e rumos para a revolução brasileira: discurso de San Thiago Dantas na homenagem que lhe foi prestada como "Homem de Visão de 1963" pela revista* Visão (Rio de Janeiro: José Olympio, 1963) com a dedicatória: "A Oto Lara Rezende/ cordialmente do/ San Thiago Dantas/ 63"; *Palavras de um professor* (Rio de Janeiro/São Paulo: Forense, 1975) com diversas notas de leitura e a indicação "Otto Lara Resende/ Relido hoje, 5.9.1984".

14. A prova do desinteresse de OLR pela seção de esportes pode ser comprovada na série "Matéria extraída de publicações". Otto guardou poucos recortes dessa seção, mas sempre textos *sui generis* escritos por amigos seus em que ele é citado. O primeiro desses textos, o de Nelson Rodrigues: "Meu personagem da semana", publicado em *O Globo*, Rio de Janeiro, em 17 de fevereiro de 1976, reforça a falta de interesse de Otto pela matéria: "Amigos, chegou a ser patético. Fomos ver a luta de sábado, eu, o Otto Lara Resende e o Hélio Pellegrino. Confesso que, secretamente, me envaidecia estar ao lado do Otto, o 'nosso Flaubert', e de Hélio, o 'nosso Dante'. Entre o estilista e o poeta, entrei no campo do Botafogo. Em tempo: – os meus dois companheiros são de um analfabetismo ululante em matéria de boxe e de esporte em geral. E nunca me esqueço do assombro, do quase terror do Otto ao ver, outro dia, o primeiro 'match' de futebol de sua vida. Ele apontava para o campo e perguntava: – 'O que é aquilo?' O que ele chamava 'aquilo' – era a bola."; outro texto de Nelson Rodrigues, publicado em *O Globo*, Rio de Janeiro, 7 de setembro de 1977, apesar de ter saído na seção "Esporte", trata da amizade com Otto, seu "irmão íntimo"; apenas no fim do último parágrafo o dramaturgo se lembra dos leitores da seção: "Um dos meus leitores poderá perguntar: – 'Não fala do Fluminense?' Falo, como não? Francisco Horta é outro irmão para sempre". O terceiro texto, "Bola dividida", de Sandro Moreyra, publicado no *Jornal do Brasil*, Rio de Janeiro, 28 de agosto de 1983, aborda a problemática de clubes como o América e o Flamengo, mas destaca com o subtítulo "Histórias" no bloco final: "Otto Lara Resende e Armando Nogueira desembarcaram no Aeroporto de Sacavém, Lisboa, pegaram um táxi, deram a direção do hotel e no caminho conversaram animadamente.// Chegando ao hotel, pagaram a corrida e o motorista, muito amável, pedindo desculpas aos ilustres cavalheiros, perguntou: // – Digam-me cá uma coisa: que diabo de língua os senhores vinham falando que eu

do, afinal parei, hoje nem te ligo. No mais, quem é OLR? Batizado, católico sem muita indagação, pouco prático, como dizia Mário de Andrade[15], individualista, temeroso e temente, sentimental e meninamente, ledor de vida de santo[16], comovível por todo ato de bondade, de doação, de solidariedade, cheio de fantasias sobre a vida que devia ser e não é. Nascido a 1º de maio de 1922. Signo Touro, o que significa não sei. São João del Rei. Bacharel, como se usava. Funcionário. Jornalista a partir dos 16 anos. Entrei no jornalismo exatamente como cachorro entra na igreja: porque achei a porta aberta. Meu pai era um dos dirigentes de *O Diário*. Cheguei de São João, fui no dia seguinte ao *Diário*, de que

---

estava a entender tudo?!". O último texto, "Armando de volta à Grande Área", publicado no *Jornal do Brasil* em 22 de agosto de 1992, anuncia o início da coluna de Armando Nogueira aos domingos e às quartas-feiras naquele diário: "Armando Nogueira se considera um meio-fundista. Daí não escrever Na Grande Área diariamente. 'Só tenho fôlego para dois dias', brinca. 'Publicar uma coluna diária é coisa para o Oto Lara Rezende (*sic*), o Carlos Castello Branco, dois admiráveis exemplares do jornalismo da era da máquina de escrever. Do Zózimo, com o seu humor meio felino. Eu sou como o Paulo Francis: nem maratona nem 100m rasos'".

15. Na subsérie "Manuscritos Otto Lara Resende" encontra-se o autógrafo a tinta preta do poema "Aparição de Mário" datado de Belo Horizonte, 9 de agosto de 1945. Na série "Matéria extraída de publicações", subsérie "Produção Otto Lara Resende", estão os textos "Introdução a Mário de Andrade" (*O Diário*. Belo Horizonte, s/d), "Um artista e um homem do tempo" (*Folha de Minas*. Belo Horizonte, 5 de dezembro de 1943) e "Mário de Andrade continua" (*Correio da Manhã*. Rio de Janeiro, 10 de setembro de 1944 e no *Jornal do Comércio*. Recife, 30 de setembro de 1944), além do texto "No aniversário da morte de Mário de Andrade" (*Correio da Manhã*. Rio de Janeiro, 24 de fevereiro de 1946, republicado em *O príncipe e o sabiá*), do qual destacamos: "Vi Mário de Andrade apenas duas vezes. A primeira, em Belo Horizonte. Alguns dos rapazes da nova geração já se correspondiam com ele. Mário estava, assim, sempre presente em nossa turma e se tornara naturalmente um amigo como qualquer outro. Nas intermináveis conversas pelas madrugadas frias de Belo Horizonte, o seu nome surgia fatalmente, como o nome de um companheiro de geração. Ele soubera insinuar-se de tal forma, de tal forma penetrara a realidade de nossa geração – a dos vinte anos – que ninguém se lembraria dos seus cinqüenta anos bem vividos. E nem da glória que o cercava, e da consagração literária, motivos suficientes para afastar tanta gente do reino humano dos homens... Mário era um companheiro: não era um mito" (p. 15). Na subsérie "Produção de outros autores", ainda na série "Matéria extraída de publicações", estão os textos de Hélio Pellegrino, "Lembrança de Mário de Andrade" (*Folha de S. Paulo*. 20 de outubro de 1983), Frederico de Morais, "A força plástica e o vigor cromático em Mário de Andrade" (*O Globo*. Rio de Janeiro, 15 de outubro de 1979), João Saldanha "Como Mário de Andrade, era 300" (*Jornal do Brasil*, Rio de Janeiro, s/d) e Manuel Bandeira, "Mário de Andrade" (*Mensagem*. Belo Horizonte, 15 de novembro de 1943).

16. A Biblioteca OLR é farta em obras de hagiografia.

eu já era leitor, conhecia de nome todo mundo, até (*sic*) o Etienne[17]. Entrei, nunca mais saí. Faz mais de 36 anos. Foi em dezembro de 1938[18]. Fiquei acordado pela primeira vez, na redação, quando morreu o Pio XI. Sou velho pra burro. Pio XI deve ter morrido em fevereiro de 1939[19]. Se duvidar, pesquise. De lá pra cá, tudo mudou. Mas vamos evitar este chavão de mudança. Mudou e não mudou. Mudou. Mudou pra burro. Quase todo mundo morreu. Sou um sobrevivente sob os escombros de valores mortos. Por favor, esta última frase você pode botar na minha boca. É verdadeira. Dói um pouco, mas vai-se levando. E sendo verdade, também não é assim tão verdade. O menino, você sabe: nasceu num colégio, ou perto, viveu num colégio até os 16 anos. Infância aquela coisa, sem privação, mineira, com espaço, natureza, mas também com internato, como você, sinos, muita festa religiosa, tudo barroco, a família, domingos, pastel, doce de coco, alguns castigos[20],

---

17. Trata-se de João Etienne Filho, que na época assinava a coluna "Literária" de *O Diário*. Na série "Matéria extraída de publicações", há 20 textos de Etienne, dos quais 14 do referido periódico. "Um enorme coração", depoimento de Etienne sobre Otto Lara Resende, quando de sua posse na Academia Brasileira de Letras: "Conheço Otto Lara Resende há 41 anos. Foi em 1938. Ele tinha 16 anos e fazia uns 'bicos' no antigo *O Diário*, no qual eu já era veterano e tomava conta do suplemento. Publiquei seus primeiros artigos. Dele, do Paulo Mendes Campos (os dois escreveram algumas vezes a quatro mãos e assinavam Otto Mendes...) [...] Não gosto que se fale 'geração formada por João Etienne Filho'. Na verdade não formei ninguém. Se mérito me cabe, foi de ter-lhes dado oportunidade de publicar. Daí surgiu uma amizade que nos une até hoje e que, para mim, é daquelas 'alegrias para sempre' de que fala o poeta" (V. "Otto Lara Resende, um mineiro universal". *Estado de Minas*. Belo Horizonte, 2 de outubro de 1979). Na subsérie "Manuscritos de outros autores" há seis textos de João Etienne Filho e na subsérie "Correspondência passiva" há 69 cartas dele para Otto, abarcando meio século, com datas-limite: 1942 a 1992. Na Biblioteca OLR estão quatro livros dele com dedicatória, dos quais destacamos *Dia e noite* (Rio de Janeiro: Agir, 1947): "Velho Otto: / Você sabe o que este/ pobre livro significa./ É com emoção que/ o ofereço ao velho/ companheiro de puxar/ angústia./ Seu/ Etienne/ 30.V.47".

18. Na época, Otto Lara Resende acabara de concluir seu curso ginasial no Instituto Padre Machado. Em 1º de dezembro de 1938 houve a entrega de diplomas, tendo como patrono o ministro do Supremo Tribunal Federal Carvalho Mourão e como oradores da turma Otto e Percília de Faria (V. convite na série "Documentação pessoal"). Na série "Matéria extraída de publicações" encontra-se o "Discurso do aluno Oto (*sic*) de Lara Resende, orador da turma de diplomandos de 1938", publicado em *O Pequeno Semeador* (ano V, nº 59, 25 de janeiro de 1939). Na série "Fotografias" o álbum de formatura em que o retrato autografado do patrono possui a data: "Rio, 21-11-938".

19. O papa Pio XI morre em 10 de fevereiro de 1939.

20. Na série "Documentação pessoal" há um caderno brochura do Instituto Padre Machado, de São João del Rei, datado: "Domingo, dia 31 de julho de 1938", no qual Otto cumpriu o castigo de escrever cem vezes a frase:

mas nada de ficar doendo pra sempre, carinho também, um pouco de asma, muita asma a certa altura[21], mijando na cama até muito tarde, curei com um comprimidinho miudinho de estricnina, veneno cura tudo, mata ou cura, mas, sendo psicológico, dizem, mijar na cama, devo ter curado por outro meio. Sofri um pouco. Exatamente como você sabe. Sofri na imaginação, que é uma forma real, concreta de sofrer. Menino vivo. Joguei pelada. Joguei vôlei, só não entrei naquele jogo contra o Santo Antônio, você também não, ficamos no banco dos reservas. Joguei basquete. Fui craque no pingue-pongue. Corria bem pra burro. Tinha fôlego, apesar de asmático, ou por causa? Tinha medo d'água, tenho até hoje. Quase morri afogado[22] no Cala-a-Boca, lembra onde era? O rio Acima, ali atrás da rua da Prata (rua sombreira, penumbrosa, amiga), era mais acolhedor, sem rodamoinhos, sem panelas. Fui bom aluno, às vezes casualmente ótimo, me lembro de uns lances, até primeiro lugar tirei[23]. Mas nunca tive método, nunca estudei a tempo e a hora, direitinho. Não fui, não sou avacalhado, gosto de serviço limpo, isto que estou fazendo aqui, escrevendo dessa forma, me contraria, tenho vontade de fazer tudo limpinho, direitinho, sem erro. Sou obsessivo. Tenho uma bagunça ordenada, em casa, me dano quando, querendo ordenar, avacalham, bagunçam meu coreto. E sempre acontece. Perdi o amor das coisas. Não estou ligando muito pra nada. Sou um pobre de vocação. Dispenso as galas do mundo. Meio

---

"Em futuro talvez não remoto sentirei remorso de ter feito sofrer os meus pais com o meu mal (*sic*) procedimento, e de não haver seguido os bons exemplos e conselhos que procuram dar-me./ Permita Deus que o arrependimento não venha tardiamente!". Na última página o pai anota: "Confere./ Cem vezes./ Resende/ 31.7.38".

21. OLR publica crônicas sobre asma na *Folha de S. Paulo*, "Asmáticos e asmólogos" (3 de outubro de 1992) e "Sufoco hipersensível" (5 de outubro de 1992); V. série "Matéria extraída de publicações" ou a republicação desses textos na coletânea *Bom dia pra nascer* (São Paulo: Companhia das Letras, 1993).

22. Na ficção, o protagonista de *O braço direito* também quase morre afogado tentando salvar um amigo em um rodamoinho.

23. Na série "Documentação pessoal" encontra-se um boletim do aproveitamento escolar do aluno Oto (*sic*) Oliveira de Lara Resende na 2ª série do curso secundário do Instituto Padre Machado, datado de São João del Rei, 10 de julho de 1935. Ali sabemos de sua classificação em 1º lugar, entre 33 alunos, com as notas: Português 70, Francês 80, Inglês 80, Matemática 70, Geografia 70, Ciências 85, História da Civilização 80, Desenho 65, Religião 90, Procedimento 80, Aplicação 80.

guloso, tendente a gordo contra minha vontade, como o fino, francês, se me dão, gosto, gosto de comer com quem entende, mas não faço questão. Gosto mesmo é do que me criou, o trivial mineiro, meu forte até hoje. Não sou *dandy*. Pra andar razoavelmente bem vestido, isto é, sem dar vexame, tenho de fazer força. Porque por mim nunca mandaria comprar um terno. Tenho preguiça, horror. Descuro de mim. Só gosto de banho, de limpeza, aprendi com minha mãe, que, entre tantas máximas, sempre disse que pobre não precisa ser sujo. A gente tomava banhos homéricos! Até hoje, desconfio, lavo muito as mãos. Freud explica. Corto muito as unhas. Meus filhos me gozam: sou o cortador de unhas da família. Fiscalizo e corto de todos. Helena nem te ligo. Se duvidar, corto dela também. Tenho escovinha de lavar unhas. Viajo com esses trocinhos todos. Mas não ligo pra mim, pra riqueza. Não quero, aliás nem gosto de ostentar. Mesmo carro, essas coisas, prefiro bem discreto, pobrinho, igual a todo mundo. Sou meio orgulhoso, mas democrata, anônimo, cidadão bem republicano. Tenho dor de cabeça. Muita. Ainda tenho. Tomo aspirina pra burro. Adoro tomar remédio. Tenho dor de cotovelo, cotovelo de tenista, bursite, dói pra burro. Fiz uma infiltração de cortisona, melhorou. Mas dói. Tenho pouca tolerância pra dor. Saúde, boa. Melhora com a idade. Aos 80, estarei saudável, perfeito[24]. Fora aquela pequena intervenção cirúrgica[25], nunca fui operado. Nunca fui hospitalizado. É uma bênção, não é? Confio no meu coração, mas tenho medo de enfarto. Tenho medo de morrer de repente, no fundo desconfio, tenho certeza de que não vão fazer isto comigo. Deus companheiro, agüenta aí. A morte tornou-se palpável, com a idade. Perdi o medo. A gente moço tinha medo? Acho que tinha era fita. Fingia que ia morrer. Moço é muito fiteiro. Falava-se muito na morte, mas sabíamos todos nós imortais. Hoje, não se fala. Ó, na madeira. Isola. Detesto acordar no meio da noite, perder o sono, vir pensamento ruim. Me sinto, insone, numa enfermaria geral de um hospital de indigentes. Agonizo a sério. Fico um coelho. E viro um santinho. Tenho uma fé em Deus! Medos, tenho

---

24. Morre aos 70 anos, em 28 de dezembro de 1992, no Rio de Janeiro, em decorrência de complicações após cirurgia de hérnia de disco.

25. Segundo informação obtida de Helena Lara Resende, Otto sofreu intervenção cirúrgica vascular de pequeno porte em 1975, no Rio de Janeiro.

hoje poucos. Quais? Sei lá. Um medinho de envelhecer sem dignidade. Medo do ridículo. Por aí. O jovem escritor, você conheceu. Ardente. Fervoroso. Crente. Sem pressa. Facundo. Crítico, contista, novelista, até poeta. Ainda que me sabendo não doado à poesia, pra fazer, fiz. Você sabe. De lá pra cá, daquele tempo, mudei e não mudei. Perdi o entusiasmo. Descri. Vi por dentro o mecanismo da notoriedade literária. Vivi sempre junto dos chamados órgãos de comunicação. Por dentro. Conheço as imposturas. Não faço fé. Tenho um soberano desprezo por glóríolas, mesmo glória. Todavia, minto se disser que não me sobe um corisco de agrado quando encontro uma palavra simpática, dita, ou melhor, escrita, porque dita de cara me encabula[26]. Desde muito cedo, me descobri escritor. Desde sempre. E acabaram com a nossa festa, Paulusca! Acabaram? Tem aí gente assim que diz que não. A culpa é minha. Aliás, a culpa de tudo foi sempre minha. Professor: fui no ginásio, gostei muito[27]. Sempre desconfiei que eu dava bom professor, devia continuar[28]. Vim pro Rio com essa intenção. Arranjei uma carta do doutor Alceu tão elogiosa[29], pra o São Bento, que fui adiando, não deu pra ir

---

26. Otto Lara Resende grifa a menção a seu nome em vários livros da biblioteca e em textos publicados na imprensa colecionados por ele. Por outro lado, Nelson Rodrigues, em texto já mencionado, de *O Globo* de 7 de setembro de 1977, relata: "Disse-lhe: – 'Otto, você é meu irmão íntimo.' Ele baixou a vista, rubro de modéstia".

27. Na série "Matéria extraída de publicações" há um texto intitulado "Pérolas", publicado n'*O Pequeno Semeador*, São João del Rei, 30 de junho de 1941, em que OLR coleciona as "pérolas" escritas pelos alunos na prova de História, comentando que essas gafes compensavam a árdua tarefa do professor de corrigir provas.

28. Na série "Matéria extraída de publicações" consta que OLR exercera a função de bedel, segundo nota publicada em *A Abelha: Órgão do Instituto Padre Machado*, ano 3, nº 10, de 24 de setembro de 1938: "Oto Lara Resende – Bedel para todos os efeitos S. Pedro crônico de todas as portas do Instituto. [...]". Entre 25 de março de 1941 e 15 de março de 1946, Otto foi funcionário do Instituto Padre Machado, colégio em que cursara o primário e o ginásio, fundado e dirigido por seu pai, Antônio de Lara Resende. Dessa época temos, no Arquivo OLR, um abaixo-assinado com 38 nomes, em folha arrancada de caderno brochura, em cujo cabeçalho lê-se: "Sr. Oto/ Eu, e aqueles que assinarem aquí, prometem não conversarem na/ aula e portarem-se bem, para que a 1ª serie volte a ser o que/ ja foi (no começo do ano)" (V. série "Documentação pessoal").

29. A carta de recomendação assinada por Alceu Amoroso Lima, datada de 6 de janeiro de 1946, diz: "Tem por fim este ates-/tado recomendar o jovem escritor e/ professor Otto Lara Resende, que/ apesar de sua pouca idade, já se/ revelou, por seu caráter, por seu estilo,/ por suas idéias, um dos espíritos/ em que mais confio, entre os da/ nova geração não só em Minas/ mas de todo o Brasil" (V. série "Documentação pessoal").

lá, era longe, eu trabalhava no *Globo*, no *Diário de Notícias*, em tanto lugar, em tanto jornal, acabei deixando o magistério, retomei episodicamente, sempre gostei. Sou doido por universidade. No fundo, gostaria de ter feito uma boa universidade, espichado os estudos no exterior, etc. Cheguei a entrever o Canadá, você se lembra, era a única alternativa, durante a guerra, mas perdi, tomei um pileque, nunca me deram a bolsa. Toda vez, na Europa ou nos EE.UU.[30], que visito universidade, gosto, taro. E agora o André está pra ir pra o exterior, Ph.D.[31], e eu fico desconfiado, olhando de banda, já botando defeito nessa história de deixar a casa, ir pra estranja. Mineiro no Rio, você também se lembra. Assim que acabei o Direito, e foi duro esperar, quase vim com você, quando o Virgílio Melo Franco[32] me ofereceu uma carona de carro, ali em frente, como é que chamava aquela casa

---

30. Estados Unidos.

31. Em agosto de 1975, André Lara Resende, filho mais velho de OLR, iniciou curso de pós-graduação no Massachusetts Institute of Technology (MIT), Cambridge, Massachusetts, Estados Unidos, voltando ao Brasil em 1979.

32. Na Biblioteca OLR estão os livros de Virgílio Alvim de Melo Franco *A campanha da UDN* (Rio de Janeiro: Zélio Valverde, 1946) com notas de leitura destacando trechos; *Sob o signo da resistência* (Rio de Janeiro: Zélio Valverde, 1947) com a dedicatória: "A Edgard Matta Machado,/ seu amigo/ Virgilio A. Mello Franco/ Rio 26/2/47"; *Outubro de 1930* (5 ed., Rio de Janeiro: Nova Fronteira, 1980) com introdução assinada por Otto Lara Resende: "Virgílio e o sonho permanente", de onde destacamos este depoimento: "Conheci Virgílio Alvim de Melo Franco em Belo Horizonte, numa de suas viagens com o objetivo de estimular a resistência ao Estado Novo. [...]// Jornalista político, no Rio mantive estreito convívio com Virgílio. Não entendi por que não se candidatou à Assembléia Nacional Constituinte. Estava em plena força da idade, não tinha chegado aos cinqüenta anos. Sua larga experiência, seu tempo de conspirador e de revolucionário, tudo lhe dava um toque de autoridade que ele cultivava com discrição e quem sabe com uma ponta de amargura, de inaceitável decepção. [...]". Em 9 de novembro de 1980, em *O Globo*, Otto escreve na crônica "O feijão também é um sonho": "Conheci Virgílio em Belo Horizonte, durante a guerra. No Rio mantive estreito convívio com ele. Cultivava sua autoridade com discrição e uma ponta de amargura, de desencanto. 1930 e 1945, nenhuma data assinala o nascimento da República de seus sonhos. Tendo morrido assassinado a 29 de outubro de 1948, exatamente três anos depois da queda de Getúlio, ficou dispensado de julgar 1964, ou de participar ao menos de sua preparação. Não tendo sido candidato à Constituinte instalada em 1946, Virgílio renunciou à secretaria-geral da UDN em 1947, pelas razões que expôs no seu livro *Sob o signo da resistência*. Hostilizou a coalizão liderada por Otávio Mangabeira, concebida para barrar (em vão) o caminho de volta de Getúlio Vargas, com o expresso apoio do governo presidido por Dutra. Retira-se, solitário, para uma posição de resistente, palavra que vinha densa de heróica significação, a partir do *maquis* francês na contra a complacente e generalizada colaboração com as tropas nazistas de ocupação.

da esquina da Avenida com a rua Tupis?, topei a carona, ele é que, sabendo que eu tinha ainda umas provas, paternalmente me disse pra fazer as provas e vir depois. Eu vim correndo, depois de todos aqueles apelos moleques seus e do Fernando[33]. Eu queria e não queria, por motivos que, espero, você tenha se esquecido, que dor. Aqui, o Edgar[34] me levou primeiro para o *Diário de Notícias*, ele teve uma estafa logo depois e eu fui substituí-lo no *Globo*, quando ele voltou, acharam que eu até que não era de todo uma besta, me ofereceram um bom lugar, fiquei também no *Globo*. E fui fazer a Constituinte de 46. Trabalhei em mil jornais. Trabalhava a semana inteira, o dia inteiro, a noite inteira. Como a gente trabalhava! Eu não tinha especialidade, fazia de tudo. Fui tudo, em todos os jornais. Até na *Última Hora*, de que fui redator principal, junto com o Chico Barbosa[35], apesar de o

---

Colaborar é sempre mais fácil" (V. série "Matéria extraída de publicações". Texto publicado posteriormente na coletânea *O princípe e o sabiá* (*op. cit.*, p. 192).

33. As cartas de Paulo Mendes Campos e Fernando Sabino nesta época externam o desejo de que o amigo Otto se decida a ir morar no Rio de Janeiro, onde já se encontravam.

34. Trata-se de Edgar Godói da Mata-Machado, de quem Otto Lara Resende guardou cinco cartas dos anos de 1940, sete da década de 1970 e uma sem data. Na Biblioteca OLR estão dois livros de Mata-Machado: *Memorial de idéias políticas* (Belo Horizonte: Vega, 1975) e *A sucessão de João Camillo de Oliveira Torres na Academia Mineira de Letras. Discurso de posse de Edgar de Godoi da Mata-Machado. Saudação do acadêmico João Etienne Filho* (Belo Horizonte: Vega, 24 de outubro de 1975). O primeiro traz a dedicatória: "Ao querido Otto/ toda a amizade/ do seu, como/ sempre./ Edgar Mata-Machado/ Bhte., 11. IX.75" e o segundo a dedicatória de João Etienne Filho: "Ao genial autor/ de 'O braço direito' e/ à sombra suave que é/ o braço direito do/ Otto./ o velho e/ fiel/ Etienne". Na série "Matéria extraída de publicações" há um texto de Edgar da Mata-Machado, "O professor e a política", publicado no *Estado de Minas*, Belo Horizonte, em 7 de julho de 1979.

35. Trata-se de Francisco de Assis Barbosa. O catálogo da exposição *Chico Barbosa*, na Fundação Casa de Rui Barbosa, publica o prefácio "FAB, ou o Chico", em que Otto escreve: "Veio depois a *Última Hora*, de Samuel Wainer, que eu tinha tido como chefe de redação no *O Jornal*. O novo jornal nos convocou. Samuel nos deu o título de redatores-principais. Dividíamos tarefas, numa trabalheira que começava cedo. Sempre às sete horas da manhã, sem folga no sábado e às vezes com plantão no domingo. Chico, pontualíssimo, estava sempre disposto [...] Eu dizia de brincadeira que ele era um colérico, na classificação de Kretschner.// Assim o classifiquei quando brigamos numa certa manhã. Com o trânsito difícil, cheguei cinco minutos atrasado, ali na Praça Onze. Ele ia entrando no táxi, para me substituir na entrevista política que me cabia a mim. Ao me ver, não se conteve. Dormíamos poucas horas e tínhamos os nervos à flor da pele. Ele bateu a porta do carro com estrondo e me virou as costas.// Cada um para o seu lado, chegamos a um requinte que muito nos divertiria mais tarde, em nossas comuns reminiscências. Como

Samuel[36] ter esquecido completamente, sabem lá Deus e Freud por quê. Fui da sucursal das *Folhas* de São Paulo, era junto do *Globo*, eu chegava cedo, dormia pouco, pouquíssimo. Escrevia no *Correio*[37], você topicava, eu fazia a secção de livros, pela mão do Álvaro Lins[38],

---

dividíamos a sala, tomei a iniciativa de levantar uma divisória que nos impedia de nos ver um ao outro. Só falávamos o indispensável, matéria profissional. Mas a briga e a divisória não duraram muito. Um domingo o Chico apareceu na minha casa na Gávea, com um dicionário que me deu de presente". Além do volume citado, a Biblioteca OLR possui vários livros de Francisco de Assis Barbosa com dedicatória: *A vida de Lima Barreto* (Rio de Janeiro: José Olympio, 1952): "Ao Otto, que foi dos pri-/meiros leitores deste li-/vro, com o abraço do/ Chico/ Rio,/ agosto/ 1952"; *Machado de Assis em miniatura* (São Paulo: Melhoramentos, 1957): "Ao Otto Lara Resende, amigo que-/rido, êste/ Machado de Assis em Miniatura ou o bruxo de Cosme Velho para meninos bem com-/portados, com o abraço do seu/ Chico Barbosa/ Rio, agosto/ 1963"; *João Pinheiro: documentário sobre a sua vida* (Belo Horizonte, separata do nº 1 das Publicações do Arquivo Público Mineiro, 1966): "Ao Otto, em sinal de fideli-/dade a Minas e ao Vovô/ João Pinheiro, com um a-/braço do/ Chico Barbosa/ Rio, 14-10-66"; *Discursos na academia: de Francisco de Assis Barbosa e Marques Rebelo* (Rio de Janeiro: José Olympio, 1971): "Ao querido Otto Lara,/ lembrança afetuosa/ dos seus amigos/ Chico Barbosa/ Marques Rebelo/ Rio, 1.12.71"; *O Brasil de D. João VI* (Lisboa: Centro de História da Universidade de Lisboa, 1986): "A Helena e Otto, queridos amigos,/ com o abraço fraternal do/ Chico Barbosa/ Rio, 20.XI.86"; *Lima Barreto e a reforma da sociedade* (Recife: Pool, 1987): "Ao querido Otto, com toda a afetuosa/ admiração do seu velho/ Chico Barbosa/ Rio, agosto 1987". O contato epistolar de OLR com Chico Barbosa se mantém da década de 1960 à de 1990; na subsérie "Correspondência passiva" encontram-se 16 cartas por ele endereçadas a Otto e na subsérie "Correspondência ativa" há uma carta que ele e Otto destinaram a Hélio Pellegrino. Na série "Matéria extraída de publicações", Otto guarda o recorte de um artigo de Carlos Castello Branco publicado no *Jornal do Brasil* em 12 de dezembro de 1991 com o título "Chico Barbosa".

36. Trata-se de Samuel Wainer. Otto, em 7 de setembro de 1980, cinco dias após a morte do jornalista, publica em *O Globo* "S.W.", texto em que relembra o trabalho no jornal *Última Hora*, conduzido por Wainer: "Com Francisco de Assis Barbosa, que vinha de *Diretrizes*, repórter e redator competente e operoso, [eu] formava a dupla que no expediente do jornal figurava como *redatores principais*. Entrávamos às sete horas da manhã. E era uma estiva. Fiz de tudo. Fui até crítico de cinema. Samuel me atirava no poço das ariranhas. Escrevi sobre tudo. Fui colunista literário. Não quis assinar. Samuel inventou duas iniciais: JO; e logo José Olympio me escreveu uma carta carinhosa sobre a coincidência" (V. série "Matéria extraída de publicações", texto republicado em *O príncipe e o sabiá*, *op. cit.*, p. 188).

37. Trata-se do *Correio da Manhã*, periódico carioca lido pelo país inteiro; iniciou suas atividades em 15 de junho de 1901, sendo fechado em 1975 (V. Ruy Castro, "Para o *Correio da Manhã*, com uma lágrima". *O Estado de S. Paulo*. 9 de junho de 2001).

38. Podemos testemunhar o início do contato de Otto Lara Resende e Álvaro Lins pela dedicatória deixada por este em exemplar do *Jornal de crítica: 1ª série* (Rio de Janeiro: José Olympio, 1941). Continua em cinco cartas de

custamos a descobrir que se podia ir da rua da Constituição ao *Correio* ali por trás mesmo, eu dava a volta pelo largo da Carioca, a Lapa, lembra? O Costa Rego[39], a carona, etc. Depois que você saiu, eu fui para o *Correio*, foi o Schmidt[40] que cismou que eu devia reformar a editoria

---

Álvaro Lins enviadas a OLR em 1942 e 1943 e as demais sem data. Além disso, na Biblioteca OLR há vários outros livros dele com dedicatórias, dos quais destacam-se: *Notas de um diário de crítica* (Rio de Janeiro: José Olympio, 1943): "A Oto Lara Resende/ – um dos melhores espíritos/ críticos da nova geração/ brasileira – com a/ estima e a admiração/ de/ Alvaro Lins"; *Jornal de crítica: 6ª série* (Rio de Janeiro: José Olympio, 1951): "Meu caro Otto:/ Muito obrigado pela sua nota/ em *Última Hora*. E como você,/ em poucas linhas, definiu e caracteri-/zou o verdadeiro crítico! O que/ sinto é dificuldade em me/ encarnar naquele admirável/ retrato... E você o que está/ fazendo, o que está escrevendo/ ou planeja escrever? Espero,/ sempre esperei de você um/ grande destino literário./ Afetuosamente, do seu/ Alvaro Lins"; *Jornal de crítica: 7ª série* (Rio de Janeiro: O Cruzeiro, 1963): "Ao caro amigo e companheiro/ Otto Lara Resende/ – afetuosamente, oferece,/ com estima, apreço e/ admiração, o seu, de sempre,/ Alvaro Lins/ Abril – 1963"; *Discurso sobre Camões e Portugal* (Rio de Janeiro: Serviço de Documentação, 1956): "A Otto Lara Resende,/ ao companheiro e velho/ amigo,/ esta lembrança afetuosa/ de/ Alvaro Lins/ Julho 1956"; *Missão em Portugal* (Rio de Janeiro: Civilização Brasileira, 1960, vol. 1): "Para a cara amiga Helena e/ para Otto Lara Resende/ – querido Otto – ao/ amigo de tantos anos,/ ao colega que de há/ muito admiro e ao/ companheiro magnífico,/ afetuosamente, com a/ velha estima, o apreço/ e a admiração (em todos/ os sentidos) do seu/ Alvaro/ Dez. 1960".

39. Otto Lara Resende publica "Um pouco de Costa Rego" na seção "Letras e Artes" do *Diário de Notícias*. Rio de Janeiro, 18 de julho de 1954: "Em 1946, quando meu amigo Paulo Mendes Campos trabalhava no *Correio da Manhã*, eu costumava sair do *Diário de Notícias*, por volta de onze horas da noite, para ir filar o carro de Costa Rego, até Copacabana. Na primeira vez que lá apareci, Paulo apresentou-me, timidamente, ao redator-chefe do *Correio*, cercado naquela noite como sempre, por seus companheiros de trabalho, de um respeito meio devoto que quase impunha o silêncio. 'É mais um carona', – disse ele, secarrão. [...] No trabalho, não dizia mais do que as palavras necessárias. Não indagava a origem de uma notícia por mim redigida. Nunca pedia explicações. E sobretudo nunca elogiava ou criticava uma nota. Era regular, rotineiro, mecânico" (V. série "Matéria extraída de publicações", texto republicado no *Correio da Manhã*, recorte guardado por OLR sem data). Costa Rego também é focalizado no texto de OLR "Da mortalidade dos jornais", publicado em *O Globo* de 23 de novembro de 1976: "Na última página, que se reservava aos fatos e homens da vida partidária, o *Correio* publicava uma seção cujo título, não tipográfico, impresso por clichê, era 'No mundo político'. Aderson Magalhães, o All Right da segunda página, meu camarada do Senado, logo advertiu-me que Costa Rego resistiria aos meus pruridos reformistas. De fato não resistiu: matou-os no nascedouro. Proibiu-me qualquer veleidade de mudar a diagramação, por menor que fosse a mudança. Mal retirou-se Paulo Bittencourt de sua jaula, perdão, de seu gabinete" (V. série "Matéria extraída de publicações", republicado em *O príncipe e o sabiá*, *op. cit.*, p. 78).

40. Em "Um pouco de Costa Rego" Otto Lara Resende relata: "Algum tempo depois, quando Augusto Frederico Schmidt (que me apresentara a Paulo Bittencourt) me perguntou como eu ia indo, só tive uma resposta: 'Estou na vala comum'. Era a certeza de que tudo ia bem, de que eu pertencia, de fato, ao *Correio da Manhã*". O perfil de

(não se usava) política do *Correio*, prometia que a obra ia começar, eu ia falar com o Paulo Bittencourt[41] na avenida Atlântica, ele ficava de me levar ao Costa Rego, afinal me levou, foi aquela surpresa, o Costa Rego me conhecia, não topou aquelas frescuras de reforma, queria era "No mundo político" tal qual saía, e mais notícias que tivesse, e mais tópico, etc. Como a gente trabalhava! Em 1950, durante a segunda campanha do Brigadeiro[42], o Álvaro Lins

---

Schmidt é traçado por OLR, ao lado de Manuel Bandeira, em "Brasil: anti-Pasárgada", publicado em *O Globo* de 20 de abril de 1976, em que ressalta: "Schmidt morreu em 1965, antes de completar sessenta anos. Temperamento contraditório, dramático – seu perfil controvertido está para ser redesenhado, póstumo, pela prosperidade, que ele desprezava e ardentemente cobiçava. Passou a vida com a obsessão da morte – a noite densa, a interrogação, a dúvida, a negação. Sua poesia, mesmo sua prosa, é rumorosa, inquieta como o mar". No mesmo texto, mais adiante, relata: "Antes dos quarenta anos, consagrado, discutido, no proscênio, Schmidt apareceu em Belo Horizonte [...]. Schmidt ouvia-nos, falava-nos, lia-nos com atenção minudente. Pedimos a sua intervenção junto ao arcebispo, para evitar que saísse de Belo Horizonte um jovem padre intelectual. O poeta comprometeu-se. Nas cadeiras de vime diante do Brasil Palace Hotel, depois de milhentas explicações e pleitos, o padrezinho chegou. Schmidt olhou-o e decepcionou-nos com um tiro pela culatra. Pôs a mão gorda sobre o ombro sacerdotal e quem sabe rebelde e, solene, bela voz redonda, sentenciou: 'Vá para o deserto, padre; obedeça, vá para o deserto'. O deserto era uma confortável estância hidromineral" (V. série "Matéria extraída de publicações" e subsérie "Manuscritos Otto Lara Resende"; texto republicado em *O príncipe e o sabiá*, *op. cit.*, p. 48). Na série "Matéria extraída de publicações" há um texto de Schmidt, publicado em *O Globo* de 17 de dezembro de 1963, intitulado "Cecília Meireles". Ainda no Arquivo OLR, na subsérie "Correspondência de terceiros", encontra-se uma carta de Hélio Pellegrino destinada a Augusto Frederico Schmidt datada de 30 de novembro de 1949. Na Biblioteca OLR há vários livros do poeta com dedicatória, como em *Nova antologia poética* (Rio de Janeiro: Editora do Autor, 1964): "Quanta morte, quantos mortos,/ será uma sala fúnebre?/ ou poesia?/Você que tem mil anos poderá,/ meu caro Oto, explicar-me/ algo sobre essa poesia?/ seu velho/ Schmidt".

41. Paulo Bittencourt, diretor e um dos donos do *Correio da Manhã*, foi quem contratou OLR para trabalhar no periódico, segundo a crônica já mencionada anteriormente "Um pouco de Costa Rego": "Quatro anos depois, fui levado, certa noite, pela mão de Paulo Bittencourt, ao gabinete de Costa Rego. [...] O diretor do *Correio* queria explicar-lhe o que eu ia fazer ali, como repórter do setor político. Mas a conversa foi praticamente interrompida pela evidente e demonstrada necessidade que tinha Costa Rego de 'não perder tempo'. Paulo Bittencourt retirou-se e eu fiquei sozinho com Costa Rego, que não me mandou sentar. 'Não quero saber como você veio parar aqui. Você é jornalista, não é? Vai escrever sobre política. Certamente, andou hoje pela Câmara e pelo Senado, para saber o que há. Vá escrever o que sabe. [...] Se for bom, você fica. Quem bota para dentro do *Correio* é o Paulo, mas quem bota para fora sou eu" (V. série "Matéria extraída de publicações").

42. O brigadeiro Eduardo Gomes foi candidato a presidente da República em 1945 na eleição que levou ao poder Eurico Gaspar Dutra e em 1950, concorrendo novamente, perdeu para Getúlio Vargas. Otto Lara Resende

achou que eu devia dizer pro Paulo Bittencourt o que eu achava, ele Álvaro achava muito sensato, o Paulo estava meio alto e me deu bilhete azul, saí. Foi a única saída nesses termos. O Costa Rego conseguiu a minha readmissão, mas não quis. Um pouco por orgulho, um pouco porque queria namorar[43]. E ficar livre de noite. Eu trabalhava pra burro. Foi aí que descobri que de fato não sou vagabundo, nem preguiçoso. Puxa, como eu já fiz coisa neste mundo. Coisa boba, mas fiz. Trabalhei pra burro. Até hoje, não enjeito trabalho, mas ando querendo encostar o corpo. Fui dos Diários Associados, suplementos, não era só o literário, como na *Folha de Minas*, onde aliás você me substituiu, lembra? Eram todos os suplementos que o encarregado, dito diretor, fazia. No *O Jornal*, eu fazia todos, até o agrícola. Escrevia pra burro, onde quer que houvesse brecha, lá estava eu. Depois fui calando. Preferi sempre ficar no anonimato, me guardando pra literatura, pra coisa mais pessoal, mais descansada, discutimos muito isto, o Fernando metia os peitos, só escrevia assinado[44], você entrou no Primeiro Plano, etc. Eu na tarimba. O Castellinho e eu. Como funcionário, prefiro não falar. Muita lembrança ruim, outras boas. Sempre fui funcionário, que fatalidade. Comecei na Secretaria de Finanças de Minas, a 9 de janeiro de 1939[45], data da minha nomeação, era o Ovídio de Abreu[46] o secretário, assinou o ato. Eu ia descendo a rua

---

ressalta a simpatia de intelectuais como Manuel Bandeira e Augusto Frederico Schmidt pela candidatura do brigadeiro, mencionando na crônica "Brasil: anti-Pasárgada" que Bandeira chegou a escrever uma embolada para o brigadeiro. De fato, Bandeira reúne os poemas "O brigadeiro", "Brigadeiro praticante" e "Embolada do brigadeiro" e os publica em *Mafuá do malungo* com o título "Lira do brigadeiro", de onde destacamos a estrofe: "Abaixo a politicalha!/ Abaixo o politiqueiro!/ Votemos em quem nos valha:/ Quem nos vale, brasileiro?/ – O brigadeiro!".

43. Otto namorava na época Helena Uchôa Pinheiro, que veio a ser sua esposa em maio de 1950.

44. Na série "Matéria extraída de publicações", Otto Lara Resende guardou mais de 70 recortes de textos assinados por Fernando Sabino em vários periódicos e datas.

45. OLR foi admitido como auxiliar da Secretaria de Finanças, lotado no Serviço do Imposto Territorial, dirigido por Almir Ferreira de Sousa. Segundo a certidão expedida pela Secretaria do Estado de Administração de Minas Gerais pelo Serviço de Contagem de Tempo, Otto Oliveira de Lara Resende foi funcionário de 9 de janeiro de 1939 a 13 de janeiro de 1942 (V. série "Documentação pessoal").

46. Ovídio de Abreu foi secretário de Finanças do Estado de Minas Gerais no governo de Benedito Valadares, ao lado de José Maria de Alkimim (secretário do Interior), Cristiano Machado (secretário da Educação) e Odilon

Goitacazes, quando encontrei, na esquina, o doutor Almir Ferreira de Sousa[47]. Conversa vai, conversa vem, ele perguntou o que ia fazer, eu tinha 16 anos, e ia estudar Direito, tinha passado na Escolinha da praça Afonso Arinos. Ele perguntou: quer um emprego? Eu respondi que queria, devo ter respondido. Deviam ser 11 horas da manhã. Eu ia almoçar em casa, na Serra, Funcionários, nessa época eu morava na rua Ceará. Almocei alvoroçado e voltei. Ele me botou na mesma hora no gabinete. Atendi o telefone, me deram uns processos, tinha um funcionário cabeludo que começou a me ensinar muito por alto, logo no primeiro dia deparei com a palavra, a expressão *de cujus*, e fiz um parecer sobre imposto territorial. A repartição era o SIT, Serviço do Imposto Territorial. O doutor Almir, pai da sua musa, meu conterrâneo, era o diretor. Sujeito maravilhoso, lembra? Boêmio, inteligente, tomava chope no Trianon, grande figura humana, tuberculoso. Excelente doutor Almir. Lá nessa repartição encontrei uma porção de gente, depois de mim vieram outros. Fiz ambiente. Acabei gostando. Era no centro da cidade. Da janela, vi a manchete do *Diário da Tarde* com a declaração de guerra, em 39, setembro?, setembro. E tanta coisa mais. Havia os bondes. O café Estrela, com a sombra dos gloriosos antecessores, o Caulos[48], o

---

Dias Pereira (secretário da Viação). Em 29 de outubro de 1945, com a deposição de Getúlio Vargas, assumiu a Presidência José Linhares, que exigiu a demissão do interventor Benedito Valadares. Antes de sair, Valadares indicou Ovídio de Abreu para seu lugar. A nomeação foi assinada e minutos depois anulada, sendo empossado o presidente do Tribunal de Justiça de Minas, Nísio Batista de Oliveira, que governou até fevereiro de 1946.

47. "Almir Ferreira de Sousa, que conheci desde a minha meninice lá em São João. Conheci o pai dele. Que homem bom, inteligente, que figura humana! Passou discretamente pela vida. Foi dele o primeiro emprego que tive. Dado assim de supetão, na pura bondade, só por simpatia. Nunca me esqueço dele, [...] do que com ele aprendi, a começar pelo trabalho burocrático. Deve haver gente assim, não muitos, mas são os justos que impedem que a Gomorra brasileira seja destruída", afirmação de Otto em carta de 9 de setembro de 1992 a Vivaldi Moreira (V. Vivaldi Moreira. "Uma carta de Otto". *Jornal do Brasil*. Rio de Janeiro, 14 de janeiro de 1993).

48. Caulos, Luís Carlos Coutinho, foi cartunista dos periódicos *Pasquim*, *Última Hora* e *Jornal do Brasil*, onde permaneceu por mais de 20 anos. Desde o início de sua carreira tratou de temas que denunciavam o descaso com o meio ambiente, o estresse da vida moderna e, especialmente, as imposições econômicas e políticas no país. No Arquivo OLR, o texto "Redação agora exige preparo", de Élida Vaz e Simone Serpa, publicado em *O Globo*, Rio de Janeiro, de 30 de agosto de 1988, reproduz cartuns de Caulos apresentados aos candidatos da Universidade Federal Fluminense como mote para redação (V. série "Matéria extraída de publicações").

Emílio[49], depois amigo do peito, o Nava, o Guilhermino[50], o Cyro[51] (este eu fui entrevistar pra *Folha de Minas*, fiquei logo amigo; como o Orlando Carvalho[52], que encontrei na Farmácia Cassão, eu tinha 16 anos, como é que ele me deu bola? Me dava uma atenção!). De Minas, vim pro Rio e aqui o Schmidt indicou o meu nome, como o seu, ao Chico Negrão[53]. Uma prima de meu pai foi casada (morreu) com o Oscar, irmão do Chico, havia

---

49. Trata-se de Emílio Moura. Na Biblioteca OLR há oito livros de poemas de Emílio Moura com dedicatória a Otto e ao casal Otto e Helena. Na série "Matéria extraída de publicações", encontra-se o Suplemento Literário do *Minas Gerais* de 19 de abril de 1969, dedicado a Emílio Moura, que traz o poema "Como a noite descesse", de autoria dele. Na subsérie "Correspondência passiva" há duas cartas suas.

50. Trata-se de Guilhermino Cesar. Na subsérie "Correspondência passiva", no Arquivo OLR, há 13 cartas endereçadas a Otto Lara Resende que testemunham o contato deles entre 1956 e 1982. Na Biblioteca OLR há dez livros de Guilhermino Cesar com dedicatória; destacamos: *Meia pataca*, de Guilhermino Cesar e Francisco I. Peixoto (Cataguases: Verde, 1928) com as duas dedicatórias: "A Gastón Figueira/ – retribuindo o seu abraço/ de solidariedade ame-/ricana./Guilhermino Cesar/ Francisco I. Peixoto/ Cataguases – / Minas Gerais/ Brasil/ 29-VII-28" e "A Otto Lara/ Rezende, 13 anos/ depois, transfiro esta/ dedicatória, em/ todos os seus termos./ Natal de 1942/ Guilh. Cesar"; *Sistema do imperfeito & outros poemas* (Porto Alegre: Globo, 1977): "Ao velho Otto,/ saudades mineiras/ (e universais) do/ Guilhermino Cesar".

51. Cyro dos Anjos, amigo com quem Otto Lara Resende mantém longo contato epistolar. Na subsérie "Correspondência passiva" há 34 cartas de Cyro dos Anjos a OLR, de 1945 até a década de 1980; na subsérie "Correspondência ativa" estão duas cartas de OLR destinadas a ele e uma de ambos para Carlos Drummond de Andrade; na subsérie "Correspondência de terceiros" há duas cartas de Cyro dos Anjos destinadas a Gabriel Tondella e Liana Maria Costa Coimbra e um telegrama de pêsames pela morte de Otto destinado à família Lara Resende. A presença de Cyro dos Anjos na Biblioteca OLR pode ser percebida nas dedicatórias de nove livros de sua autoria, dentre os quais destacamos: *Abdias* (Rio de Janeiro: José Olympio, 1945): "Ao prezado Oto Lara/ Rezende,/ com o afetuoso abraço/ do/ Cyro dos Anjos/ B. Hte. 7.X.45"; *Montanha* (Rio de Janeiro: José Olympio, 1956): "Ao caro Otto, com a/ minha admiração militante/ pelo escritôr e pelo amigo,/ e mais os agradecimentos por/ ter lido os originais deste car-/tafácio,/ e à Helena,/ sua preclara esposa,/ seu velho/ Cyro dos Anjos/ Rio, 25.6.56"; *Dois romances de Cyro dos Anjos: Amanuense Belmiro e Abdias* (Rio de Janeiro: José Olympio, 1957): "Aos caros amigos/ Helena e Otto,/ êste exemplar, que/ devia ter sido enviado há um/ ano, e só agora segue, porque eram, até êste momento,/ contraditórias as notícias da/ permanência do ilustre casal/ em terras de Europa./ Um abraço, cheio/ de saudades, do/ Cyro/ Rio, 28/4/59".

52. Na subsérie "Correspondência passiva", encontram-se nove cartas de Orlando M. Carvalho, com datas-limite 1947 e 1979.

53. Trata-se de Francisco Negrão de Lima. Na subsérie "Correspondência passiva" há cinco cartas dele endereçadas a OLR, uma delas datada de 11 de maio de 1959 e as demais da década de 1970.

relação vagamente familiar, o Negrão me chamou e me ofereceu o emprego[54]. Eu não quis na hora, não queria gabinete, sempre recusei, naquela época não queria mais ser funcionário, o Cyro me nomeou pro Ipase, dei o lugar pro Lúcio Cardoso, fui pro IBGE, fiquei um dia no Censo, não voltei, andava assim arisco e passarinheiro. Afinal, o Negrão me ofereceu outro lugar no gabinete, o Aguinaldo me aconselhou a pleitear professor de ensino supletivo, acabei controlador mercantil[55], você que me deu a notícia. E daí foi uma sucessão de casualidades e leis, acabei procurador do ex-Estado da Guanabara, hoje do Estado do Rio, esperando baixar a poeira pra aposentar, tenho 400 anos de tempo de serviço. Vou me aposentar também como jornalista, nunca cuidei, minha vida é toda avacalhada, nunca pensei que um dia eu pudesse pensar em aposentadoria, veja só[56]. Tenho uns buracos, mas

---

54. Na subsérie "Correspondência de terceiros", existe o original de uma carta escrita pelo pai de Otto a Francisco Negrão de Lima com um pedido de colocação para OLR: "Belo Horizonte, 19 de agosto de 1948./ Meu ilustre amigo/ Dr. Francisco Negrão de Lima,/ Saúde!/ Estou ciente do interesse que o meu velho amigo/ tem demonstrado pelo Oto, e fui informado da existência de va-/ga no quadro de advogados da Prefeitura.// Não seria possível incluir o Oto nesse quadro? A-/lém do mais, teria, para ele, esse cargo a vantagem de encami-/nhá-lo numa função conveniente, pois acontece que ele é bacha-/rel..., segundo costuma ele mesmo dizer.// Será fácil comunicar-se com ele pelo fone nº/ 473214. A ele darei ciência deste pedido que lhe estou fazen-/do.// Com antecipados agradecimentos pelo que puder fa-/zer no sentido de atender-me, aqui fica às suas ordens o// velho amigo e admirador// Lara Resende". Na subsérie "Correspondência passiva", Antônio de Lara Resende menciona em bilhete ao filho a intenção do pedido a Francisco Negrão de Lima, enviando anexos o original assinado e a cópia da carta com a nota: "Você enderece e ponha/ no correio a carta./ Tenho receio de não endere-/çá-la bem, se o fizer daqui". Ao que tudo indica, esse documento jamais chegou ao destino.

55. A nomeação de Otto ocorre pelo decreto nº 1988, de 26 de março de 1949, assinado por Ângelo Mendes de Moraes: "O Prefeito do Distrito Federal:/ tendo em vista a Lei nº 281, de 4 de dezem-/bro de 1948,/ RESOLVE prover, por nomeação, nos têr-/mos do item I do artigo 13, combinado com o item II do artigo/ 15, do Decreto-lei nº 3770, de 28 de outubro de 1941, o cargo de Controlador Mercantil, padrão L, com OTON LARA DE REZENDE". Com a anotação: "Fica retificado para OTTO OLIVEIRA/ DE LARA RESENDE o nome a que se refere/ o presente decreto./ Em 25 de abril de 1949/ Francisco Negrão de Lima/ Secretário Geral da Administração" (V. série "Documentação pessoal"). Na mesma série, uma portaria assinada por Francisco Negrão de Lima e datada de 28 de abril de 1949 determina: "O Secretário Geral de Administração:/ RESOLVE designar para ter exercício na/ Secretaria Geral de Finanças, o Controlador Mercantil, padrão L,/ do Q.P., OTTO LARA RESENDE, matrícula nº 62370./ Distrito Federal, 28 de abril de 1949".

56. Na série "Documentação pessoal", encontram-se atestados que comprovam o trabalho de OLR em diversos jornais.

tempo tenho de sobra. Bom, jornalista passei por tudo, do *Flan*[57] fui para a *Manchete*[58], contra a minha vontade acabei diretor, agüentei uns quatro anos, saí de lá assim, um dia me chateei, vou mudar de vida, eu sempre quis mudar, nunca fui de parar muito tempo nos empregos, meu ciclo era de três anos no máximo, e tive sorte, sempre arranjei emprego fácil, nunca precisei implorar. O Adolpho não acreditou. Eu disse: olhe, dia 10 eu paro. E parei. Era 10 de dezembro de 1956 – ou 57?[59] Não sei. Saí sem nada. Fiquei só na Secretaria de Finanças, dando meus pareceres de meia-tigela, isenção fiscal, aquela coisa. Aí, surgiu o Itamaraty. Foi o Mozart Janot[60] quem me falou, no Rond Point, em Copacabana. O Meira Penna[61] era diretor da Divisão (não era ainda Departamento)

57. Otto Lara Resende guarda em sua biblioteca três números completos da revista carioca *Flan*, de 1953, com entrevistas feitas por ele com personalidades de destaque na época: Tristão de Athayde (abril), Gilberto Amado (maio), Alberto Pasqualini (junho).

58. No acervo OLR encontram-se 59 textos publicados na revista *Manchete*, dos quais 13 assinados por Otto Lara Resende, sendo dois em co-autoria (V. série "Matéria extraída de publicações"). Na Biblioteca OLR está o nº 2000, número comemorativo já mencionado na nota nº 2 deste texto.

59. No texto já citado "Começos de um delírio", OLR menciona seu afastamento da direção da revista *Manchete* em 10 de dezembro de 1957; no entanto, ao pesquisarmos a coleção da revista, observamos que a informação não procede. Otto Lara Resende e Salviano Cavalcanti de Paiva eram os redatores principais da revista, trabalhando em equipe com o chefe de reportagem Darwin Brandão e o diretor de arte Henry Moeller, equipe que se mantém do nº 102, de 3 de abril de 1954, até o nº 117, de 17 de julho de 1954. No número seguinte, de 24 de julho de 1954, o expediente da publicação traz Otto Lara Resende como diretor de redação, Darwin Brandão como chefe de reportagem e Henry Moeller permanece como diretor de arte. OLR continua como diretor da publicação até o nº 243, de 15 de dezembro de 1956; o expediente desse número da revista traz como diretor-gerente Nelson Alves, como redator principal Armando Nogueira e como chefe de reportagem Darwin Brandão. No número posterior, de 22 de dezembro de 1956, o novo diretor é Nelson Alves, o diretor-redator-chefe é Nahum Sirotsky e o assistente de direção, Darwin Brandão. No nº 245, de 29 de dezembro de 1956, Nahum Sirotsky assina um texto intitulado "Conversa com o Leitor", em que chama a atenção para as modificações no quadro de *Manchete*, mas sem mencionar a saída de Otto Lara Resende, alertando para as novidades editoriais e de aspecto gráfico programadas para a revista.

60. Na subsérie "Correspondência passiva" estão duas cartas de Mozart Janot Júnior endereçadas a OLR.

61. Antes de ser embaixador, J. O. de Meira Penna foi diretor da Divisão Cultural do Benelux. Na subsérie "Correspondência passiva" há sete cartas dele a Otto Lara Resende tratando de assuntos burocráticos; a primeira

Cultural, topou, eu fui feito, por contrato, por dois anos, prorrogáveis, professor de Estudos Brasileiros no Benelux[62]. O embaixador lá era o Vasco[63], saiu, entrou o Hugo Gouthier[64], também meu conhecido. Virei adido. O Murilo Mendes[65] tinha passado antes de mim por lá. A Universidade de Bruxelas, por motivos que não vêm ao caso, não queria criar a cadeira de Estudos Brasileiros. Eu ia pra Louvain. Fui chamado para Utrecht. Fazia umas conferências. Mas a rotina era a embaixada, na chancelaria. Fiquei três anos. E continuei ligado à *Manchete*. Passei a redator, só saí, só me tiraram recentemente. Fui pratica-

---

delas, datada de 4 de janeiro de 1957, é a transmissão do convite do Itamaraty para que Otto assumisse o curso de Estudos Brasileiros da Embaixada do Brasil em Bruxelas.

62. Em 25 de março de 1957, OLR consegue afastamento da função de controlador mercantil da Prefeitura do Distrito Federal (RJ) por 12 meses a contar de 1º de março a fim de ministrar aulas de Estudos Brasileiros na Bélgica, Holanda e Luxemburgo (Benelux), segundo documento oficial presente na série "Documentação pessoal". No começo de 1957, *O Diário* de Belo Horizonte publica "Otto Lara Resende vai dar aulas em Bruxelas": "Notícias do Rio informam que o jornalista e professor Otto Lara Resende, contratado pelo Itamarati para ministrar, na Universidade de Bruxelas, um curso de Literatura Brasileira, que constará de uma série de aulas sobre Machado de Assis" (V. série "Matéria extraída de publicações"). Otto e sua família apenas voltam ao Rio de Janeiro em 8 de agosto de 1959, após dois anos e quatro meses exercendo, a maior parte do tempo, função na Chancelaria da Embaixada do Brasil em Bruxelas e ministrando aulas de Estudos Brasileiros na Universidade de Utrecht, na Holanda.

63. Trata-se de Vasco Leitão da Cunha, que assumiu a embaixada em Bruxelas após a morte de Getúlio Vargas; para isso, pediu demissão do cargo de secretário-geral do Ministério das Relações Exteriores. Em 1956, foi removido para Havana, onde permaneceu até a posse do presidente Jânio Quadros (1961).

64. Hugo Gouthier de Oliveira Gondin foi embaixador do Brasil em Bruxelas durante todo o período em que OLR trabalhou naquele país. Na subsérie "Correspondência passiva", encontram-se quatro documentos de Hugo Gouthier endereçados a OLR, dos quais destacamos o de 31 de agosto de 1959, que oferece a descrição do trabalho de OLR no Centro de Estudos Brasileiros da Embaixada do Brasil em Bruxelas e comunica retorno de Otto ao Brasil; na subsérie "Correspondência de terceiros" há uma carta de José Carvalho a Hugo Gouthier ([Rio de Janeiro] 15 de setembro de 1957) e um ofício de J. de Sousa-Leão a ele (Haia, 22 de maio de 1958).

65. Na série "Matéria extraída de publicações", estão os textos de Otto Lara Resende: "Atestado de identidade para Murilo Mendes" (*Diário Carioca*. Rio de Janeiro, 19 de julho de 1953) e "Vida e poesia: Murilo Mendes" (*O Jornal*. Rio de Janeiro, 25 de dezembro de 1948, republicado em *O príncipe e o sabiá* com o título "Murilo Mendes"). Na Biblioteca OLR há vários livros de Murilo Mendes, dentre eles *Poesia liberdade* (Rio de Janeiro: Agir, 1947) com a dedicatória: "Ao Otto/ fraternalmente/ Murilo/ 1948" e *Poliedro* (Rio de Janeiro: José Olympio, 1972): "Aos meus queridos Otto,/ padrinho dêste livro, e/ Helena; e à musa Cristininha,/ todo o Murilo em/ afeto/ Roma 72".

mente fundador. Aliás, antes da *Manchete*, tivemos *Comício*[66], você se lembra. Bruxelas foi muito bom. Fiquei sozinho, parei pra pensar, li muito, tomei um banho de civilização, não vim nem uma vez ao Brasil, por mim teria ficado na Europa, já tinha arranjado um contrato na Unesco, estaria lá até hoje, por lá, se não fosse Helena, depois que eu assinei, ela me olhou, percebeu que eu fazia uma opção pra sempre, começou a chorar e me pediu pra voltar, passei pelo vexame de voltar atrás, vim embora, deixei outras perspectivas, o Araújo Castro[67], chefe do gabinete do Décio Moura[68], me telegrafou perguntando se eu queria ir pra Madri, onde o João Cabral[69] me atraía, me chamava, me escrevia, o Murilo Rubião[70]

---

66. *Comício*, semanário independente do Rio de Janeiro cuja direção cabia a Joel Silveira, Rafael Corrêa de Oliveira e Rubem Braga. Otto Lara Resende era o responsável pela seção "A Semana do Senado", mas, além disso, publicou ali uma entrevista com Nelson Rodrigues em que toma como título a declaração contundente: "O que estraga o teatro são os atores e o público" (nº 1, 15 de maio de 1952) e a crônica "A ante-sala do figurão" (nº 8, 4 de julho de 1952). Na Biblioteca OLR há uma coleção de *Comício* com várias duplicatas, sem falhas, do nº 1 ao nº 12, do nº 15 ao nº 18 e os nºs 20 e 21.

67. Na subsérie "Correspondência passiva" há 12 documentos de João Augusto de Araújo Castro, dentre os quais o telegrama enviado em 12 de novembro de 1958, às 19 horas, e recebido por Otto Lara Resende na Embaixada do Brasil em Bruxelas no dia seguinte: "Ministro Estado parece receptivo idéia tua transferência/ Madrid tenho esperanças resolver assunto próximas/ semanas abraços = Araucastro". Na subsérie "Correspondência de terceiros" há uma carta de J. O. de Meira Penna a Araújo Castro, data atestada como anterior a 18 de agosto de 1958, na qual comenta que em Utrecht há mais interesse pelos estudos brasileiros do que em Louvain, onde Otto deveria lecionar.

68. Décio Honorato Moura foi secretário-geral do Itamaraty entre 1956 e 1958 e ministro interino das Relações Exteriores em setembro de 1957.

69. João Cabral de Melo Neto escreve de Madri a Otto, em 12 de fevereiro de 1958, mencionando o fato de o escritor ter recusado trabalhar nessa capital. Na série "Correspondência" do Arquivo OLR temos 23 cartas enviadas por João Cabral a Otto entre as décadas de 1950 e 1980 e um telegrama de Otto a João Cabral datado de 6 de julho de 1979. Na Biblioteca OLR há muitos livros de João Cabral com dedicatória, dentre eles: *Pedra do sono* (Recife: Gráfica Drechler, 1942): "Ao Oto, em Minas,/ com um abraço de seu/ admirador/ João Cabral de Melo/ Recife, 1942"; *O engenheiro* (Rio de Janeiro: Gráfica Econômica, 1945): "Ao Otto,/ com um abraço do/ João Cabral de Melo Neto/ Rio, 1945"; *O cão sem plumas* (Barcelona, Editora do Autor, 1950): "Ao Otto Lara Rezende,/ com um abraço afe-/tuoso do/ João Cabral de Melo/ Barcelona, VIII.950"; *Morte e vida Severina e outros poemas em voz alta* (Rio de Janeiro: Sabiá, 1967): "A Helena e Otto,/ mineiros amigos de pernambucanos/ (o que não é comum)/ seu/ JM/ Lisboa, 1968".

70. Na subsérie "Manuscritos de outros autores", há um texto de Murilo Rubião, *Homenagem a Fernando Tavares Sabino*, datado de 28 de maio de 1942. Na Biblioteca OLR há cinco livros com dedicatória: *O ex-mágico*

ainda estava lá, eu querendo ir, mas ao mesmo tempo havia Londres, acabei aqui no Brasil mesmo: tem bububu no bobobó, cheguei com esta verdade por todo lado, depois de três anos fora. Caí em depressão. Fui pra Procuradoria, como advogado substituto, substituindo o Alberto Torres[71], sempre delicado, aí vivi um pouco como advogado, fiz foro, essas coisas. Cheguei a ter a nostalgia da advocacia, se começasse a vida de novo quem sabe seria advogado? Estaria melhor do que jornalista? Bom, fiquei escrevendo pros Blochs, fiz mil coisas do gênero, entrei pro *Jornal do Brasil*, onde passei a maior parte do meu tempo seguido como jornalista, acabei diretor, recusei muito, saí correndo pra Lisboa, de novo adido e mal pago, adido cultural[72], foi bom, trouxe Heleninha, essa ida pra Lisboa tinha umas coordenadas de política que afinal não deram certo, não podemos falar nisto. Fiquei quase três anos em Lisboa, voltei. Quando saí pra Lisboa, eu estava na TV Globo, tinha feito um programa semanal, etc. *Jornal da Semana*, entrevistas mil, entrei no *Jornal de*

(Rio de Janeiro: Universal, 1947): "Ao Otto, com/ um grande e afetuoso/ abraço,/ o Murilo/ B. H. 29/10/47"; *Os dragões e outros contos* (São Paulo: Movimento/Perspectiva, 1965): "Ao velho e querido Otto,/ com um abraço/ afetuoso do/ Murilo/ B. H, junho de 65"; *O convidado* (São Paulo: Quíron, 1974; com dedicatória impressa: "Para Nelly – Pavla – Teddy – Antônio – Cândido – Mário – Rui – Paulo – *Otto* e Hélio"): "Aos queridos amigos/ Otto e Helena,/ com o abraço muito/ afetuoso/ do/ Murilo/ Belo Horizonte, janeiro 75"; *O pirotécnico Zacarias* (São Paulo: Ática, 1974): "A/ Otto e Helena/ com a velha estima/ do/ Murilo Rubião/ B. H., novembro 74"; *A casa do girassol vermelho* (São Paulo: Ática, 1978): "Ao/ Otto e Helena,/ com a/ velha/ estima e/ o abraço/ deste/ cansado/ contista/ Murilo/ Belo Horizonte, agosto 78". Na série "Matéria extraída de publicações" há um texto de Rubião: "À saúde da mulher, companheiro" (*Estado de Minas*. Belo Horizonte, 23 de janeiro de 1980) e dois artigos sem identificação de autor focalizando o grupo mineiro, com destaque para OLR e Rubião.

71. De acordo com o decreto datado de 18 de agosto de 1959, assinado por José de Sá Freire Alumi: "O prefeito do Distrito Federal: resolve nomear [...] Otto Oliveira de Lara Resende [...] para exercer interinamente, em substituição, o cargo de Advogado, [...] durante impedimento do respectivo titular Alberto Francisco Torres, [...] nomeado para exercer em comissão, o cargo de Secretário de Educação e Cultura do Estado do Rio de Janeiro (V. série "Documentação pessoal").

72. Otto Lara Resende foi adido cultural da Embaixada do Brasil em Portugal de 1967 a 1969. Segundo Benicio Medeiros, apesar das ditaduras de Portugal (Salazar) e Brasil (pós-golpe militar, mas vivendo um simulacro de democracia, já que o AI-5 não havia sido editado), Helena Pinheiro de Lara Resende "teria mexido seus pauzinhos para obter a vaga de adido cultural em Lisboa" para Otto, motivada pelo descontentamento com o lado boêmio demonstrado por seu marido na época em que apresentava "O pequeno mundo de Otto Lara Resende" no *Jornal de Verdade*, da TV Globo (V. Benicio Medeiros, *Otto Lara Resende: a poeira da glória. op. cit.*, pp. 100-101).

Verdade, era provisório, só enquanto arranjavam outro, eu devia fazer a parte internacional, o título era *O pequeno mundo*[73], pra significar mais ou menos aldeia global, essa chinfra, aí eu comecei a dar um toque pessoal, virou uma espécie de crônica falada, improvisada, fiquei mais de ano, virei atração, fiquei identificável, todo mundo me conhecia na rua, gostei da experiência da TV, foi divertida, tinha de ir correndo, saía da avenida Rio Branco pra o Jardim Botânico, entrava na última hora, era toda noite, de amargar, mas tinha-se uma boa patota, minha experiência de TV já vinha da TV Rio, a convite do Walter Clark[74],

---

73. "O pequeno mundo de Otto Lara Resende" era uma parte do *Jornal de Verdade*, da TV Globo, exibido às 22 horas pelo canal 4 no Rio de Janeiro. O *Jornal de Verdade*, cujo *slogan* era "o jornal que documenta a vida", estreou em 15 de novembro de 1966. Na equipe, incluindo-se os apresentadores, destacam-se: Luiz Jatobá, Ilka Soares, Jorge da Silva, Jorge Sampaio, Haroldo Hollanda, Willian Prado, Luiz Augusto, Ely Moreira, Célio Moreira, Fernando Monteiro; era produzido e dirigido por Mauro Borja Lopes, o Borjalo, também responsável pelos desenhos do cenário e pelos bonecos falantes, caricaturas de políticos. Otto Lara Resende, no prefácio do livro de Borjalo, *O caçador de borboletas*, destaca: "Foram de Borjalo os primeiros bonecos que apareceram em vídeo ainda em preto-e-branco. Ele juntou a uma televisão primitiva o seu refinado desenho. Criativo e novidadeiro, seus bonecos – agora animados – de fato animavam o divertido e saudoso *Jornal de Verdade*, nos primeiros tempos da TV Globo. Escrevendo, desenhando e esculpindo, Borjalo era diretor de uma equipe em que tomei parte com empenho e alegria". Na série "Fotografias", há imagens de Otto de fevereiro de 1967 utilizadas na divulgação do telejornal e outras do programa datadas de 30 de março, 4 de abril e 23 de maio do mesmo ano. Na série "Manuscritos" está a pauta do programa especial gravado para o Museu da Imagem e do Som, em 30 de janeiro de 1967, de onde destacamos a fala de Luiz Jatobá: "Contrariando a sentença de Machado de Assis, o governo do Paraná enviou 30 mil quilos de batata para os flagelados da Guanabara e do Estado do Rio, que tudo perderam nas enchentes de janeiro. Finalmente, aos perdedores as batatas... E, com as batatas de Machado, vamos penetrando no 'Pequeno mundo de Otto Lara Resende'". Com essa deixa, Otto deveria entrar explicando a sua sessão no programa especial. No verso da última folha mimeografada da pauta do programa, estão os apontamentos de OLR, em hidrográfica azul. Apesar de pouco desenvolvidas, as notas explicitam o papel dele no programa: "Vim preparado p/ entrevistar Borjalo/ Tanto melhor: Característica de minha participação/ improviso/ Coloquial/ Tantas vezes/ Aproveito a oportunidade/ Contraponto/ Espécie Crônica/ 1 minuto/ Peq. Mundo/ Assuntos do dia por/ um ângulo bem-humorado/ – presença de acontecimentos/ culturais, etc./ Lamento ñ poder entrevistar/ o maestro do jornal que é/ o Borjalo".

74. Walter Clark "foi um dos arquitetos da Fundação Roberto Marinho da Rede Globo, 'que é obra de caridade mas dá lucro'" ("Walter Clark vende ações", texto de Patrícia Saboia publicado na *Folha de S. Paulo*. 20 de outubro de 1984). "Walter Clark, que possui um QI muito acima do normal, resolveu contratar mais um para seu sucessor: o inteligentérrimo e competentíssimo Oto Lara Rezende. Oto relutou mas acabou cedendo" (Ver "Walter Clark de guru novo. Rede Globo contrata produtor". *Última Hora*, 4 de abril de 1974). Quando Clark se desliga da Rede Globo, em 28 de maio de 1977, Otto Lara recebe a imprensa para distribuir as cópias das cartas que oficializam o

Vinicius[75] ia fazer um programa comigo, no dia ele subiu pra Petrópolis, bebemos muito pra acertar o programa, que nunca saiu. Quanto à direção, engraçado é que não me considero, nunca me considerei uma pessoa talhada pra dirigir, nunca tive ambição. Deixei sempre a vida acontecer. Pois não fui até diretor de banco? Fui. Do Banco Mineiro da Produção, nomeado pelo governador M. Pinto[76], soprado pelo Zé Aparecido[77]. Renunciei.

---

afastamento. O pedido de demissão e a carta de Roberto Marinho aceitando-o estão transcritos na íntegra em "Walter Clark traz o último filme e deixa a TV Globo" (*Jornal do Brasil*. Rio de Janeiro, 29 de maio de 1977). V. série "Matéria extraída de publicações". Otto Lara Resende escreve o prefácio "Na mágica telinha, um sonho de poeta" para o livro de Clark, *O campeão de audiência* (São Paulo: Best-Seller, 1991), em que o define: "Quem o viu, como eu, na TV Rio daqueles hoje remotos anos 50, sabe com que rapidez e talento ele ampliou o seu espaço e se tornou uma presença indispensável no novo veículo, que mal sabíamos o que era e o que viria a ser".

75. Vinicius de Moraes e Otto Lara Resende se conheceram em 1942 e cultivaram uma estreita amizade. "Na sala de Tati e Vinicius (com um belo retrato do poeta feito por Portinari) estavam habitualmente Rubem Braga, Zora, Rute, Carlos Leão (o Caloca), Fernando Sabino, Helena, Helena e Otto Lara Resende, Lauro Escorel e Sara, Moacir Werneck de Castro, Carybé, Otávio Dias Leite" ("Casa do Leblon", texto de Paulo Mendes Campos no livro *Vinicius de Moraes*. Rio de Janeiro: Sabiá, 1988). Quando a convivência com o amigo não era possível, Vinicius buscava outro jeito de manter contato, como explicita Otto Lara Resende: "Vinicius adorava telefonar. E telefonava sem motivo, só para comunicar-se, ou para matar saudades. Mesmo no exterior telefonava para nada, para bater um papinho, ou para saber das coisas" (texto publicado no encarte de *Marcus Vinicius da Cruz de Mello Moraes*, álbum produzido e oferecido pela Rede Globo a seus amigos no Natal e Ano-Novo de 1980/1981. V. Biblioteca OLR). Na subsérie "Correspondência passiva" há 16 cartas enviadas a Otto; dessas, três são cartas coletivas. Na Biblioteca OLR há muitos livros autografados do poeta, de onde destacamos *Para uma menina com uma flor* (Rio de Janeiro: Editora do Autor, 1966): "Para Helena e Otto,/ o segundo exemplar dêste/ livro – o primeiro foi para a/ menina com uma flor – que êle reviu com tanta amizade/ e paciência./ O abraço secular do/ Vinicius./ Rio, abril de 66"; e *Obra poética* (Rio de Janeiro: Aguilar, 1968): "Para Helena e Otto,/ de Belo Horizonte a/ Lisboa,/ com o coração terrível/ Vinicius/ Lisboa, março 69"; assinado por Otto Lara Resende na última página e com a nota "Lisboa, 12.1.1969/ (Oferta do Poeta V. de M.)" e o prefácio "O caminho para o soneto", escrito por Otto para *Livro de sonetos* (Rio de Janeiro: Sabiá, 1967).

76. Em 31 de dezembro de 1963, OLR toma posse como diretor do Banco Mineiro da Produção, aceitando convite do governador Magalhães Pinto, conforme notícias publicadas (V. série "Matéria extraída de publicações").

77. Trata-se de José Aparecido de Oliveira. Na introdução a *Três faces de uma cidade* (Brasília: Secretaria de Comunicação Social, 1987), de sua autoria, lemos: "José Aparecido [...] saiu da sua Conceição do Mato Dentro, [...] para ser o homem público por excelência entre os seus contemporâneos mineiros, seus amigos eminentes, Oto Lara Rezende [*sic*], Fernando Sabino e Hélio Pelegrino, para citar, apenas, alguns dos de sua geração, que acompanham, desde o início, sua carreira pública [...]" (p. 10). Segundo recorte sem data da série "Matéria extraída de publicações": "Conta-se que numa noite, no legendário Antônio's do Leblon, em plena ditadura, depois de tomar

Devo ter sido o único mineiro que deixou de ser diretor de banco. Curioso: ninguém me pediu um papagaio enquanto fui diretor do BMP. E sempre me pediam antes[78], pra outros bancos, sobretudo o Nacional[79], que freqüentei muito, sem nada ter sido lá, ao contrário do que, a certa altura, se pensou. Hoje estou maduro, como diz Heleninha: careca e velho, ou melhor: Velho Careca[80], mas lindo (ela morde e sopra). Acumulo careca com cabelo branco. De repente, olhaí a vida passando. Ultimamente, passaram-se muitos anos. O Rubem[81] tem razão. E a gente vai ficando com esse cabedal, no fundo continuamos, esperamos, vamos vivendo, os filhos, essa coisa. Sonho um pouco de calma, parar, viver mais pra mim, nunca fui de muita agitação, mas cedi, concedi muito, vida social estéril, bate-

alguns uísques, [Otto Lara Resende] escalou uma cadeira e fez um candente discurso contra o regime. Concluído o desabafo, assumiu de novo o palanque improvisado, dessa vez para comunicar à platéia que, homem intimorato, fazia questão de identificar-se de público e enfrentar as conseqüências do seu ato. 'Anotem o meu nome: José Aparecido de Oliveira'." (Também consta em *A poeira da glória*, *op. cit.*, pp. 7-8.)

78. Na subsérie "Correspondência passiva" há cartas em que amigos pedem a ajuda de Otto nesse sentido.

79. Trata-se do Banco Nacional, da família Magalhães Pinto, liquidado pelo Banco Central em 1995.

80. Forma de tratamento utilizada pela filha caçula de Otto em cartas e bilhetes a ele destinados.

81. Trata-se de Rubem Braga. A longa amizade dos dois cronistas pode ser percebida pelo volume da correspondência trocada. Na subsérie "Correspondência passiva", estão 50 cartas (décadas de 1950 a 1980); na subsérie "Correspondência ativa" há uma carta para Rubem Braga e na subsérie "Correspondência de terceiros" estão três cartas enviadas por Dalton Trevisan, Autran Dourado e Gilberto Amado para Braga. Entre os vários livros com dedicatória presentes na Biblioteca OLR, destacamos *Um pé de milho* (Rio de Janeiro: José Olympio, 1948): "Ao Oto,/ ainda que mineiro, o/ Rubem/ Rio, 13/ agosto/ 1948"; *50 crônicas escolhidas* (Rio de Janeiro: José Olympio, 1951): "A Oto Lara Rezende/ e sua exma. Helena,/ com expressões de/ simpatia e/ admiração/ oferece/ o/ Autor/ Rio,/ setembro/ 1951"; *O conde e o passarinho* (Rio de Janeiro: Sabiá, 1961): "Ao Otto – êste livro juvenil,/ varonil, cão de/ anil – pelo/ Brasil!/ Abraço do/ Rubem/ set. 71"; *O conde e o passarinho* (Rio de Janeiro: Record, 1982): "Otto – / Oh, juventude/ estúrdia, tão leviana/ e feroz, quem/ môla dera reviver!/ Ai vão os gritos/ e sussurros d'antanho/ – com um abraço já/ meio broxa/ do/ Rubem/ Rio, out. 1982"; *A traição das elegantes* (Rio de Janeiro: Record, 1982): "Ao dr. Otto pedindo/ a fineza de publicação/ de uma notinha se/ possível favorável/ na TV Globo, com os/ votos de Feliz Ano Novo/ para o Snr. e/ Exma. Família, oferece/ o/ Rubem Braga/ Rio 1983"; *As coisas boas da vida* (Rio de Janeiro: Record, 1988, com orelha assinada por Otto Lara Resende): "Otto – Você/ sempre foi/ agradador, mas/ nunca tanto quanto/ nestas orelhas. Sua/ generosidade me/ arrasa! Um/ grande abraço para/ você e Helena do/ Rubem/ Rio março 1989".

papo, eu sempre em falta com todo mundo, ninguém em falta comigo[82]. Conheci muita gente, passei por muitos lugares, tive muitas encruzilhadas, aprendi um pouco, no fundo não me deixei tocar, sou um coração inclinado à misericórdia, tenho raivas passageiras, faço cá meus juízos sobre coisas, fatos e pessoas, alguns julgamentos impublicáveis, o que seria interessante dizer é cedo ou é inconveniente, vou calando, vou saindo com o rabo entre as pernas, manéra aí, ô Paulinho, vê se não me deixa mal, o melhor é não tocar em mim. Não publico nada, talvez saia o meu novo livro de contos[83], vale a pena? O papel está tão caro, crise de matérias-primas, tanto livro, meu Deus! Não vou reler. Vou é deitar, dormir. Estou morto de cansado. Este texto, corrido, é o terceiro que escrevo, os outros foram cuidados, caprichados, escrever é de amargar. *Ciao*. Faça a minha toalete. Homem do momento não sou, nunca fui. Em todo caso, já estive mais na moda, passei, passou. Graças a Deus. Caricaturas, equívocos, notoriedade idiota e deformante. Quero ficar quieto no meu canto. Viajar? Gostaria? Talvez uma última experiência, quem sabe agora nos USA, me falta esse horizonte. Mas vou ficando por aqui mesmo. Tive mais do que pedi. A vida é fecunda. Se eu não a escolhi, tal como veio, ela me escolheu, aceitei. Generosidades de dona bem educada, maternal. Estou na TV, ah é mesmo, na TV Globo, sou diretor-adjunto, mas não indague muito, não. Vou levando. Bom mesmo é vadiar, como prega o Braga. Às vezes me sinto como alguém que esqueceu alguma coisa em algum lugar. Não sei que coisa, que lugar. Nem sei que alguém. Eu. Quem sou eu? Abraços, abraços, abraços.

Daqui a pouco, raia a manhã e eu estou aqui, narciso noturno, a falar de mim. Quem fala de si quer a própria glória – é assim, quase assim, que diz o Evangelho (de São João?)[84].

---

82. Na subsérie "Correspondência passiva" há uma grande quantidade de cartas em que os remetentes reclamam resposta. Em assuntos não urgentes, a demora pode ser constatada pela data do envio das respostas. Em muitos casos, OLR respondia depois de um mês, ou mais.

83. O livro de contos *As pompas do mundo* foi publicado em 1975.

84. No exemplar da *Bíblia sagrada* da Biblioteca OLR, no Evangelho de Jesus Cristo por São João, capítulo 12, versículo 43, lê-se: "Porque amavam mais a glória dos homens do que a glória de Deus" (tradução do padre Antônio Pereira de Figueiredo. Notas e dicionário prático por monsenhor José Alberto L. de Castro Pinto. Rio de Janeiro: Barsa, 1966).

Mas não posso deixar de acrescentar que o uso do cachimbo me fez a boca torta. Jornalista a vida toda, acabei jornalista. Sobre a profissão, tenho cá minhas idéias, minhas experiências. Uma coisa pelo menos quero deixar clara: meu horror à censura. Comecei no Estado Novo, com censura oficial[85]. Vi chegar a liberdade de imprensa, em 1945. Trabalhei com afinco, quase diria com entusiasmo, com fé, num jornal como o *Diário de Notícias*, do Velho Dantas[86], um *personnage*. Jornal udenista, meio pra frente, meio socializante, Osório Borba[87], aquela gente toda, a nossa fé democrática. O udenismo não tinha (ou não se via), não estava envolvido por aquela vaselina farisaica. Moço, ainda que sendo, como você um dia disse, a melhor organização de velho da nossa geração, exagerei minhas convicções, apesar de uma cautela, um pé atrás, uma ponta de ceticismo. De tudo, ficou a certeza de que a liberdade é melhor. De que o jornalismo tem de ser livre. Recentemente, a dolorosa experiência da censura[88], as mistificações. O oficialismo. Tenho horror ao arbítrio. Não simpatizo muito com o

---

85. Otto preservou não só papéis, mas também uma parcela significativa da História brasileira. Na série "Matéria extraída de publicações", destaca-se o artigo de Otto "O que é preciso para a universidade/ 'Muita coisa'", como foi publicado em *O Diário* em 5 de agosto de 1944, e o texto como foi concebido, com os cortes "propostos" pelos censores do Estado Novo. Sabedor de que esse era um documento histórico, prova material da censura na era Vargas, Otto apõe ao texto a seguinte nota: "Trecho de/ uma entrevista a/ 'O Diário', de B. Hori-/zonte, provavelmente/ em 1944, sôbre Uni-/versidade. Esta prova/ mostra os cortes feitos/ pela Censura do 'Estado/ Nôvo'/ Otto Lara Resende".

86. Trata-se de Orlando R. Dantas, proprietário do *Diário de Notícias*, do Rio de Janeiro, onde Otto Lara Resende trabalhou. Em "Biografia ressalta relação vital de Otto com a literatura", publicado quando do lançamento do livro de Benicio Medeiros *A poeira da glória*, *op. cit.*, da coleção Perfis do Rio, José Castello destaca: "Otto não tinha preconceitos nem discriminava estilos ou ambientes, sendo a generosidade intelectual, provavelmente, sua maior qualidade. Chegava ao extremo de, como redator de dois jornais que viviam às turras, o *Diário de Notícias* de Orlando Dantas e *O Globo* de Roberto Marinho, escrever os editoriais de Dantas, depois as respostas exasperadas de Marinho, em seguida as réplicas de Dantas, 'numa inflamada polêmica com ele mesmo', como Medeiros define bem" (V. *Estado de S. Paulo*. 14 de novembro de 1998).

87. Osório Borba deixa a dedicatória "A Oto Lara Resende,/ com um abraço do/ Borba/ Rio Junho 1946" em *Sombras no túnel* (Rio de Janeiro: Casa do Estudante do Brasil, 1946), exemplar em que a esferográfica de Otto faz vários destaques.

88. No texto "Boca, silêncio e mordaça" (*O Globo*. Rio de Janeiro, 21 de dezembro de 1976), Otto Lara Resende dá um depoimento sobre o choque causado pelo fim das liberdades individuais e pela instauração da censura: "Eu tinha e tenho horror ao AI-5, como tive horror ao AI sem número. No dia 9 de abril de 1964, fiquei tão chocado

princípio *tout court* da autoridade. Prefiro a autoridade consentida, a que congrega, a que motiva, mas não submete. Horror ao arbítrio. Como jornalista e como curioso, conheci muitos políticos. Casei numa família de político[89]. Aproximei-me do espetáculo político pelo que há nele de fascínio humano. A política talvez seja uma forma de tentar driblar a morte, uma busca de algo mais alto, de superação. Mesmo os piores. Não guardo muito boas lembranças do espetáculo, mas tenho uma simpatia pelo político, a chatice de ser procurador de partes. Vi políticos em momentos decisivos. Vi a solidão de alguns. O acabrunhamento. É um risco, um jogo arriscado. Se não fosse o meu compromisso, descomprometido, com a literatura, quem sabe seria político. Havia de querer logo o máximo. Pois quem quer ser vereador quer ser presidente da República. Por que se contentar com o final do bilhete premiado, o mesmo dinheiro? Se há competição, o que vale é buscar o grande prêmio. Até moralmente é válido, pra fazer o bem. Fazer o bem é uma racionalização? Quase sempre é. Minhas fantasias infantis, adolescentes. Eu poderia ser médico. Gostaria de ser, médico, tenho bossa, entendo doentes. E não tenho o menor jeito para a medicina. Juntar o pensamento à ação, que coisa difícil. Foi o que fez d. Helena Antipoff, estou me lembrando dela porque escrevi um texto para o livro do Daniel, filho dela, sobre ela[90]. Só é grande o que sai de si, o que se sacrifica, se mata

---

ao ler esse papel diabólico que tive febre e caí de cama". Continuando, "nada há mais abjeto do que o crime cometido à sombra do poder público, sob o manto impune e protetor do Estado. Esta, sim, é a suprema, a mais inaceitável subversão" (V. série "Matéria extraída de publicações", republicado em *O príncipe e o sabiá*, *op. cit.* p. 95).

89. A mulher de Otto, Helena, era filha de Israel Pinheiro, cuja trajetória como deputado vai da Constituinte de 1946 até sua renúncia, em 4 de outubro de 1956, para assumir o governo de Minas Gerais, Estado que também fora governado pelo avô de Helena, João Pinheiro. O casamento de Otto e Helena, em 14 de maio de 1950, contou com a presença do então presidente da República, general Eurico Gaspar Dutra, do vice-presidente, Nereu Ramos, e de Juscelino Kubitschek, que anos depois ocuparia a Presidência da República. Ver texto e fotos publicados na revista *Vida Doméstica* e no jornal *A Manhã* e o dossiê organizado por Otto com artigos da imprensa por ocasião do falecimento de seu sogro, em 6 de julho de 1973 (V. série "Matéria extraída de publicações"). Na Biblioteca OLR há dois exemplares do livro *Perfis parlamentares nº 27. Israel Pinheiro. Discursos parlamentares* (Brasília: Câmara dos Deputados, Centro de Documentação e Informação, 1983).

90. Na Biblioteca OLR há dois exemplares de *Helena Antipoff: sua vida, sua obra* (Rio de Janeiro: José Olympio, 1975), de Daniel I. Antipoff, com o prefácio "A fazendeira de crianças", assinado por Otto Lara Resende. Um dos exemplares apresenta rasura no texto de OLR e o outro possui a dedicatória: "A Meu Caro Amigo/ Otto Lara

pelos outros. O egoísmo é um brejo. Fantasias: doutor Schneider[91], frei Damião[92]. A total doação. A superação do comodismo. Causas que tocam, me tocam: presídios, preciso um dia analisar meu movimento de simpatia pelos presos, por qualquer um. E por essa outra prisão, a do menor, da criança desamparada. Dói nunca ter feito nada. Num país como o Brasil, esse enxame de crianças miseráveis, maltrapilhas, dói ser brasileiro. É um vexame. Tantas coisas vexatórias: brasileiros divididos. A ação política é cruel, baseia-se numa competição animal, é preciso derrotar, esmagar, matar, aniquilar o inimigo. Repugna-me. Sou visceralmente conciliador. A coisa que mais admiro no mundo é ponte. Tenho a sedução dos contrários, aquela coisa gideana. Entro nas razões do adversário[93]. Terei adversários? Tenho indignações passageiras, não perdi a capacidade de me irritar diante do que me parece iníquo, mesquinho, avaro. Sou pessimista sobre o homem: saco de esterco ambulante, com direito a florir. Alguns florescem. Poucos. Mas não me levo muito a sério. Escrevendo, tendo ao dramático, ao dramalhão, ao heróico. Mas você sabe que gosto de graça, gosto de *sense of humour*, rio, acho graça na vida, no espetáculo humano. Meu *humour* me ajuda a viver. Adoro uma boa piada. Eu próprio passo do trágico à abordagem humorística. Sempre fui assim, meio gaiato. Não seria médico (seria?), mas seria ator.

Rezende/ que tão espirituosamente prefaciou este livro/ com toda a admiração e amizade do/ Daniel Antipoff/ B.H 6/9/75". O prefácio destaca a ação de Helena Antipoff: "Para fazer tudo o que fez, tanto, este tantão, Dona Helena tinha de ser, como foi, uma personalidade diligente, de ação. Ela se propôs 'agir pelo exemplo e melhorar a vida que nos rodeia'. Não estudou para perder o contato com a realidade. Não estudou para distanciar-se da vida. Estudou a realidade. Aprendeu a vida. E foi o que ensinou. Apóstola, enviada, emissária de celestes estepes, ela doou-se, extinguiu-se na sua causa: meninos de toda casta, sobretudo os pobrezinhos. Os infradotados e os superdotados" (p. 13).

91. É possível que se trate do padre Roque Schneider, cuja máxima era "O bom não é ser importante, o importante é ser bom".

92. Frei Damião, sacerdote capuchinho venerado como santo em todo o Brasil, dedicou-se durante 66 anos a missões populares no Nordeste, percorrendo os Estados de Alagoas, Pernambuco, Paraíba e Ceará.

93. No texto sobre Getúlio Vargas, "Júpiter e o urubu", publicado em *O Globo* (Rio de Janeiro, 8 de junho de 1976), Otto afirma nesse sentido: "(Positivamente, não posso ser apresentado a Satanás: como André Gide, sofro a tentação de entender as razões do adversário)" (V. série "Matéria extraída de publicações"; texto republicado em *O príncipe e o sabiá*, *op. cit.*, p. 55).

Porque sou um trágico, tenho a consciência do drama de viver, da nossa portátil mortalidade, sou um humorista amador. Gostaria de saber fazer alguma coisa com as mãos. De preferência desenhar[94]. Gosto de cartunistas[95]. Comprometido com certo modo empenado de ser, sou desinibido, desengajado para achar graça na vida. Carliteanamente, dolororidamente graça na vida. E na morte. Sou leitor atento da página fúnebre[96]. Tem mais gente conhecida nossa do que a coluna social. Os colunáveis estão nos avisos fúnebres. Escrevendo suposta literatura, ficção, tendo ao triste, deprimente. Quer coisa mais deprimente do que meu *Braço direito*? Engraçado, escrevi isto agora mas não acho. Acho *O braço direito* um livro engraçado, de rolar de rir. Me lembro que eu ria pra burro ao escrevê-lo. Um dia, de madrugada, o Luís meu irmão chegou em casa e me encontrou sozinho, no escritório, rindo à toa, feito maluco. Era do meu romancinho. O personagem, uma só vez cito o seu nome, o Laurindo Flores é um tipo muito engraçado, visto de fora, e pungente, na sua sanha errada de ser santo pela contramão. O *Boca do inferno*[97], que me valeu tanta esculhambação[98]. Fui xingado até em sermão. Hoje, é um livrinho inocente. Nunca quis

---

94. Otto tinha por hábito desenhar, principalmente rostos, nos livros de sua biblioteca. O gosto de Otto por esse tipo de desenho apresenta-se ao grande público na capa de *A mulher do vizinho*, de Fernando Sabino. A 16ª edição (Rio de Janeiro: Record, 1991) é comentada por Duílio Gomes em "Fernando Sabino: 50 anos de ficção", no *Estado de Minas*. Belo Horizonte, 28 de agosto de 1991: "Onde está Wally? [...] É que o Otto deu uma de capista e desenhou – estava com tempo – umas 400 carinhas justapostas. Parece o metrô na hora do rush. Aí o Douné, este sim o capista oficial da Record, aplicou a carinha do Otto no meio das 400 carinhas feitas pelo cronista. Estão entendendo? E aí o Sabino, dando uma de Martin Handford, pergunta entusiasmado como uma criança na introdução do livro – 'Onde está o Otto?'" (V. série "Matéria extraída de publicações"). A Coleção de Artes de OLR tem um desenho de Otto enquadrado, assinado e datado: 19 de julho de 1976.

95. Otto foi amigo dos maiores cartunistas brasileiros, como Millôr, Henfil, Ziraldo e Carlito Maia, que lhe ofereciam desenhos, muitos com dedicatória, e, em algumas ocasiões, personagens eternizados por seus traços dialogam com Otto (V. Coleção de Artes de OLR e "Correspondência passiva").

96. Otto não só lia necrológios, como guardava o recorte quando o morto tinha sido conhecido seu; a série "Matéria extraída de publicações" possui uma representativa subsérie composta de notas fúnebres.

97. *Boca do inferno*, publicado com capa de Poty pela José Olympio, do Rio de Janeiro, em 1957, possui os contos "Filho do padre", "Dois irmãos", "O porão", "Namorado morto", "Três pares de patins", "O segredo" e "Moinho".

98. Na série "Matéria extraída de publicações" há várias críticas desfavoráveis a *Boca do inferno*.

republicá-lo[99]. Nunca fui reler. Crianças trágicas, de amargar. No entanto, eu sou mais para palhaço, quem me vê não diz, disfarço e passo dez, sou companheirável, divertente. Escrevi *O braço direito* e nunca entrei num orfanato. Só via um, em São João, pelo lado de fora, de sobrolho fechado, fechadas janelas, e era de meninas, camisolão, como no poema do Manuel Bandeira[100] (minha admiração ao Manu: tem a naturalidade, respira naturalidade, na prosa e na poesia, tem infância, frescor de infância, poeta que até na maldade, se tinha, era lírico, gratuito, puro). Por que escrevi os contos terríveis (que nada!) do *Boca do inferno*? Um senso trágico da vida, da infância. Sempre desconfiei, desde menino, que criança é séria, é sofredora, é trágica. Mesmo criança feliz. Com o tempo, a vida vai fazendo de todos nós uns sem-vergonhas, vamos nos ajeitando, ficando indiferentes, fazendo nosso ninho no cotidiano. Acabamos todos chocos, raros resistem ao conformismo. Pretendo ainda ter meus rompantes, meus compromissos de dignidade, minhas reservas de maluquice por motivação moral. Há coisas que não faço, estou programado para não fazer. Pelo menos isto. Não sei o que posso fazer, mas pretendo saber o que não posso fazer. Me pretendo o máximo de tolerante, entendo tudo, tolero tudo, mas quero ser exigente pra comigo mesmo. Daí me puno um pouco, tenho insônia, me deprimo. Passo de uma quase euforia, da felicidade animal, à depressão. Tenho depressões caninas, brutais. Fico jururu, vontade de sumir, me custa me pegar pela mão, ou me suspender ao nível da convivência, sair comigo, me levar para o trabalho, me impor a convivência. Eu não disse, aos 20 anos, que viver é fácil, conviver é que é difícil? Besteira de 20 anos. E de repente passa, passa

99. A republicação é póstuma, em 1995, pela Companhia das Letras, de São Paulo, com o título *A boca do inferno*.

100. Menção ao poema "Flores murchas", de *Estrela da manhã*: "Pálidas crianças/ Mal desabrochadas/ Na manhã da vida!/ Tristes asiladas/ Que pendeis cansadas/ Como flores murchas!// Pálidas crianças/ Que me recordais/ Minhas esperanças!// Pálidas meninas/ Sem amor de mãe,/ Pálidas meninas/ Uniformizadas,/ Quem vos arrancara/ Dessas vestes tristes/ Onde a caridade/ Vos amortalhou!// Pálidas meninas/ Sem olhar de pai,/ Ai quem vos dissera,/ Ai quem vos gritara:/ – Anjos, debandai!// Mas ninguém vos diz/ Nem ninguém vos dá/ Mais que o olhar de pena/ Quando desfilais,/ Açucenas murchas,/ Procissão de sombras!// Ao cair da tarde/ Vós me recordais/ – Ó meninas tristes! – / Minhas esperanças!/ Minhas esperanças/ – Meninas cansadas,/ Pálidas crianças/ A quem ninguém diz:/ – Anjos, debandai!..." (Manuel Bandeira. *Poesia e prosa*. Rio de Janeiro: José Aguilar, 1958, vol. 1, pp. 265-266).

quando menos espero, saio da depressão como quem sai, como quem salta de um buraco. Me comovo com facilidade, mas não gosto de demonstrar – não sou mineiro, uai? Sou expansivo, agradador, envolvente, com os filhos, André, Bruno, Cristiana, Heleninha. Gosto fisicamente de agrado, de agradar, ser agente de agrado. Mas agradado, passivo, vítima de agrado, caio em melancolia. Todo presente me dói. Não quero merecer nada. E ao mesmo tempo quero ter tudo. Devia ter me analisado. Nunca. Nunca podia aceitar a análise, eu paranóico, eu cliente diante de um grupo de analistas – minha análise de grupo seria assim[101]. E ao mesmo tempo me creio tão humilde, tão despretensioso, tão não-querendo-nada-de-nada. E quero tudo. Quero ser rei de França. Gostaria de intervir em tudo, eleger o suplente de subsecretário de um clube suburbano que tivesse como objetivo qualquer causa idiota. E não quero nada. Quero solidão, retirar-me. Trago em mim uma saudade rural, a nostalgia silvícola de todo brasileiro, pelo menos brasileiro do interior. O sonho de um dia voltar para a gleba, fugir, sumir, não dar mais notícia de si. Gosto das pessoas que se reinauguram, começam de novo. E gosto da continuidade, da fidelidade a si mesmo, da imutabilidade. Sou imóvel e semovente. Sou um poço de contradições. Posso me levar a sério? Depois dos 50, a vida precisa ser anestésico. O uísque é um, euforizante. Mas não quero depender do álcool. Tenho medo do alcoolismo, tenho medo do jogo, do carteado, tenho medo de bolinhas. Tenho medo de tudo que me atrai. Sou arisco, muito arisco, quando me sinto fascinado, cativado. O que me chama me espanta. Não quero me desarrumar, sobretudo por dentro. Meu instável equilíbrio. E ao mesmo tempo admiro a audácia, os rasgos, uma ponta de quixotismo. A vida é um risco. Sei que tudo implica um risco. Gosto que seja assim. Quero correr risco. E sou tão prudente, tão cauteloso, tão conselheiral. E ao mesmo tempo: irreverente. Tudo que me impõe respeito me dá vontade de respeitar. Tenho uma alma seriamente amolecada. Sou seriíssimo e só gosto de brincar.

101. Na subsérie "Manuscritos Otto Lara Resende" há uma nota sobre o tema: "Quando eu disse que nunca fiz análise, ele freudiano disse: 'Vê-se'. Nunca entendi, até hoje não sei se esse vê-se foi a favor ou contra mim. Censura ou elogio. [...] Sempre disse que eu só faria análise de grupo. Um grupo de analistas e eu. Sou paranóico? Não" (datiloscrito original, fita preta; uma folha; papel branco; 11,1 x 10,6 cm; bordas recortadas).

Gostaria de escrever para crianças. Já tentei. Inventei uma espécie de cartilha anagramática[102]. Inventei nada. Tentei. Não sou de me levar adiante. Gostaria de ter talento para escrever teatro. Tentei. Uma pecinha de um ato, que um dia mostrei ao Fernando, ele morreu de rir. Gostaria de escrever teatro para rir e, ao mesmo tempo, para chorar, engraçadíssimamente sério, comicamente trágico. *El sentimiento trágico de la vida.* Gostaria de saber tantas coisas. Gostaria de saber uma coisa, uma só, mas muito bem, ser a maior autoridade do mundo em lagartixa, uma coisa assim. Gostaria de saber uma língua, todas as línguas, entrar no segredo delas, saber tudo. Tenho uma imensa curiosidade. Sou versátil, o que é a melhor maneira de nada saber. Sou jornalista, especialista em idéias gerais. Sei alguns minutos de muitos assuntos. E não sei nada. Nem literatura. Ficou tão complicado saber literatura. Lingüística. Tantos palavrões estão na moda. Tanta ciência. Desisti de saber. Espio, leio por alto, não quero saber. Quero ser ignorante, inocente. Não quero nem saber português, gramática. Sei um pouquinho, me atrapalha às vezes. Mas não sou empertigado, nem engomado. Pretendo ser, queria ser natural e corrente como um córrego, um corgo, como diz o caipira. Sou um animal inquieto, até metafísico, e gostaria de ser vegetalmente quieto, deixar correr. Correr frouxo. Gosto da vida, a vida em certos momentos me exalta, pulsa com força, vai me estrangular de felicidade. Raros momentos. Há momentos em que entendo tudo, vejo tudo, tudo fica claro. Sou vidente. Transvejo. Sei de tudo. O que não sei adivinho. Adivinho certo. E não sei de nada, estou preso num quarto escuro, numa alcova infantil. Estamos presos sempre: no útero, no berço, no quarto, na sala de aula, na casa, no casal, no caixão, na sepultura. Ser encarcerado, o homem. Enjaulado. E vocacionalmente voltado para a liberdade. Não tenho dúvida nenhuma de que somos seres destinados a voar e, exatamente por isto, não temos asas. Minha indisciplina é indisciplinada. Vou aos trambolhões. Deixo tudo para a última hora. Só trabalho sob o aguilhão compulsório do último minuto. Detesto uma porção de coisas. Amo outras. Não detesto nada. Sou capaz de recuar de um detesto (vi esta palavra inventada, no romance de Rachel de Queiroz) com a

102. O manuscrito, caso tenha levado esse projeto adiante, não se encontra no acervo de Otto.

maior facilidade. Ao primeiro aceno, abano o rabo. E tenho anos-luz de soberba escondida. Gosto de cerveja. Gosto de ter sede. Tomo pouca cerveja. Nunca tive sede pra valer. Mato-a logo. Tenho horror a rato. Gostaria de gostar mais de passarinhos. De cachorros. De bichos[103]. De coisas. De trabalhos manuais, que me distraíssem de mim. Não gosto de intelectual de gabinete. Não gosto do intelectual que sou. Não é meu gênero. Sempre achei que detesto telefonar. E todo mundo ri, diz que eu vivo telefonando, adoro telefonar[104]. Não me conheço então. Não sei sair dos lugares. Não gosto que ninguém saia. Quero sempre ficar sozinho, cheio de gente em torno. Sou adulador, jeitoso com gente sem eira nem beira. Há um lado pobre-diabo em mim, os pobres-diabos logo farejam e se irmanam, me perseguem, não me largam. Com grande esforço, tento escapar dessa fatalidade. Me deu sempre muito trabalho, até me irrita às vezes. O sujeito humilde cuja sogra tem reumatismo deformante vê logo que eu sou o confidente ideal, me envolve, me mobiliza. Agora procuro me defender. Estou cansado, velho. É uma dependência neurótica. Já me explicaram, Freud sempre explica. Eu me iludo pensando que é uma inclinação misericordiosa, minha fraternidade, meu *con-sentimento, con-sinto*. E via quem sabe uma ponta de virtude. Mas já não há virtudes. Tudo é dependência neurótica. Tudo é mecanismo que independe da nossa vontade. Eu creio nisto, mas não creio nisto. Sei que é mentira. Sei que sobramos, derramamos para fora dessa racionalidade. Tenho pena de muita gente. Tenho pena da humanidade. Tenho pena do homem. Tenho pena de mim. Mas detesto a autopiedade e dispenso que tenham pena de mim. Não confio nada em mim. E no fundo confio em mim, sei que, na hora H, não faço bobagem. Tenho sorte. Sou partidário do Vu-vei (pergunte ao Hélio[105],

---

103. OLR dedica várias de suas crônicas na *Folha de S. Paulo* ao sumiço de seu gato Zano.

104. Benicio Medeiros relata em *A poeira da glória* (*op. cit.*) que Otto "adorava falar ao telefone. Ao mesmo tempo, detestava. A filha Cristiana se lembra das broncas do pai quando a ligação era pra ele. 'Mas por que você foi dizer que eu estava, Cristiana?' – e esbravejava, andando enfurecido pela casa. No entanto atendia, e – a família divertia-se – passava horas grudado no aparelho. A frase recorrente da empregada – 'Doutor Otto não está' – virou folclore entre os amigos. Diz a lenda que o próprio escritor às vezes atendia o telefone e dizia: 'Acabei de sair'" (p. 16).

105. Na série "Matéria extraída de publicações", Hélio Pellegrino conta com 24 textos assinados, além de outros três em co-autoria, no período entre as décadas de 1940 e 1980. Na subsérie "Correspondência passiva" há 70 cartas;

não se escreve assim). Deixo acontecer. Vou rolando. Nunca pleiteei nada. Nunca disputei nada[106]. Tenho horror à competição. Talvez, certamente porque tenho medo de perder. E não gosto de perder. Não entro em concurso, não entro em competição. Tenho sempre uma atitude de desdém, com que me defendo da ambição, até da inveja. Desdenho e não quero comprar. Se vem de graça, aceito. Acho que não mereço. Acho que mereço, às vezes acho que é muito menos do que mereço. Não me abro com facilidade. E sou extremamente confidencial. Adoro segredar. Adoro confidências. Sou capaz de guardar segredo. Sou um túmulo. Falo a língua de todo mundo. Me interesso por todo mundo. Não há vida humana que não me interesse. Vejo que uma pessoa fica satisfeita, uma que nunca vi por exemplo, e que, ao ver, descubro, ela descobre que está sendo descoberta, me solidarizo, me interesso, sou capaz de passar horas perguntando e ouvindo sobre um assunto que não me diz respeito. Isto faz o interlocutor feliz. Um dia um amigo nosso me fez um elogio de que gostei: que eu era capaz de dar aos outros a ilusão de serem mais inteligentes e mais interessantes do que na verdade são. Será? É possível. Sou de confiança. Prezo muito a relação humana. Não discrimino. Gosto de ser amigo. E nunca tenho vaga, estou sempre superlotado. Nos últimos tempos, reajo, me defendo, procuro me gastar menos. Sou baratinho, fecho negócio barato, dou pé. Eu dou muito pé. Todo mundo vê logo que eu dou pé. E vai entrando. Ao mesmo tempo, sou discretíssimo, não gosto de me abrir, sou concha, bicho-do-mato. Exalo o justo limite da confidência. E me calo. Sou melhor minerador dos outros do que de mim mesmo. Não mostro a minha mina, a boca da minha mina – pobreza? Mas sou íntimo. Fico íntimo. Respeitosamente íntimo. Levo a sério todo mundo, e não levo, a vida não é séria. Deus é humorista. O humor é a grande expressão, o melhor canal para dar notícia da vida, da nossa tragédia interior e exterior. Etc. Me trate bem, PMC. É pro

na subsérie "Correspondência ativa" estão 119 cartas de Otto para ele e algumas cartas coletivas em que os dois escrevem para outras pessoas. Em "Correspondência de terceiros", há cartas de outras personalidades destinadas a Hélio Pellegrino e dele para outros.

106. Otto viria a disputar com Djacir Menezes uma vaga na Academia Brasileira de Letras em 3 de julho de 1979, sendo eleito por 24 votos a 13.

Schmidt. Você me desculpe, Paulo, mas não acabo mais esta confissão, que de resto é factualmente pouco confessional. Confissão geral, quem não quer fazer? *Vider*, esvaziar o saco. Não será isto que leva a gente a escrever, a compor música, a dançar, a cantar, à arte em suma? A compulsão de ser interessante, um caso, nem que seja só para o analista, pagando[107]. A necessidade de expor-se à visitação pública, e o pudor, a defesa. Interessar os outros na gente, chamar a atenção, e esconder-se dos outros. Fiquei pensativo, depois que pus o ponto que afinal não era final, na página anterior. Um leitor próximo passou os olhos, achou nada sensacional. Talvez resuma o mais feio sentimento, aquele de que tenho horror: ressentimento. Não tenho qualquer motivo de me ressentir da vida, com a vida. A vida foi generosa, tem sido, para comigo. Tenho horror ao ressentimento. E é contudo um mel amargo, um óleo sujo, sempre ameaçando. É preciso cuidado para não tomar o ímpeto da justiça por no fundo, escamoteado, ressentimento. Inveja. Os feios sentimentos humanos que tanto diminuem a natureza da gente. E que ninguém quer ter, não ornam, oneram, e todavia tem-se, temos. É preciso não entrar na intimidade abjeta do homem. É preciso não fazer da literatura uma sarjeta, engrossar a abjeção humana. E todavia longe de mim atitude edificante, moralizante. Tecnicamente, sei que a verdade artística nada tem a ver com moralismos, morais. E politicamente? Politicamente, meio cético, meio enraivecido, paralisado, inatuante, tendo para a esquerda melancólica do Braga. Não tenho compromisso com o conservadorismo. Não gosto de palavras de ordem, não gosto de ordens. Não gosto de ser enquadrado. Devo ter um lado anarquista. E ao mesmo tempo sou tão ordeiro, pacato, moderado, moderador: sou politicamente um político mineiro com uma bomba-relógio escondida no ventre[108]. Quero

---

107. Na série "Manuscritos", Otto Lara Resende deixou uma anedota sobre o assunto: "Uma amiga minha se analisou em NY, em dólares, pois, durante 22 anos. Quando teve alta, voltou para o Rio e fez as contas de quanto tinha gasto. Ao terminar a soma total, foi internada na Casa de Saúde Dr. Eiras, de onde nunca mais saiu" (datiloscrito original, fita preta, uma folha; papel branco; 11,1 x 10,6 cm, bordas recortadas).

108. Quando indagado sobre essa frase na entrevista a Edla van Steen, selecionada para figurar neste livro, OLR afirmou tê-la dito para responder a Odylo Costa Filho. A entrevista a Odylo Costa Filho, intitulada "Retrato de Otto", saiu em *Vogue Brasil*, nº 14 (São Paulo, julho de 1976), e teve o presente texto como base; alguns trechos foram selecionados e a partir disso foram elaboradas perguntas simulando uma entrevista.

a paz, quero a ordem, e quero a explosão de tudo. Fujo da crise, mas sei que a crise é criadora. Talvez sonhasse em ser suíço, neutro, Cruz Vermelha, estar na guerra sem ser da guerra, ajudar os guerreiros de todos os lados, fazer a guerra em nome da paz. E tenho um lado rebelde, um desafio contido como um soluço na garganta. Várias vezes tenho vivido a situação do que, com alguma excessiva retórica, pode ser chamado de mártir sem fé. Ou estou do outro lado da minha fé. Levo a sério a casualidade. O fato de estar, de ter sido posto num determinado sítio. O posto é onde fui posto. Acredito nos caminhos que me escolheram, como aceito os que cruzam comigo, tomo a sério, todo mundo que cruzou comigo, nem precisa parar, está incorporado ao meu destino. Interrogo, indago, perscruto. E quase sempre entendo, compreendo, me perdôo, ou não me perdôo, perdôo (sem objeto direto). Lá atrás, quando falei na minha passagem pela TV, ao tempo em que eu fazia, ainda que modestamente, TV, esqueci de dizer que o diretor era o Borjalo[109], foi quem me pôs no *Jornal*. E a companheiragem era boa. Gosto sempre da companheiragem do trabalho. Etc. etc. Política é a arte de enfiar a mão na merda. Os delicados (vide Milton Campos[110]) pedem desculpas, têm dor de cabeça e se retiram. Não é atividade para pessoas escrupulosas (no sentido técnico, quase patológico). É pra pegar ou largar. Senso de oportunidade. Quem não conhece a sua hora, não tem o pulo-do-gato, esse quem não é político. Eu acho que podia ser político, tenho umas espertezas aldeãs, podia ser político muni-

---

109. Mauro Borja Lopes.

110. Milton Soares Campos, governador de Minas Gerais de 1947 a 1951, além de deputado, foi senador por duas vezes e ministro da Justiça no governo Castello Branco. "Na vigência do Estado Novo, trabalhou com afinco na resistência democrática como participante do grupo que imprimia o jornal *Liberdade*", onde Otto Lara Resende publicou "Há vendilhões no templo", "A política acima dos partidos" e "Os fantasmas e as ditaduras" (V. série "Matéria extraída de publicações"). Na subsérie "Correspondência passiva" há uma carta em que Milton Campos agradece os cumprimentos de Otto por ocasião de seu aniversário e, na subsérie "Correspondência de terceiros", Campos encaminha a Antônio de Lara Resende a resposta do IAPC sobre pedido de renovação do empréstimo hipotecário solicitado. Na Biblioteca OLR está o livro *Testemunhos e ensinamentos*, de Milton Campos (seleção e prefácio de Antônio Gontijo de Carvalho. Rio de Janeiro: José Olympio, 1972), do qual destacamos o trecho citado, e o de José Bento Teixeira de Salles, *Milton Campos: uma vocação liberal* (Belo Horizonte: Vega, 1975), com a dedicatória do autor: "Ao praça de pré Otto – / lembra-se? – a velha/ estima e renovada/ admiração do/ José Bento/ 5.9.75".

cipal. Mas Deus me livre, me livrou. De repente, caio no maior tédio. Quem se entedia não faz carreira. Intelectual na política é quase sempre errado. É sempre errado. A práxis não deixa espaço pra pensar, pensar é muito sutil, enrascado, complexo, multiplica as alternativas. Política é ação. E só há um erro, a derrota. Todo homem de ação pensa assim, ainda que o não diga. Homem de negócios. Todos que põem no agir a sua vontade, a sua decisão, o seu coração. É anticontemplativo. É antigratuidade. É antidevaneio. Política é emboscada. Esperar o cavalo passar arreado na porta, como dizia o Getúlio[111], grande político, minha visão dele, com o tempo, mudou, melhorou a imagem dele. Para abraçar e para apunhalar, é preciso estar colado à vítima, do abraço ou do punhal. Todo amigo é inimigo. Todo inimigo é amigo. O consabido, como diria o Rosa[112]. Aliás, o Rosa pensava umas coisas engraçadas sobre política. Conversadas, nunca escritas. Aquela história de mandar fuzi-

---

111. Em "Júpiter e o urubu", *op. cit.*: "Finalmente a sós com o ex-todo-poderoso Getúlio Dorneles Vargas, para entrevistá-lo, vi-me de repente, na petulância dos meus vinte e poucos anos, quase que entrevistado por ele. Quis saber que restrições eu fazia ao seu governo. [...] Com franqueza e cordialidade, disse-lhe o que me parecia o recado de toda uma geração sacrificada. [...] Getúlio a tudo ouviu com insuportável doçura; desarmou-me. De pé, tranqüilo, quase melancólico, o homem que dominara a cena política nacional por quinze anos, e a ela iria voltar em breve, pôs no meu ombro a sua mão paciente: 'Tu ainda és muito jovem e não sabes que um ditador não pode tudo. Um dia saberás'".

112. "Desde que apareceu *Sagarana*, tive interesse pela vida e pelo convívio de João Guimarães Rosa, que já conhecia de nome, por circunstâncias ligadas à nossa condição de mineiros. Rosa foi aluno de meu pai, em São João del Rei, [...]" (V. "Um biscoito que virou pirâmide", de OLR, na revista *Status* de janeiro de 1981, na série "Matéria extraída de publicações"; republicado na coletânea *O príncipe e o sabiá*, *op. cit.*, p. 198). Na subsérie "Correspondência passiva" há três cartas destinadas a Otto da década de 1950 e uma da década de 1960 e na subsérie "Correspondência de terceiros" há duas cartas de Rosa a José Olympio. As dedicatórias de Guimarães Rosa em livros de sua autoria ofertados a Otto Lara são testemunhos da sua amizade: *Sagarana* (1ª ed., Rio de Janeiro: Universal, 1946 e 2ª ed., Rio de Janeiro: José Olympio, 1951): "A/ Oto Lara Rezende,/ com o maior aprêço./ Rio, 5/V/946" e "Para/ Otto Lara Rezende,/ – com uma simpatia e/ um entendimento de/ Anjos-da-Guarda, que/ abrem porteira para/ longa amizade, – / o/ Guimarães Rosa/ 5.XI.51"; *Corpo de baile* (Rio de Janeiro: José Olympio, 1956): "Para OTTO LARA REZENDE:/ Meu caro Otto,/ Se Você, – que é um/ artista verdadeiro, com uma sensibilidade/ a *n* dimensões, e capaz, capaz,/ capaz, – gostar dêste/ Corpo de Baile, eu ficarei/ contente./ Com forte abraço,/ o/ Guimarães Rosa/ Rio, 27.II.56"; *Tutaméia* (Rio de Janeiro: José Olympio, 1967): "A/ OTTO LARA REZENDE./ Meu Otto e lisboeta,/ grande em São João-d'El-Rei/ e aqui e em tôda parte:/ Esta Tutaméia, se Você/ dela gostar, estou pago./ Agora, o/ sempre abraço grato/ do/ Guimarães Rosa/ Rio, 1967".

lar o adversário "para averiguações". Ele se divertia. A grande contribuição de Minas Gerais para a cultura universal é a tocaia. A tocaia é uma homenagem à vítima. Morre sem aviso prévio, delicadamente, se possível desconhecendo o autor da cilada e até que morre. Faz parte dos nossos hábitos mineiros, nossa tristonha cultura montanhesa. Crime, só encoberto. Não se vive às escâncaras, nem as virtudes devem abrir as próprias janelas. Até aqui, vim escrevendo, agora estou sem coragem de ler, reler. Sei que parece triste, insatisfeito de mim, este texto. É o possível. Se ainda der jeito, sinceramente, com toda a sinceridade, esquece a idéia da entrevista, arquiva. O mundo hoje é do samba, da MPB, do cinema, da televisão, do McLuhan[113], do satélite. Sou, somos, de uma geração em voz baixa, que cochicha, sussurra, nessa algazarra da chamada Comunicação, a abelhante, azucrinante aldeia global. Você já refletiu diante do mundo de uma banca de jornais hoje? Primeiro, já quase não há jornais. Há livros, discos, revistas, divulgação cultural, plásticos, mil chamarizes. Sobreviver quem pode? Juro que preferia ser divertido, não descambar para o lutuoso, o triste, o deprimido. Será que? É possível. E como é que você vai separar todo este material, este choro, esta jeremiada, para daqui tirar alguma coisa que preste? Isto é com você, quem mandou? Foi mexer em casa de mari(m)bondo. Tanta gente, tanta coisa, tanto tempo. Não vale a pena chorar sobre o leite derramado. Não vale a pena chorar. Alguém jamais chorou por valer a pena? O homem é um animal gratuito. Chora e ri porque ri e chora. Sem motivo. *Ciao.*

113. Trata-se de Marshall McLuhan, teórico da comunicação que compreendia o mundo como uma aldeia global; impôs à época seu bordão: "O meio é a mensagem".

[OBSESSÃO PELA MORTE E MINEIRIDADE]*

Entrevista a Leo Gilson Ribeiro

1. *Notei em seu admirável* As pompas do mundo[1] *uma obsessão com a morte como não via em nenhuma criação literária brasileira desde* Boitempo, *de Drummond. É certa esta observação?*

– Certíssima. Só há pouco tempo dei-me conta dessa minha obsessão, tão antiga quanto eu. E que se agrava com a idade. Penso na morte o tempo todo. Busco fazer um

---

* Publicada com o título "Otto Lara Resende, do fundo do baú mágico da memória de Minas Gerais" no *Jornal da Tarde* (São Paulo, 31 de janeiro de 1976). Folha com as "Perguntas formuladas pelo crítico literário Leo Gilson Ribeiro, do *Jornal da Tarde*, para serem respondidas por Otto Lara Resende, autor do livro *Pompas fúnebres*, muito elogiado pelo crítico": datiloscrito original, fita preta; sem data; sem assinatura; 1 folha; escrita ocupando a frente, papel branco, timbrado: "O ESTADO DE S. PAULO", 27 x 20,5 cm; rasuras a máquina. Texto em duas versões: primeira, datiloscrito original, fita preta; sem assinatura; nove folhas; escrita ocupando a frente; papel branco; 29,8 x 21,1 cm; dois furos; marcas de grampo; rasuras a máquina, a caneta esferográfica, tinta azul, e a lápis preto. Segunda, datiloscrito assinado "Otto Lara Resende"; cópia xerox; nove folhas; escrita ocupando a frente ; marca de grampo; rasuras em autógrafo. A presença de Leo Gilson Ribeiro na subsérie "Correspondência passiva" do Arquivo OLR restringe-se a uma carta enviada na época da publicação desta entrevista. Otto também conservou as cópias de uma carta assinada por ele e destinada a Leo Gilson Ribeiro, em 11 de julho de 1979, e de uma carta de Dalton Trevisan, destinada ao jornalista, datada de 20 de novembro de 1974. Em depoimento quando do falecimento de OLR, Leo Gilson Ribeiro declara: "Sempre tive de Otto a certeza de um dos raros homens de caráter ínclito no Brasil. Além de ser um amigo leal e confiável, era um maravilhoso conversador, cheio de *causos*, que ele contava de maneira brilhante e irônica. Apesar de sempre lutar pela justiça social, ele nunca aderiu à literatura panfletária nem a um fanatismo partidário. Talvez a sua maior contribuição à literatura brasileira tenha sido o magistral conto que dedicou à avareza, na série coletânea *Os sete pecados capitais*, editada pela Civilização Brasileira. O Brasil perdeu um dos seus raros pontos de referência quanto à lucidez política e à solidariedade humana" (V. Depoimentos. In: "O autor que virou personagem". *Jornal do Brasil*. Rio de Janeiro, 29 de dezembro de 1992, Caderno B, p. 1).

1. *As pompas do mundo* – livro de Otto Lara Resende publicado em 1975 pela Editora Rocco, com capa de Eugenio Hirsch, traz os contos: "Bem de família", "O elo partido", "O guarda do anjo", "Viva la patria", "A sombra do mestre", "Mater dolorosa" e "A cilada". Na folha de questões, lapso do entrevistador ao mencionar o livro de OLR recém-lançado: *Pompas fúnebres*.

pacto com ela. Leio tudo que descubro sobre o tema. Minha amiga Anny Basset[2], que me traz uns livros de Paris, fica impressionada só de ver alguns títulos: *Sociologie de la mort*, *L'enfant et la mort*, tudo neste diapasão[3]. Que coisa mórbida – me disse ela. Você é tão gentil, como se explica essa mania de morte? "Não sou eu, minha filha. São seus patrícios. Eles é que escrevem permanentemente sobre a morte. Eu apenas consumo". Foi o que me ocorreu dizer. Mas é verdade. No livrinho *As pompas do mundo*, já no título[4] há essa nota fúnebre, no sentido da ascese cristã. Eu suponho, aliás, que a minha visão da morte, a minha obsessão, para aceitar o diagnóstico que você fez, está fielmente enquadrada na perspectiva religiosa do catolicismo dessa linha pascaliana, meio jansenista, extremamente rigorosa para com a vida, tudo na base do mundo-vale-de-lágrimas. O Nelson Rodrigues, que é autor da *Falecida*[5], cansou de bater num troço que escrevi há mais de 20 anos: que o homem é dramático porque morre. Um truísmo, afinal.

---

2. Na série "Correspondência passiva" há 19 cartas de Anny Claude Basset destinadas a Otto com datas-limite 1969 e 1986. Em "A arara de luto", publicado em *O Globo* em 17 de agosto de 1976, e em *O príncipe e o sabiá*, *op. cit.*, p. 64, Otto fala do amor de sua amiga francesa pelo Brasil e sobre tortura – usando como pretexto para tocar no assunto "Torture as state policy", artigo da revista *Time* – e finaliza o texto se posicionando: "À arara, falante e inocente, associou-se agora, sempre segundo o insuspeito *Time*, prática clandestina e criminosa, que fere os mais sagrados direitos humanos. É uma vergonha que estejamos representados '*in many countries*', como quer a reportagem, por essa engenhoca diabólica, que desonra a nossa criatividade, que é antes lúdica do que assassina. Nenhum brasileiro que tenha consciência, que seja patriota, aprovará a exportação desse retrógrado e esdrúxulo *know-how*; nem muito menos o seu uso aqui, entre brasileiros, por brasileiros, contra brasileiros. Se de fato o Brasil ainda é uma nação cordial e amável, com calor também humano, temos de pedir perdão à minha amiga Anny, para que em seu generoso coração não desmaiem o verde e o amarelo; se leu o *Time*, seus olhos estão menos azuis. Então que ela ao menos saiba que, como todos nós, a arara está de luto e anda com horror de seu poleiro, por ter fornecido a metáfora falsamente graciosa que oculta tão abominável tortura" (V. série "Matéria extraída de publicações").

3. Apesar de não haver na Biblioteca OLR os títulos aqui citados, o interesse de Otto Lara Resende por morte, suicídio, assassinato e demais assuntos afins fica explícito na biblioteca, onde há grande quantidade de obras sobre esses assuntos, muitas em francês.

4. Na primeira versão, rasura a máquina, substituição e confirmação: "já * o * = título = há".

5. Na primeira versão, rasura, substituição: "Nelson Rodrigues, que * felizmente me largou de lado, * cansou". "'Com o Nelson, só a tiro!', bradava Otto Lara Resende. 'Infelizmente, o homicídio está capitulado no Código Penal!' Na marquise do Teatro Maison de France, na avenida Presidente Antônio Carlos, piscava o título da nova peça de Nelson:

Voltando às *Pompas*, os contos foram escolhidos por este critério: em todas as histórias, o personagem morre. Menos um, no "Elo partido", no qual o cara não morre, mas se abisma na loucura, na falta de identidade, que é uma forma cruel de morrer sem o privilégio do enterro. Estou com uma ponta de vergonha de confessar, mas fui muito a cemitério. Em São João del Rei, onde nasci e me criei, cemitério se debruça na rua, está junto das igrejas. Os mortos ficam espiando os vivos, com o olho irônico do *undiscovered country*. Na Europa, sempre me impressionei com cemitério surgindo de repente, branquinho, nupcial. Sem falar nos famosos, o Père Lachaise, o de Gênova. Conheço ambos[6]. Em Lisboa, domingo, depois da missa na igreja de Santa Isabel, ou na Estrela, fui muitas vezes passear no cemitério que tão significativamente se chama Dos Prazeres. Dias lindos, manhãs luminosas, macias. Eu andava por ali, onde hoje repousa meu amigo Murilo Mendes[7]. Parava diante do túmulo de Fernando Pessoa[8] e em vão o interroguei. Nenhuma resposta. Há lá

'Otto Lara Resende ou BONITINHA MAS ORDINÁRIA'. Seu nome por extenso, como num cartão de visitas, vinha em letras menores, mas, para desespero de Otto, era visível do mesmo jeito. E acoplado àquela coisa de bonitinha, mas ordinária. O que iriam pensar? Que a bonitinha, mas ordinária, era ele! [...] Na verdade, ser o título da peça (e de uma peça como aquela) deixou Otto Lara Resende profundamente irritado. Tanto que não foi ver o espetáculo. E não era por falta de tempo, porque ela ficou cinco meses em cartaz, longos como cinco séculos. Nelson mobilizou todos os amigos, não se conformava com que ele não visse. [...] Não ir ao teatro era a única vingança ao alcance de Otto. Porque de resto, não podia fazer nada, nem reclamar. Descobrira há muito tempo que, quando se tratava de qualquer coisa que o Nelson escrevesse a respeito de alguém, se esse alguém não gostasse devia ficar quieto. 'Se reclamar é pior. Aí é que ele encarna mesmo', dizia Otto". (In: Ruy Castro. *O anjo pornográfico*. São Paulo: Companhia das Letras, 1992, pp. 325-326.)

6. Na primeira versão, rasura a caneta esferográfica, tinta azul, supressão: "ambos > de várias visitas. <"; acréscimo marcado com a nota a caneta esferográfica azul: "Aqui incluir as linhas que acrescentei anexas", as quais correspondem ao trecho: "Em Lisboa, domingo, depois da missa na igreja de Santa Isabel, [...] Até que tudo desaba, como se sabe", incorporado na segunda versão e na presente edição.

7. Murilo Mendes morre em Lisboa a 15 de agosto de 1975.

8. A Biblioteca OLR possui sete obras de Fernando Pessoa, entre as quais *Páginas íntimas e de auto-interpretação*, com datas de leitura "Lisboa, 1968" e "Lisboa, 19.3.1969", e *Cartas de amor de Fernando Pessoa*, com trechos em destaque. Também se encontram sete obras sobre o escritor português, algumas com a data de leitura, como *Diversidade e unidade em Fernando Pessoa*, de Jacinto do Prado Coelho: "Lisboa, 15.XII.1969", e *Fernando Pessoa*, de Maria Aliete Galhoz: "Rio, 1985". Em *Cartas de Fernando Pessoa*, editado por Mário Sá-Carneiro, está assinalado "Lisboa, 14 fevereiro 1969 - Almoço no grêmio literário com Gilberto Freyre".

túmulos que parecem capelas. Os defuntos trancados, freqüentemente esquecidos, como inquilinos que nada reivindicam, cobertos de teias de aranha, num silêncio sem metáfora, mortal. Era Portugal sob Salazar[9] – um Estado policial eficiente. Os defuntos, bem-comportados, naquela paz de cemitério que só os regimes fortes, de arbítrio, se orgulham de ostentar. Verdadeira ilha de tranqüilidade. Até que tudo desaba, como se sabe.

No fundo, não aceito, emocionalmente, o cemitério americano, que mais parece corte de golfe. Hoje, está na moda a cremação. Qualquer mocinha, qualquer cocota, que nunca sequer pensou na morte, pergunte a ela: quer ser cremada, é tão *chic*! Ora, você sabe que, assim como há uma arte dos cemitérios, quase sempre execrável, *kitsch*, também há uma sociologia e uma psicologia de cemitério. O culto da morte é velho como o homem. É pela morte, como a tratam, como dela se aproximam, que se estuda e se conhece o mundo dos vivos. Estão aí as múmias que não me deixam mentir. Vi múmias no Metropolitan Museum em Nova York, há poucos meses, de me matar de paixão. Tem até uma grávida. Só não vi múmia que tomasse pílula. Mausoléu, pirâmide, monumento de todo jeito: tudo é de morte, para celebrá-la, para exorcizá-la, para suborná-la. Mas a morte é, de tudo na vida, a única coisa absolutamente insubornável. Só ela é universal, democrática, pessoal, secreta e intransferível. Virá como um ladrão, diz o Evangelho[10].

---

9. Em "Boca, silêncio e mordaça", citado na nota 88 do texto anterior, Otto relata que: "[...] já em 1942 eu manifestava em artigo assinado o meu horror à ordem salazarista. O título é indicativo: 'O gado humano'. Parecerá estranho e até incoerente que, mais de três decênios depois, eu tenha aceitado ir viver em Lisboa, sob a proteção do estatuto diplomático, como adido cultural. Sem arredar pé dos princípios e posições que com juvenil insolência deitei nesse meu remotíssimo artigo, confesso que o tinha praticamente esquecido. Só fui reencontrá-lo em Portugal, pela mão amável de um diplomata português que me deixou deitar um olho no magro e nem sempre veraz dossiê que arquivava as minhas peraltices anti-salazaristas"; e em outro momento: "Eu vi uma única vez passar ao longe, na Baixa, no Aterro, como sombra blindada, o perfil professoral do dr. Salazar. Ele não cortejava o povo; submetia-o. Um dia, tarde vadia, soube por acaso que o presidente Juscelino Kubitschek estava no Hotel Ritz. [...] Fui ver JK no Ritz [...] instou comigo para que fosse com ele ver o todo-poderoso e sempiterno ditador. Chegou a um último argumento: 'O homem está velho, vai morrer; você é jornalista, verá uma personalidade que em breve será histórica. Venha pela curiosidade. Venha comigo. Qualquer coisa me dizia que eu não podia ver o dr. Salazar com protocolar e convencional amabilidade. Não fui".

10. Trecho do Apocalipse: "Escreve também ao anjo da Igreja de Sardes: Isto diz aquele que tem os sete espíritos de Deus e as sete estrelas. Eu sei as tuas obras, que tens a reputação de que vives e tu estás morto. Sê vigilante, e

Hoje, minha coluna social favorita é a fúnebre. É onde tenho mais conhecidos[11]. E é a única em que entram todos, entram grã-finos e entra a periferia, entra a caravana e entram os cães. A morte é o clube mais aberto do mundo.

Só esse livro *L'enfant et la mort*, da doutora Ginette Raimbault[12], me sugere um monte de reflexões intermináveis. Nada mais cruel e revoltante do que a morte da criança, do jovem. É sabido que o velho se apega mais à vida. O jovem esbanja-a, põe-na em risco, mete os peitos no trânsito, imola-se.

Como a vida, a morte é um mistério. É o único tema, no duro. O resto é perfumaria. Há o amor. Mas o amor, como o poder, é apenas uma tentativa de vencer a morte, de superar o cárcere de nossa incontornável solidão.

Curiosamente, você associou o título do meu livro, *As pompas do mundo*, com a expressão "pompas fúnebres", de uso corrente ainda hoje, sobretudo na Europa. Por que cercar a morte de pompa? Por que homenagear o defunto? O defunto de Pedro Nava, com seus sapatos inesquecíveis[13]. O rito do velório. Antes de mim, todo mundo escreveu sobre a morte e Rodrigo M. F. de Andrade fez uma obra-prima com *Velórios*, contos[14]. Nunca ti-

---

confirma os restos que estavam para morrer. Pois que não acho as tuas obras completas diante do meu Deus. Lembra-te pois do que recebeste e ouviste, e guarda-o, e faze penitência. Porque se tu não vigiares, virei a ti como um ladrão, e tu não saberás a que hora eu virei a ti" (V. Biblioteca OLR: Apocalipse de S. João Apóstolo, capítulo 3, versículo 1-3. In: *Bíblia sagrada*, *op. cit.*).

11. Ver subsérie "Notas fúnebres", série "Matéria extraída de publicações", do Arquivo OLR. Na primeira versão, rasura a máquina, substituição: "mais * amigos. * E".

12. Na primeira versão, rasura a caneta esferográfica, tinta azul, acréscimo: "*L'enfant et la mort* +, da doutora Ginette Raimbault, + me sugere".

13. Alusão ao poema "O defunto", de Pedro Nava, cuja última estrofe é: "Meus amigos! tenham pena,/ senão do morto, ao menos/ dos dois sapatos do morto!/ Dos seus incríveis, patéticos/ sapatos pretos de verniz./ Olhem bem estes sapatos/ e olhai os vossos também". Incluído na *Antologia de poetas brasileiros bissextos contemporâneos*, organizada por Manuel Bandeira (Rio de Janeiro: Zélio Valverde, 1946), que não consta da Biblioteca OLR.

14. A Biblioteca OLR guarda a primeira edição de *Velórios* (Belo Horizonte: Os Amigos do Livro, 1936) com a dedicatória: "A Oto Lara Rezende,/ Lembrança do/ Rodrigo M. F. de Andrade/ Rio, 9.10.1944" e a segunda edição sem dedicatória (Rio de Janeiro: José Olympio, 1974).

nha associado o livro do Rodrigo ao meu. É possível que inconscientemente tenha exercido influência sobre mim.

Sendo uma pessoa de temperamento jovial, tendente à irreverência e à brincadeira, sou, ao mesmo tempo, um deprimido e um depressor. Literariamente, ficcionalmente, a morte me persegue como tema obsessivo. Não sei analisar este fenômeno, mas sei que é mais ou menos assim com todo mundo. Há os que não confessam, os que disfarçam. Eu estou tentando dizer aqui tudo bem às claras, para ver se me livro desse fantasma. Mas não me livro. Com o correr do tempo, a vida da gente vai se povoando de amigos mortos. Presenças ausentes. Há os que custam a deitar-se, a assumir a postura do falecido. Cada um que morre nos desfalca, nos mata um pouco. Porque morremos, a vida é uma pilhéria. Ou uma coisa seriíssima, para ser tratada só no plano religioso. É da morte, que nos liquida a todos, que vem a seiva que nos mantém vivos. É a morte que nos leva a desejar a imortalidade impossível[15]. Os adultos mais sérios, mais graves, mais solenes são umas crianças idiotas brincando em cima de um túmulo.

Quanto ao poeta Carlos Drummond de Andrade[16], situo-o num nível tão acima do meu piso que jamais ousaria juntar o grande nome dele a uma série de historinhas caipiras e insignificantes da minha modesta (e fúnebre) lavra.

---

15. Em 1979, Otto Lara Resende torna-se um "imortal" da Academia Brasileira de Letras.

16. Na correspondência recebida por Otto encontram-se 88 cartas e bilhetes da década de 1940 até a década de 1980 enviados por Carlos Drummond de Andrade, além de cinco documentos na subsérie "Correspondência de terceiros": um telegrama para Cristiana e Márcio Sequeira, duas cartas para Carlito Maia, uma para Cláudio Murilo Leal e outra para José Gomide Borges e Andrade Silva. Na Biblioteca OLR há 60 livros de e sobre Drummond, a maioria com dedicatórias do poeta, dentre os quais: *Fazendeiro do ar & poesia até agora* (Rio de Janeiro: José Olympio, 1955): "Ao caro Otto, o melhor abraço/ deste fazendeiro do espaço/ Carlos/ Rio, dezembro 1954"; *Versiprosa* (Rio de Janeiro: José Olympio, 1964): "Ao Otto,/ com o abraço em prosa,/ em verso e em amizade,/ do Carlos/ Rio, IX, 1967"; *José & outros* (Rio de Janeiro: José Olympio, 1967): "Ao Otto,/ com a homenagem da/ pág. 115 confirmada/ num abraço afetuoso/ do/ Carlos/ Rio, junho, 1967", referência à parte XII do poema "Crítica de domingo": "Meninos/ É a vida uma ferida/ a pungir n'alma das crianças?/ (O mundo não as entende.)/ A secura comovida/ que lhes rompe as esquivanças,/ sabe-a Oto Lara Resende"; *O poder ultra jovem* (Rio de Janeiro: José Olympio, 1972): "Meu caro Otto:/ não precisa ler. Mas/ receba o abraço, que aí/ vai, do/ Carlos/ 7.VIII.72"; *Os dias lindos* (Rio de Janeiro: José Olympio, 1977): "Meu caro Otto:/ vamos torcer para que/ aconteça realmente algum/

2. *É uma espécie de visão, súmula filosófica, do homem imóvel dentro de uma paisagem que se deteriora e muda?*

– A sua fórmula é boa. Pretensão à parte[17], reuni contos, como ficou dito, ligados pelo fio invisível e visibilíssimo da morte. Esse homem imóvel, essa múmia, só é narrativamente interessante, a meu ver, porque é mortal. E em torno dele, é isto mesmo: a paisagem se deteriora e muda.

No dia em que eu conseguisse dizer, sugerir algo que se pareça com isto, então eu me aproximei do que é preciso dizer, do que pretendo dizer.

3. *Vejo semelhanças remotas com o* Dubliners, *de Joyce*[18] *– seus mineiros aristocráticos, pecadores, atormentados, simbolizam inconscientemente uma noção religiosa dos pecados que eles exemplificam?*

– Ainda mantendo-me no meu lugar, sem traço paranóico, reconheço que Joyce é um ponto de referência, só que é genial. Sabe-se como ele foi torturado, a partir da educação jesuítica, pelo problema religioso. A Minas da minha infância foi sufocantemente religiosa. A montanha estava ensopada de religiosidade, impregnada de pietismo, de fideísmo, de cristianismo – bem e mal interpretado, genuíno e falso, de bom teor e farisaico. No conto "Bem de família", não tive intenção, mas, uma vez terminado, acho que desenhei o

---

dia lindo por aí. Até lá!/ o abraço amigo do/ Carlos/ Rio, 9.2.77"; *Nova reunião* (Rio de Janeiro/Brasília: José Olympio/INL, 1983): "A Helena/ e/ Otto,/ reunidos no mesmo afeto que/ lhes consagro,/ o abraço carinhoso do velho/ Carlos/ Rio, 2.VIII.1983"; *Corpo* (Rio de Janeiro: Record, 1984): "Para Helena e Otto,/ com um abraço de carinho/ mineiro, ao sol do Rio./ o Carlos/ Rio, setembro, 1984". Na série "Matéria extraída de publicações" estão 36 recortes de textos de Drummond publicados na imprensa e colecionados por OLR.

17. Na primeira versão, rasura a máquina, substituição/supressão: "boa. *> Acho que é <* Pretensão".

18. Na Biblioteca OLR há poucas obras de James Joyce: *Retrato do artista quando jovem* e as duas antologias *Introducing James Joyce: a selection of Joyce's prose with an introductory note by T. S. Eliot*, em que figura *Dubliners*, e *Os melhores contos de James Joyce* (Lisboa: Hélio, 1946), com "Eveline", "Uma pequena nuvem", "Casa de hóspedes", "Graça divina", "O bazar", "Depois da corrida", "Terra", "Embriaguês", "Um caso doloroso" e "O morto", extraídos de *Dubliners*.

perfil de uma cidadezinha lavada pelas missões e que[19], em seguida, mal partem os padres missionários, retoma sua pecaminosa naturalidade. A catolicidade, culturalmente falando, ou sociologicamente analisada, seria ali[20] como uma imposição de fora, um estrangeirismo, coisa de alemão, cheio de vida e vigor e falando no outro mundo, de olho no céu, no prêmio póstumo. A velha Eduardina é um perfil aristocrático decadente, apoiada na sua bengala, na sua soberba, na sua mitificada e mistificadora toalha.

Tudo é pecado. E tudo é graça, como disse o padrezinho de Bernanos[21].

4. *Em que este seu último livro se distingue dos demais?*

– Sinceramente, acho que não se distingue muito dos demais. Talvez, com o tempo, confirmei a mão em certos buscados malabarismos, que às vezes abomino, mas que amo, de que não consigo livrar-me. *O lado humano*[22], meu primeiro livro, foi muito desnatado. Jovem, eu castigava as palavras, expulsava-as. Queria desbarroquizar a minha natureza

---

19. Na primeira versão, rasura a caneta esferográfica, tinta azul, acréscimo: "missões e + que, + em seguida".

20. Na primeira versão, rasura a caneta esferográfica, tinta azul, acréscimo: "seria + ali + como".

21. *Diário de um pároco de aldeia*, de Georges Bernanos, onde o leitor/escritor Otto destacou a frase (aqui citada em itálico), anotando na margem: "BD". Trata-se de nota prévia vinculada ao dossiê da criação do romance *O braço direito*; revela um diálogo intertextual com a obra de Bernanos: "– [...] Não passo de um pobre padre, muito indigno e muito infeliz. Mas sei o que é o pecado. A senhora não sabe. *Todos os pecados se parecem; há um só pecado*. Não lhe falo em linguagem obscura. Estas verdades estão ao alcance do mais humilde cristão, desde que ele se digne recebê-las de nós. O mundo do pecado está perante o mundo da graça, como uma paisagem perante sua própria imagem refletida em uma água negra e profunda. Há uma comunhão dos santos; há também uma comunhão dos pecadores. No ódio, no desprezo que os pecadores têm uns pelos outros, eles se unem, se abraçam, se misturam, se confundem; e um dia, aos olhos do Eterno, não serão mais que este lago de lama sempre viscoso sobre o qual passa e repassa, em vão, a imensa maré do amor divino, o mar de chamas vivas e rugidoras que fecundou o caos" (V. Biblioteca OLR. Tradução de Edgar da Mata-Machado. Rio de Janeiro: Agir, 1964, p. 100).

22. *O lado humano* – primeiro livro de Otto Lara Resende, publicado em 1952 pela Editora A Noite – traz os seguintes contos: "O lado humano", "Das dores", "O morto insepulto", "A pedrada", "O caso Redelvim", "Velhos", "O calcanhar de Aquiles", "Terêncio e o mar", "Dois passeios de Raquel".

mineira, talhada como figura do Aleijadinho. Fingia de apolíneo, mastigava clássico, na cadência do Machado de Assis[23].

Depois veio *Boca do inferno*, no qual me soltei. E mergulhei na infância, na obsessão religiosa, no pecado, na morte. Fui espinafrado em todos os tons. Mereci até um sermão. Contra o meu pobre livro, evidentemente. Recebi carta anônima. Escreveram na minha porta com tinta fecal. Estranho, não acha? Um livrinho de pequena tiragem, que nunca foi badalado. Irritou muita gente, que saiu a público para dizer de mim cobras e lagartos. Odylo Costa Filho teve que jurar de público, em artigo assinado no *Jornal do Brasil*, que eu não era um monstro moral[24]. Que até era amigo dos amigos, pai de família razoável. Nunca mais reeditei, nunca mais li *Boca do inferno*. Tentei ler uma vez, tendo em vista uma nova edição, insistentemente proposta por esse bravo que é o Ênio Silveira[25], mas não consegui

23. "Por influência de Benone [Guimarães], tornou-se um leitor voraz de Machado de Assis. 'A descoberta de Machado de Assis, de sua visão cética, amarga, de sua ironia, de seu *sense of humour*, desvendou um mundo para mim. Aos 14, 15 anos, eu talvez fosse mais amargo e mais pessimista do que Machado...'" (V. Benicio Medeiros, *op. cit.*, pp. 24-25). Na Biblioteca OLR há vários livros de e sobre Machado de Assis. Na série "Matéria extraída de publicações" há três artigos de OLR sobre o autor de *Dom Casmurro*: "Machado como burocrata foi também genial" (*Jornal do Brasil*. Rio de Janeiro, 30 de janeiro de 1971), "Machado, galante, jardim" (*O Globo*. Rio de Janeiro, 18 de janeiro de 1987) e "Não traiam o Machado" (*Folha de S. Paulo*. 8 de janeiro de 1992) e oito artigos de outros autores.

24. Trata-se do texto "Otto, o bom", assinado "O.C.F.", publicado no *Jornal do Brasil* em 17 de fevereiro de 1957, de onde destacamos: "Otto Lara Resende está sendo vítima, a esta hora, pela publicação do seu segundo livro de contos, de uma das ondas de incompreensão mais pasmosas que jamais desabaram sobre um escritor brasileiro, e de que me assombra ver participar um crítico da experiência literária do meu caro Rosário Fusco. Acontece que Otto foi um menino feliz, um menino marcado pela delicadeza de alma e cercado, em casa, da compreensão de pais admiráveis. Esse irônico manso, esse grande escritor que possui todos os segredos das artes graciosas do dizer, é, antes de tudo, um bom. Foi assim – como diz o poeta – desde menino. [...] Acontece que por ser bom e feliz é que Otto faz seus personagens marcados pela poderosa presença da dor e do pecado. [...] Só um homem extremamente bom, revoltado com os dramas da infância, [...] poderia escrever estas histórias – destinadas a tirar o sono aos outros e a criar no coração aquele peso e na garganta aquele aperto que poderiam influir em nosso favor, amanhã, diante da misericórdia de Nosso Senhor Jesus Cristo" (V. série "Matéria extraída de publicações").

25. As cartas de Ênio Silveira a Otto Lara Resende em geral manifestam a intenção da Editora Civilização Brasileira de publicar ou republicar seus livros. Na subsérie "Correspondência passiva" há 13 cartas a OLR, com datas-limite: 1963 e 1991; na subsérie "Correspondência de terceiros" estão 11 cartas de Ênio Silveira a Dalton Trevisan da década de 1970.

passar das primeiras páginas. Uma língua derramada, escolar, cheia de graxa. Historinhas gordas, rebolantes. Mas tive a tentação de publicar, de preferência com uma seleção[26] das espinafrações que o livro e eu levamos[27]. Masoquistamente, essa idéia me tentou. Não tocando na minha honra, não ferindo os meus brios de cidadão, não me importo muito de apanhar da crítica, ou de qualquer colunista. Estou na chuva pra me molhar. Não exijo nem ao menos peço que gostem dos meus livros. Se não gostam, *je m'en fiche*. Mas gosto de ser entendido, valorizado, pinçado nas minhas sigilosas intenções. Gosto do leitor inteligente, generoso. Quando muito elogiado, desconfio do elogio. Dou um desconto. Me repito a jaculatória permanente da minha limitação. De todos os meus defeitos.

Depois do *Boca*, publiquei *O retrato na gaveta*[28]. Os temas, que já estavam nos dois primeiros, reaparecem aí. Tem rato e gato, como tem rato, gato, carola, padre e meninos no meu romance *O braço direito*[29]. *As pompas do mundo* é irmão gêmeo, intrinsecamente falando, de *O braço direito*. Só que o personagem-narrador do romance é, a meu ver, por incrível que pareça, um sujeito engraçado. Eu pelo menos ri muito ao imaginá-lo e ao escrevê-lo. No entanto, ao que dizem, é um livro terrivelmente deprimente. Podre de triste. Mórbido. Monstruosamente mórbido. Gente que me conhece socialmente e que, por infelicidade, se aventura a ler *O braço direito* fica pasma. Me pergunta: "Como é que é?

---

26. Na primeira versão, rasura a máquina, substituição: "com uma * série de * seleção das".

27. Na série "Matéria extraída de publicações" há algumas críticas sobre *Boca do inferno*, como a da *Revista da Semana* (Rio de Janeiro, 23 de fevereiro de 1957), onde se lê: "Verdadeira decepção o segundo livro do senhor Otto Lara Rezende, há pouco aparecido. São sete contos desenrolados em antiga cidade de Minas Gerais, e todos tendo por protagonistas crianças e adolescentes. Crianças degeneradas, [...] homicidas de calças nos joelhos [...] toda uma galeria – a nosso ver irrealíssima – de crianças muitíssimo pouco crianças". Na subsérie "Correspondência passiva" encontram-se duas cartas de Carlos Castello Branco (datadas do Rio de Janeiro, 27 de junho e 9 de agosto de 1957) mencionando a repercussão negativa de *Boca do inferno*.

28. A primeira edição de *O retrato na gaveta*, que saiu pela Editora do Autor, do Rio de Janeiro, em 1962, traz os contos: "O carneirinho azul", "Os amores de Leocádia", "O gambá", "Boa noite, vigia", "Gato gato gato", "Todos os homens são iguais", "Cão cochilando no tapete", "Negócio de ocasião", "Cigana" e "O retrato na gaveta". É reeditado, no ano seguinte, pela mesma editora. Em 1969, a Editora Livros do Brasil, de Lisboa, lança uma edição com capa de Infante do Carmo.

29. Na primeira versão, rasura a máquina, correção: "romance ^ Braço Direito ^ O Braço Direito".

Quem é você? Um cara alegre, brincalhão. Qual é? Por que você não escreve sobre gente direita, gente como nós?"

A pergunta é embaraçosa e ingênua. Você sabe que a gente não escolhe os seus assuntos, nem os seus personagens. A gente tenta livrar-se deles, colados em nós, metidos sob a nossa pele. Escrever, para sujeitos como eu, é uma imposição, uma catarse. Uma doença, quem sabe. Ou uma cura. Já disse e repito: um cara direito, um cidadão prestante, não precisa escrever. Não escreve. Todo ato criador é um ato de subversão. A inteligência é subversiva. A poesia é subversiva. Por isto é que preciso respeitá-las, proteger a cultura, estimulá-la. Só há uma forma de proteger a cultura: é o Estado deixá-la livre. Sem peias de qualquer espécie.

Voltando à sua pergunta: substancialmente, no fundo, este meu último livro não se distingue dos demais. Tudo é o mesmo autor, que aliás gostaria bem de sair para outra. Escrever teatro, por exemplo, mas não tenho o dom[30]. Ou um romance urbano, em que eu vazasse a minha cronologicamente longa experiência humana, dos homens e das coisas do Brasil. Sem ser *à clef*, longe disto, sem fixar fotograficamente a realidade, mas um livro que[31] me levantasse a cabeça, que me tirasse dessa morrinha provinciana e caipira. Sem esse cheiro de cueiro. Sem esse fedor de urina velha. Sem penico debaixo da cama. Sem cãibras de velho e bronquite de velha. Um livro vital, quem sabe solar, ainda que triste. Poderosamente triste, com nervo. Vai ver, não mereço. Ou não me aplico à tarefa.

O mundo mudou tanto, Leo. Por mais que eu não queira me queixar, é impossível não constatar: o projeto de todos nós, da minha geração, deixou de coincidir com os valores, com a moldura, com a paisagem dos tempos atuais. Se não somos ágeis, adaptáveis, corremos o risco de mumificar-nos. Ou de cair nesse vezo execrável do saudosismo. Não censuro, não maldigo, nem analiso. Mas verifico que a mitologia literária esvaziou-se. O escritor, mais do que nunca, é hoje um pobre-diabo. A literatura é uma atividade secundária, como diz o Prudente de Morais Neto. Qualquer empresário, qualquer vendedor de banana por um cor-

---

30. Na primeira versão, rasura a caneta esferográfica, tinta azul, acréscimo: "por exemplo + mas não tenho o dom. + Ou".

31. Na primeira versão, rasura a caneta esferográfica, tinta azul, acréscimo: "livro + que + me".

redor de exportação, vale mais do que todos os poetas de nossa terra. Ao poeta, no máximo, dá-se um papel decorativo. Digo poeta, mas quero dizer todo aquele que está voltado para a criação, para o ato cultural, para esse instrumento pobre que é a vida intelectual. Uma vez, em 1945, ouvi o Schmidt dizer para o San Thiago Dantas, com sua bela voz redonda[32]: "O Brasil tem horror à inteligência. O Brasil não perdoa os homens inteligentes".

Não era verdade. O Schmidt estava exagerando porque queria ser deputado e não tinha votos. Hoje é verdade. O Brasil de 1976 tem horror à inteligência. Tem horror à criatividade[33]. Fora do Mobral, ninguém lê mais. A não ser você, eu e mais uns poucos, todos completamente loucos. Você não viu o depoimento do Osman Lins[34]? Como é que ainda existe gente para acreditar em glória? Glória literária, santo Deus! Que bobagem!

A celebridade, mais do que um equívoco, é quase sempre uma impostura. O único homem célebre do Brasil é o personagem do Machado de Assis[35]. O resto é tudo mentira.

5. *Você concorda que* As pompas do mundo[36] *desvenda uma visão do mundo estranhamente mineira e que não poderia ser ambientado em nenhuma outra região do Brasil? E não está medularmente ligado a Cornélio Pena*[37]*, Lúcio Cardoso*[38]*, um Guimarães Rosa confessional?*

---

32. Na primeira versão, rasura a caneta esferográfica, tinta azul, substituição e deslocamento: "com * aquela * voz redonda # e bela. # O Brasil".

33. Na primeira versão, rasura a caneta esferográfica, tinta azul, supressão: "criatividade > Se o SNI descobrir que é verdade que o Mário Henrique Simonsen canta uma ária, com boa voz de barítono, imediatamente o demitem do Ministério da Fazenda e o incluem na folha de pagamento do Teatro Municipal. Agora imagine se descobrirem que algum ministro, algum pró-homem da Arena escreve um conto, ou faz um poema. < Fora do Mobral".

34. O depoimento em questão não se encontra no Arquivo OLR. Na Biblioteca OLR há seis livros de Osman Lins; entre eles *Guerra sem testemunhas: o escritor, sua condição e a realidade social*, que traz no capítulo "O escritor" indicação sobre "Não abandonar à própria sorte os livros publicados. O orgulho de ser escritor".

35. Menção ao título do conto de Machado de Assis "Um homem célebre", de *Várias histórias*.

36. Na folha de questões, lapso do entrevistador ao citar o livro de OLR: *Pompas fúnebres*.

37. Na Biblioteca OLR está o volume *Obras completas de Cornélio Pena* (Rio de Janeiro: Aguilar, 1958).

38. O exemplar de *Diário I*, de Lúcio Cardoso (Rio de Janeiro: Elos, 1960), mostra a dedicatória: "Otto, quem sou eu?/ O abraço é da Helena./ E a amizade, se Deus/ quizer, é de todo/ mundo./ Rio – XI –60/ Lúcio

– Digamos que eu concordo. Por uma feliz coincidência, recebi hoje uma carta inteligentíssima – e generosíssima – de Sylvio de Vasconcellos, sobre o meu livro[39]. Resisto à tentação de citá-la. O Sylvio é uma figura admirável, que está fora do Brasil porque o Brasil só admira, só quer, só exalta os burros, os estéreis. O Sylvio entende melhor do que ninguém desse suposto enigma da "mineiridade". Ele faz uma distinção entre "mineiros" e "geralistas". Guimarães Rosa seria "geralista". Estou a dizê-lo não porque deseje aproximar-me do Rosa, de quem fui admirador fervoroso da primeira hora, além de amigo de muito afeto. Digo porque o Sylvio o menciona, a partir de uma tese que ele desenvolveu em várias oportunidades, com graça e competência, inclusive num artigo publicado por *O Estado de S. Paulo*. A seu ver, há duas culturas nas Minas Gerais: uma urbana, aberta, progressista, liberal, democrática; a outra, rural, fechada, conservadora, elitista.

Segundo esse mestre da "mineiridade", meu livrinho é mineiro, porque a mineiridade está no sangue e independe do assunto. Nas Minas, nunca houve arte popular. Igreja do Aleijadinho é igreja, mas expressa de uma particular maneira, dele, mineira. Um mineiro pode abordar temas do Rio ou de Paris, mas será mineiro sempre. Para o Sylvio, também pode haver "artista mineiro" que não tenha nascido em Minas. Ele considera, por exemplo,

---

Cardoso", e na página de rosto uma nota de Otto remete às pp. 251 e 252, onde se lê: "Ontem, com Oto Lara Resende, quase toda a noite num bar. Concordamos em que a única vantagem de reviver essas experiências mortas é o fato de poder constatar o quanto nos achamos afastados delas. Tédio das mesmas faces entrevistas nos mesmos lugares – tédio das mesmas conversas, repetidas – quando? – em momentos idênticos. A vida torna-se mesquinha e avara, recolhida a essas pequenas lagoas sem alma. Saímos diminuídos dessas noitadas, com a sensação de que apenas ferimos a essência do que nos era vital". Na série "Matéria extraída de publicações" está o texto de Lúcio Cardoso "Diário não íntimo", publicado em *A Noite* (Belo Horizonte, 1º de janeiro de 1957). Na subsérie "Manuscritos de outros autores" encontra-se o poema de Lúcio Cardoso "As pessoas" datado: Rio de Janeiro, 21 de julho de 1945. Na subsérie "Correspondência passiva" há oito cartas endereçadas a Otto Lara Resende pelo romancista.

39. Carta escrita em Washington, em 23 de janeiro de 1976, postada no mesmo dia e respondida por OLR em 6 de fevereiro, segundo nota de Otto no envelope conservado. Além desta, há outras quatro endereçadas a OLR por Sylvio de Vasconcellos e uma do pai de Otto para Vasconcellos (V. série "Correspondência"). Na série "Matéria extraída de publicações" há um texto de Sylvio de Vasconcellos sobre *Boca do inferno* publicado no *Diário de Minas*.

Oscar Niemeyer[40] mineiro; e Machado de Assis. Culturalmente falando, porque nas Minas se compôs o equilíbrio nacional, juntou-se o norte ao sul, e leste ao oeste. Nas Minas se inventou uma interpretação nova para o barroco, que é mineira, só mineira.

A crer no Sylvio de Vasconcellos (e eu creio), aqui mal citado, porque de forma truncada, não há como escapar da cadeia, das algemas da mineiridade, quando se é, literariamente, mineiro. Ele diz que é o meu caso. Quero acreditar que tem razão, porque me sinto medularmente preso a Minas. Às Minas. Sou mineiro de beta, de beta funda, pobre, esgotada. Mineiro de mina sem ouro. Mineiro decadente. Sou mineiro da morte das Minas. Uma beta é aliás um túmulo. No alto da montanha, fronte e olhos voltados para o azul, o mineiro enfiou-se no buraco da mina, escondeu-se, como aquele bicho terráqueo do Kafka. Não há maneira mais adequada para ser universal: esconder-se da luz para entendê-la, para merecê-la, para recebê-la.

Cornélio Pena era mineiro de quatro costados. Digo eu, não sei o que o Sylvio de Vasconcellos pensa. Um grande escritor, denso, forte, difícil, escarposo, um jardim de pedras. Anda esquecido, mas voltará, se a literatura não desaparecer, como andam apregoando por aí. Lúcio Cardoso, de cuja amizade privei, foi um talento poderoso e multiforme.

Cornélio e Lúcio têm em comum uma visão da vida, uma cosmovisão, uma visão montanhesa, mineira, sombria. E que ambos aprofundaram, agravaram, quem sabe até de propósito, deliberadamente.

Da minha parte, quero crer que, guardadas as devidas proporções, minha natureza (literária, ficcional) tem tons e toques diferentes. Quanto ao Guimarães Rosa, gigante, não consigo vê-lo confessional. Ele se escondeu sempre[41], muito. Contou-se nas histórias que contou. Mas nunca, que eu saiba, quis ser confessional. Tenho, como ele, esse pudor. Falo muito, sou às vezes

40. Na Biblioteca OLR há três livros do arquiteto, como *Niemeyer* (Paris: Alphabet, 1977), com a dedicatória: "Para o Otto Lara Resende,/ com um abraço afetuoso/ do/ Oscar/ 1977". Na subsérie "Correspondência ativa" do Arquivo OLR há uma carta endereçada a Niemeyer em 31 de agosto de 1983 e, na subsérie "Correspondência passiva", há uma carta dele para Otto.

41. Na primeira versão, rasura a lápis preto, supressão: "escondeu sempre > muito < Contou-se".

derramado, sofro disto que com mau gosto se pode chamar de logorréia, mas não sou confessional[42]. Tudo que tem alguma importância é, para mim, secreto, sigiloso, confidencial. Mesmo na literatura, é preciso esconder a pepita de ouro[43], pequetita, na montanha de cascalho.

É uma pena que o Sylvio de Vasconcellos não esteja aqui, no Brasil[44], em Minas, ensinando o que sabe. Garimpando ouro da melhor cultura. Aliás, não é só ele. Vivemos uma época que tem o vexame de marginalizar brasileiros[45]. Alguns, luminosos. Poderia citar vários, como todo mundo pode. Cito mais três[46]. Um é Mário Pedrosa[47], de uma cultura só comparável à sua pureza. Outro é Ferreira Gullar[48], grande poeta, inteligência e caráter[49]. E tem de

---

42. Ao contrário do que afirma, OLR fala muito de si próprio ao tratar de outras pessoas; o livro *O príncipe e o sabiá* é um bom exemplo disso.

43. Na primeira versão, rasura a lápis preto, acréscimo: "ouro + pequetita + na montanha".

44. Na primeira versão, rasura a lápis preto, acréscimo: "esteja aqui, + no Brasil, + em Minas,".

45. Na primeira versão, rasura a lápis preto, substituição: "vexame de * banir * brasileiros".

46. Na primeira versão, rasura a lápis preto, substituição/correção: "Cito *^ dois ^*".

47. Em 1970, durante a ditadura militar, Mário Pedrosa é processado com outras oito pessoas, mas permanece em liberdade durante a primeira fase do processo. Em julho, a Auditoria Militar da Marinha decreta sua prisão preventiva. Mário Pedrosa busca asilo na Embaixada do Chile. Em 1973, após o golpe que levou Pinochet ao poder, asila-se na Embaixada do México e, em seguida, muda-se para Paris. No começo de 1977, enfermo, Pedrosa pensa em regressar ao Brasil. Aumentava a luta pela anistia e a Marinha havia suspendido a prisão preventiva. Retorna ao Rio de Janeiro apenas em outubro de 1977.

48. No exílio desde 1971, Ferreira Gullar volta ao Brasil pouco mais de um ano depois desta declaração de Otto, "desembarca, em 10 de março de 1977, no Rio de Janeiro. No dia seguinte é preso pelo Departamento de Polícia Política e Social (DPPS, antigo DOPS). No DPPS, é submetido a contínuas sessões de interrogatório, nas quais os agentes policiais o ameaçavam [...] caso não confessasse o que queriam ouvir. Depois de 72 horas de mobilizações, seus amigos conseguem que ele seja libertado" (In: *Cadernos de Literatura Brasileira*. nº 6. São Paulo: Instituto Moreira Salles, set. 1998). Na Biblioteca de OLR há vários livros do poeta com dedicatória: *A luta corporal* (Rio de Janeiro: Editora do Autor, 1954): "Ao Otto Lara Rezende,/ com a minha admiração/ e a minha simpatia/ G./ Rio 1954/ maio"; *A luta corporal e novos poemas* (Rio de Janeiro: José Álvaro Editor, 1966): "Ao Otto Lara Resende/ com meu grande/ e fraterno abraço/ F. Gullar/ Rio 1966"; *Por você, por mim, no Vietnã* (Rio de Janeiro: Sped, 1967): "Ao Marco Aurélio Matos,/ com o meu abraço/ e a minha amizade/ F. Gullar/ no Rio 1967/ Ao Otto Lara Resende/ também com meu abraço/ e a minha amizade,/ em Barcelona/ F. Gullar/ 1968"; *Na vertigem do dia* (Rio de Janeiro: Civilização Brasileira, 1980): "Para Otto Lara Rezende,/ amigo do peito,/ com o abraço afetuoso/ e a admiração/ do/

viver fora, como se fosse um malfeitor[50]. Outro ainda[51] é Edgar da Mata-Machado, que está exilado dentro de sua pátria, em Minas[52]. Tiraram-lhe a cátedra. Jornalista excepcional[53], vim com ele para o Rio e trabalhamos juntos[54] – ele um mestre, cultura profunda, dignidade sem jaça[55]. Voltou a Belo Horizonte a convite de Milton Campos, esse homem público[56] que foi[57] um padrão difícil de repetir. Acabado[58] o governo, Edgar ficou em Minas. Lá está confinado[59].

F. Gullar/ Rio 1980"; *Toda poesia* (Rio de Janeiro: Civilização Brasileira, 1980): "Pro Otto,/ meu irmão,/ a quem muito/ devo em carinho/ e afeto/ F. Gullar/ Rio 1980"; *Crime na flora ou ordem e progresso* (Rio de Janeiro: José Olympio, 1986): "Para Otto Lara Resende,/ velho (jovem!) e querido/ amigo – essas loucuras/ daqueles 'anos dourados'/ seu de sempre/ F. Gullar/ 1986"; *A estranha vida banal* (Rio de Janeiro: José Olympio, 1989): "Para Otto Lara Resende,/ querido amigo,/ seu admirador/ de sempre/ F. Gullar/ 1989".

49. Na primeira versão, rasuras a lápis preto, substituições e supressões: "* Um * é Ferreira Gullar, * um * poeta, > cuja < inteligência > só comparável ao seu grande < caráter. > É um homem inteiriço, de um talento insofismável < E tem".

50. Na primeira versão, rasura a lápis preto, supressões: "fora, > no exterior < como se fosse um malfeitor. > Um dia, Gullar vai ser uma honra da nossa cultura, oficialmente reconhecida. < Outro".

51. Na primeira versão, rasura a lápis preto, acréscimo: "Outro + ainda + é Edgar".

52. Na primeira versão, rasura a lápis preto, acréscimo: "exilado + dentro de sua pátria, + em Minas".

53. Na primeira versão, rasura a lápis preto, substituição: "Jornalista * primoroso, * vim com ele".

54. Na primeira versão, rasura a lápis preto, deslocamento: "Rio e # juntos # trabalhamos".

55. Na primeira versão, rasuras a lápis preto, supressões: "> uma < cultura profunda, > uma < dignidade sem jaça".

56. Na primeira versão, rasura a máquina, substituição: "esse * mineiro * homem público".

57. Na primeira versão, rasura a máquina, substituição: "público que * deixou * foi".

58. Na primeira versão, rasura a máquina, deslocamento: "repetir. # Edgar # Acabado".

59. Edgar da Mata-Machado residiu por longo período no Rio de Janeiro, trabalhando como redator político em diversos jornais. Na série "Documentação pessoal" há um cardápio do "jantar que os jornalistas de Minas e os demais amigos de Edgar de Godoi da Mata Machado lhe oferecem por motivo de sua transferência para o Rio/ Restaurante Pinguim/ B. H. 22/12/44", assinado pelos participantes. Mata-Machado retornaria a Minas Gerais ao aceitar o convite do governador Milton Campos para ser chefe de gabinete e trabalhar ao lado de Carlos Horta Pereira, oficial de gabinete, e Abílio Machado Filho, secretário particular. No já citado *Milton Campos: uma vocação liberal* se lê: "Gustavo Capanema [...], em 1964, juntamente com Edgar da Mata Machado, então secretário do Trabalho, redigiu o manifesto do governador Magalhães Pinto, definindo a posição de Minas favorável à Revolução que destituiu Jango

Um país que não acolhe[60] e que não admira Sylvio, Mário[61], Gullar e Edgar é no mínimo extravagante, esbanjado[62].

Seria o caso de perguntar: que país é este?

O futuro responderá. À posteridade talvez[63] se permita o luxo de cultivar remorsos.

Goulart" (José Bento Teixeira de Salles. *Op. cit.* 1975, p. 84). Na primeira versão, rasura a lápis preto, substituição e supressão: "Minas. * Mas * está confinado. >, alvo de suspeitas. É uma pena. É uma lástima.< Um país".

60. Na primeira versão, rasura a lápis preto, substituição: "não * acata, que não respeita * e que".

61. Na primeira versão, rasura a lápis preto, deslocamento: "admira # Mário # Sylvio".

62. Na primeira versão, rasura a máquina: supressão e substituição; rasura a lápis preto e caneta esferográfica, tinta preta, substituição: "Edgar >* deve estar passando por uma cri[se] *< é no mínimo * um país excêntrico * extravagante, esbanjador".

63. Na primeira versão, rasura a lápis preto, supressão, correção e acréscimo: "responderá. > E é possível que ^ a ^ posteridade + talvez + se permita".

[VOCAÇÃO LITERÁRIA]*

Entrevista a Edla van Steen

– *Se desde criança você queria ser escritor, como é que surgiu a vocação?*[1]

– Sinceramente, não sei se, desde criança, ou, como diz o lugar-comum, desde a mais tenra infância, eu queria ser escritor. É provável que eu tenha dito que, sim, que queria. Se o disse, foi há muito tempo, quando o jovem em mim estava próximo do menino e do adolescente que eu tinha sido pouco antes.

---

* Entrevista, em duas versões do manuscrito, com as respostas a "PERGUNTAS PARA OTTO LARA RESENDE": datiloscrito, autógrafo, data atestada como anterior a 30/5/1981 (com base na carta em que Edla van Steen envia as questões estabelecendo o prazo máximo de 30 de maio de 1981 para remessa das respostas), cópia xerox; três folhas; escrita ocupando a frente; papel branco; 33,0 x 21,7 cm; canto superior direito da primeira folha: nota a caneta esferográfica, tinta azul, provavelmente da secretária de OLR: "D. Edla/ Van Steen/ 29/7/81". Primeira versão da entrevista: datiloscrito original, fita preta, data atestada como 29 de julho de 1981 (com base na anotação feita na folha das perguntas), sem assinatura; 20 folhas; escrita ocupando a frente; papel branco; 33,1 x 22,0 cm; rasuras a máquina, a caneta hidrográfica, tinta azul, e caneta esferográfica, tinta azul. Segunda versão, mais sucinta, publicada em *Viver & escrever*, de Edla van Steen (Porto Alegre/Brasília: L&PM/INL, 1982, vol. 2, pp 107-122): datiloscrito, datado "Rio, 3.8.1981", assinado "Otto Lara Resende"; cópia xerox; 19 folhas; escrita ocupando a frente; papel branco; 32,9 x 21,6 cm; marcas de grampo, água e oxidação. Optamos por transcrever a primeira versão da entrevista, mais elaborada e inédita, que termina com a resposta à questão "Você escreveu: 'sou um político com uma bomba-relógio no ventre'". A partir da pergunta seguinte – "É bastante conhecido o fato de que você é um grande papo e que, se não esbanjasse tanto os seus temas, teria hoje mais de dez volumes publicados. O que pensa disso?" –, utilizamos a versão compacta, pois a parte final da entrevista na primeira versão foi provavelmente extraviada.

1. No datiloscrito (três folhas de papel branco, marca de grampo) enviado a Otto Lara Resende com as perguntas a serem respondidas e guia para resposta consta: "Sabe-se que você, desde criança, queria ser escritor. Como é que surgiu a vocação? Através de leituras ou... (Fale da vida familiar, do padrinho Jackson de Figueiredo, etc.)".

Volto o olhar para trás, a vista já anda cansada (um médico[2] me disse que os óculos[3] são necessários a partir dos 39 anos), e de fato me vejo sempre às voltas com livros. Sempre gostei de livro. Qualquer livro. Mesmo os livros didáticos, sobretudo quando novinhos, com aquele perfume característico e que em todos nós está associado ao começo das aulas e ao fim das férias. Não tive uma formação literária sistemática. Lia o que em princípio estava ao meu alcance. Em matéria de livros didáticos, eu gostava particularmente, creio que como todo mundo, de dicionários e de antologias. Até hoje consulto o mesmo exemplar do dicionário de Jayme Séguier[4], que, ainda menino, ouvi dizer que era uma cópia (e parece) do *Larousse*.

Esse *Diccionário prático illustrado*[5], com o seu dístico na capa (*Decus in labor*), editado no Porto, é de fato uma pequena enciclopédia que me distraiu horas e horas, numa consulta vadia, que hoje pode ser vista como uma espécie de iniciação no mundo das palavras. Dividido em duas partes, uma reservada aos nomes comuns, outra aos nomes próprios, não sei dizer qual delas mais me encantava. E no meio existia ainda, em páginas coloridas, verdes ou rosas, uma série de "locuções latinas e estrangeiras", seguidas da respectiva tradução e aplicação. Esse latinório, de que nunca me livrei por inteiro, me dava umas fumaças do que, aos meus olhos, mais do que erudito ou culto, era simplesmente bonito.

Outros dicionários vinham a seguir, sobretudo a partir do momento em que entrei para o ginásio, depois de um brilhante[6] exame de admissão[7]. Passei com uma nota média muito alta: 9,7, quase um recorde. Nesse momento, eu com 11 anos, jurei que seria um

---

2. No datiloscrito, rasura, supressão a hidrográfica azul: "médico > de Bruxelas < me disse".

3. No datiloscrito, rasura, supressão a hidrográfica azul: "óculos > para ver de perto < são".

4. Na Biblioteca OLR não se encontra atualmente o dicionário citado.

5. Livro não pertencente à Biblioteca OLR.

6. No datiloscrito, rasura, supressão a hidrográfica azul: "brilhante > (sic) < exame".

7. No datiloscrito, rasura, supressão a hidrográfica azul: "admissão >, que me deu muita alegria. <".

aluno perfeito e quem sabe traria uma contribuição extraordinária para a humanidade[8]... Sempre fui meio dado a delírios, a *day dreams*. Tanto quanto o livro, o sonho acordado me povoava, me empurrava para uma espécie de bem-estar físico, quase próximo da levitação.

No limiar da adolescência, já destituído da ambição de inventar a pólvora, freqüentemente me fazia promessas mirabolantes. Me reservava para um grande destino. Escritor? Não sei, talvez eu quisesse uma vida aventureira como a de Jack London, um dos meus ídolos. Perambulava por terra-mar-e-ar[9], achava o tesouro das ilhas Galápagos, submergia com Jules Verne[10], fazia cálculos sobre quantas páginas tinha escrito Emílio Sálgari[11].

Não quero exigir muito desse remoto menino, nascido a 1º de maio de 1922, em São João del Rei. Pelo visto, era um garoto sonhador como qualquer outro. Suponho que eu tinha uma ambição de caráter intelectual, fundada quem sabe num orgulho besta de que, espero, a vida me tenha curado. Mais ou menos como todo mundo, sempre tive a vaidade de me achar pouco vaidoso, mas sempre me disse baixinho que sou[12] orgulhoso. Não sei qual dos pecados é pior (sobretudo para o pecador). O orgulho é um aguilhão, fere fundo e em silêncio. A vaidade é efervescente, tem mil oportunidades de exprimir-se. Vem desse orgulho, dessa infantil cabeça alta, ao contrário da cabeça baixa do poeta, o desejo de fazer de mim e da minha vida alguma coisa de pessoal, digamos de *diferente*. Já que estou na vaza das confissões (e detesto confessar-me, tanto que nunca admiti analisar-me), digo logo que desde cedo me acreditei[13] inteligente. O ambiente em torno de mim parece que ratificava essa auto-opinião, mesmo quando, aqui e ali, eu deixava à mostra falhas e fraquezas.

---

8. No datiloscrito, rasura, supressão a hidrográfica azul: “> Fiquei tão entusiasmado que a minha suposta superdotação que andei pensando até em <”.

9. A coleção de romances de aventura “Terra mar e ar” era muito lida pelos jovens na época.

10. No datiloscrito, rasura, supressão a hidrográfica azul: “Verne, > (a capa era vermelha) < fazia”.

11. Na biblioteca de Otto Lara Resende não permaneceram os livros de aventura de Jack London, Jules Verne e Emílio Sálgari.

12. No datiloscrito, rasura, supressão a hidrográfica azul: “sou > muito < orgulhoso”.

13. No datiloscrito, rasura, supressão a hidrográfica azul: “acreditei > um menino < inteligente”.

É nessa área de ambição, de forte desejo de realização pessoal que situei[14] o meu desejo de escrever, de exprimir-me, de me afirmar como um ser singular e distinto.

– *Veio daí o desejo de escrever um diário, ainda no seu tempo de menino?*[15]

– Provavelmente veio. Esse diário, que iniciei muito cedo, era escrito com letra miúda, quase indecifrável. Aliás, para guardar os meus pobres segredos, cheguei a “inventar” um alfabeto de pontinhos[16]. Felizmente, as minhas “confissões” infantis e adolescentes desapareceram. Eu tinha tanto cuidado de escondê-las que acabei por ocultá-las definitivamente. Mas, se as encontrasse hoje, quase juro que não gostaria de lê-las[17]. Pelo que me lembro, havia em mim, e portanto nesse pobre diário, um sentimento parecido com o que Tristão de Athayde[18] diz ter alimentado na infância, ou seja: que a criança não é feliz. E não é feliz sobretudo segundo a ótica adulta e convencional que romantiza a infância depois que ela passou. Na verdade, pouca gente se lembra da própria infância. E menos gente ainda cultiva o hábito de lembrá-la.

A partir de certa altura, quando comecei a me encharcar de literatura, passei a escrever literariamente, isto é, bonito. Devo ter copiado qualquer modelo que me caía às mãos. Quando li Álvares de Azevedo, fiquei romântico e, uma certa noite, adormeci convencido de que tinha produzido uma página antológica, ao descrever a tranqüilidade da luz no céu em contraste com o tumulto que ia dentro de mim[19]. Quando li Machado de Assis, fiquei

---

14. No datiloscrito, rasura, supressão a hidrográfica azul: “situei > desde cedo < o meu”.

15. A segunda questão apresentada era: “Que fim levou o famoso diário iniciado aos onze anos, quando interno no Colégio Padre Machado, do qual seu pai era diretor? Desapareceu mesmo? O que continha? Por que o internato?”

16. No datiloscrito, rasura, supressão a hidrográfica azul: “pontinhos. > que passou ao conhecimento de pelo menos dois colegas. < Felizmente,”.

17. No datiloscrito, rasura, supressão a hidrográfica azul: “lê-las. > Não têm maior importância. < Pelo”.

18. Tristão de Athayde, nome literário de Alceu Amoroso Lima.

19. Não foi possível localizar esse manuscrito.

amargo e filosofal. Aliás, li Machado muito cedo e gostei muito[20]. Devorei o *Quincas Borba* e até hoje tenho saudades do estado de delícia com que saboreava a leitura[21].

– *Por que o internato?*

– Estudei o primário e o ginásio no Colégio Padre Machado, fundado e dirigido por meu pai, primeiro em São João del Rei, depois em Belo Horizonte. O internato era uma decorrência natural do que eram os postulados da educação naquele momento. Havia o regime de semi-internato e o de externato. Mas todos os alunos, internos ou não, estudavam em dois turnos, de manhã e de tarde, portanto o dia inteiro. Para os internos, havia um estudo à noite, antes do dormitório. Nesse estudo, de tantas ressonâncias ainda hoje em mim, fiz boa parte da minha[22] iniciação literária. Nunca fui um aluno aplicado, de rendimento contínuo. Um esforço, um feito heróico podiam ser seguidos de períodos de dissipação. Mas voltando ao internato: meu pai dizia que o colégio devia ser o prolongamento do lar, da família. No meu caso, certamente que era, até porque a nossa casa mal se distanciava do colégio. Esta circunstância terá abrandado, digamos, o que costumam ser os sofrimentos infantis e adolescentes de que dão conta alguns dos que foram alunos internos.

– *Adolescente, fez poesia também?*[23]

– Claro, fiz. E sempre muito ruim. Pelos 14, 15 anos, enchi um caderno de sonetos. Curioso: alguns desses sonetos tinham por tema situações digamos "ficcionais", como o

---

20. No datiloscrito, rasura, supressão a hidrográfica azul: "muito cedo e >, para espanto meu e de todos, < gostei muito".

21. O impacto que a primeira leitura de Machado de Assis ou de Álvares de Azevedo provocou em Otto Lara Resende não pode ser percebido em anotações marginais nos exemplares de obras pertencentes à sua biblioteca. Esse contato inicial deve ter ocorrido com exemplares pertencentes à biblioteca do pai.

22. No datiloscrito, rasura, supressão a hidrográfica azul: "minha > vadia < iniciação".

23. A terceira pergunta do questionário era: "Nessa época, adolescente, fez poesia também? (Fale disso e dos primeiros contos – 'O monograma' –, do que aconteceu ao livro, de como conheceu o Paulo Mendes Campos)".

drama do menor abandonado e delinqüente[24]. Tudo indica que eu nunca tivesse visto, até aquela altura, um único menor abandonado e muito menos delinqüente... São mistérios de uma formação.

Mais tarde, já na faculdade, voltei a escrever poesia, agora moderna – mas sempre ruim. Nunca me iludi. Eu gostaria de ter sido poeta, mas sempre conheci as minhas limitações. No Rio, juntei uns poemas e dei-lhes o título de *Poemas necessários*. Lúcio Cardoso chegou a desenhar o esboço de uma capa para esse livro felizmente inédito e destruído[25]. Publiquei versos em Minas e no Rio[26]. Espero que nunca ninguém os localize. Evidentemente, o "poeta" que eu representava vinha marcado de influências. A certa altura, as influências dominantes na minha "obra" eram Murilo Mendes e Carlos Drummond de Andrade.

Devo dizer também que os meus amigos nunca me estimularam os meus trôpegos passos poéticos. Pelo contrário: sempre foram bastante francos quando se tratava de julgar a minha oficina de versos.

– *E os contos?*[27]

– Ainda no ginásio, com a fúria de quem descobriu o alfabeto, escrevi uma série de histórias que, até onde me lembro, eram variações meio idiotas e meio dramáticas da minha realidade e do meu delírio. Um desses contos, de que me lembro, e ao qual me referi há muitos anos, foi "O monograma"[28]. Ainda me lembro do *plot*, mas prefiro não o recordar, para evitar equívocos e sobretudo para não me arrepender mais tarde. Sempre me

24. O manuscrito não permaneceu entre os papéis de Otto Lara Resende.

25. O caderno brochura que abriga a coletânea *Poemas necessários*, com capa desenhada por Lúcio Cardoso, encontra-se em "Manuscritos de Otto Lara Resende".

26. Na série "Matéria extraída de publicações" há poemas de Otto Lara Resende dessa época. O *Diário Carioca* traz "Cinco poemas antigos", em 31 de agosto de 1947; "Poemas da praça e do crepúsculo", em 9 de novembro de 1947 (republicado em O *Jornal de Notícias*, em 14 de setembro de 1949); "Quatro poemas em prosa", sem data.

27. Otto Lara desmembra a terceira pergunta da entrevistadora para falar dos contos.

28. No datiloscrito, rasura, supressão a hidrográfica azul: "O monograma. > Era o título da coletânea <".

arrependo de ter falado de mim. Por isto tenho um sagrado horror a entrevistas de caráter pessoal, que versem sobre a minha pessoa e a minha vida.

– *Seus começos na imprensa...*[29]

– Comecei no *O Diário*, de Belo Horizonte. Desde muito cedo, fui sempre leitor obsessivo de jornal (espero curar-me breve)[30]. Na minha atitude infantil, obviamente será preciso não omitir o que havia de imitação do que era a vida intelectual de meu pai. Ele era pouco dado à leitura de romances, mas tinha uma boa biblioteca, a que não faltavam os clássicos, portugueses e brasileiros. Li muito cedo, por isto, Alexandre Herculano[31] e Camilo Castelo Branco[32]. Tenho a impressão de que eu não apreciava essas leituras, mas aceitava-as espontaneamente, me entregava a elas, vencia minha resistência, porque estava convencido de que era necessário ler os "bons autores". A vida de Camilo me interessava mais do que a sua obra[33]. Aliás, fui sempre fascinado pela vida de escritores e artistas e é possível que eu também sonhasse um dia ter uma vida interessante[34]. Pobre de mim.

Meu pai, já residindo em Belo Horizonte, pertencia ao quadro dirigente do *O Diário*. Aos 16 anos, comecei a freqüentar o jornal e logo passei a escrever. Um ano depois eu já cometia artigos assinados, mas creio que em *O Diário* só estreei em 1940. Mandava

---

29. OLR modifica a quarta questão formulada por Edla van Steen: "Li num artigo do João Etienne Filho que você, aos 16 anos, fazia uns bicos no *Diário*, escrevendo artigos de crítica. Alguns, inclusive, de parceria com o Paulo Mendes Campos, assinando Otto Mendes, não é? (Conte como foi morar em Belo Horizonte e como conheceu o Hélio, o Etienne, o Fernando)".

30. No datiloscrito, rasura, supressão a hidrográfica azul: "breve). > O hábito terá vindo de meu pai, que sempre leu jornais do Rio <".

31. Na biblioteca de Otto Lara Resende há exemplares antigos de livros de Alexandre Herculano, provavelmente pertencentes à coleção de seu pai.

32. Não há edições antigas de livros de Camilo Castelo Branco na Biblioteca OLR.

33. Encontra-se na biblioteca de Otto a biografia escrita por Alexandre Cabral, *Camilo Castelo Branco: roteiro dramático dum profissional das letras* (Lisboa: Terra Livre, 1980).

34. Na Biblioteca OLR há 319 biografias.

artigos para publicações no Rio e São Paulo. Também contos ou crônicas. Eu era uma verdadeira máquina de produzir textos. Alguns saíram publicados, felizmente com pseudônimo. Usei o pseudônimo porque temia não ser acolhido. Sempre me custou muito aceitar a idéia de que eu possa ser repelido. É uma coisa que me dói[35], mas me dói em silêncio, qualquer que seja a recusa, ou a repulsa. Quando me vejo muito pobre-diabo, viro-me pelo avesso e reajo. Sou metido a forte, o que explica a admiração que tenho pela bravura moral. Duas virtudes, a meu ver, elevam o homem: a bondade e a bravura. O resto é o brejo.

Mas, como eu ia dizendo, minha iniciação na imprensa se fez naturalmente. João Etienne Filho, que era uma glória do *O Diário*, acolheu-nos a todos, a mim, como aos amigos da geração, e estimulou-nos muito. Emprestava-nos livros de sua espantosa biblioteca, instalada num quarto de solteiro na rua Timbiras. Eu já conhecia o Etienne de nome e de vista, desde São João del Rei. E também de leitura. Como conhecia, de ler, o Milton Amado, que se assinava Lucílio Mariano, o Edgar da Mata-Machado, toda a turma do *O Diário* e seus companheiros de geração, reunidos às vezes em publicações como *Tentativa*[36] e outras. Foi o Edgar que me levou para o *Diário de Notícias* e depois para *O Globo*, quando me mudei para o Rio, assim que terminei o curso de bacharel em Ciências Sociais e Jurídicas na escola que hoje integra a UFMG[37].

– *Seus artigos eram de crítica?*[38]

– Como no caso da estátua eqüestre, seria o caso de responder: mais ou menos. Escrevia sobre livros, escrevia o que me dava na veneta. Escrevi dois artigos sobre a estréia

---

35. No datiloscrito, rasura, supressão a hidrográfica azul: "dói > muito < mas".

36. A revista *Tentativa* não está presente na Biblioteca OLR nem em forma de recortes na série "Matéria extraída de publicações".

37 No datiloscrito, antes desta frase, rasura, supressão a hidrográfica azul: "> O Edgar teve muita importância na minha vida de jornalista. <".

38. A quinta pergunta a OLR é: "Lembra-se dos livros, ou autores, sobre os quais escreveu? Chegou a pensar que a sua vocação era para a crítica?"

de Fernando Sabino, aos 17 anos[39]. Escrevi sobre *O amanuense Belmiro*, do Cyro dos Anjos[40], que foi um dos primeiros escritores que entrevistei. Com o Paulo Mendes Campos, substituí às vezes o Etienne na sua coluna "Literária". Também fizemos artigos a quatro mãos, de pura molecagem. Acho que o Fernando é que brilhou primeiro na página nobre, no que no jargão do jornal se chamava então de "V-30". Depois o Paulo surgiu com mão firme e forrado de cultura. Além da colaboração assinada, eu escrevi matérias jornalísticas. Uma vez pelo menos substituí o Alphonsus de Guimaraens Filho[41] numa crônica diária sobre a cidade. Belo Horizonte era chamada de Cidade Jardim, imagine como estávamos longe do câncer de hoje.

Depois de *O Diário*, dirigido pelo crítico Oscar Mendes, meu professor de Sociologia no Colégio Universitário, passei para a *Folha de Minas*. Ali fui redator e depois dirigi os suplementos dominicais, que eram vários, a começar do suplemento literário, que

39. O primeiro livro de Sabino, *Os grilos não cantam mais*, publicado em 1941, recebe duas críticas de Otto Lara Resende em *O Diário*, de Belo Horizonte: "A estréia de Fernando Tavares Sabino", em 2 de dezembro de 1941, e uma segunda, "Os grilos não cantam mais II", em 3 de dezembro de 1941, da qual destacamos: "Para terminar não vamos dizer que *Os grilos não cantam mais* é uma estréia promissora, que isto é lugar-comum sem grande significação. Fernando Tavares Sabino, com o seu primeiro livro, quando mais não seja, marcou uma etapa, a primeira de sua vida literária. Agora é esperarmos que ele vá construindo as outras, sempre perfectível como tudo neste mundo. E estamos certos de que não parará por aqui porque, ao lado do talento e da vocação literária, segue-lhe a ânsia de realização cada vez mais perfeita, que é um dos sinais que evidenciam a chama artística que nunca se extingue, sejam quais forem os vendavais que por ela passem..." (V. série "Matéria extraída de publicações").

40. Na série "Matéria extraída de publicações" há um recorte de "Retorno ao amanuense", texto de Otto Lara Resende sobre o romance de Cyro dos Anjos publicado em *O Diário*, de Belo Horizonte, em 27 de abril de 1941.

41. Na subsérie "Manuscritos de outros autores" há sete poemas de Alphonsus de Guimaraens Filho; na série "Matéria extraída de publicações" encontra-se um texto sobre Emílio Moura datado de 19 de abril de 1969; na subsérie "Correspondência passiva" estão 11 cartas dele para Otto Lara Resende. Na Biblioteca OLR há 17 livros dele, excetuando-se um, todos trazem dedicatória, das quais destacamos: *Lume de estrelas* (Belo Horizonte: Mensagem, 1940): "Ao Oto,/ cujas aspirações li-/terárias ainda serão/ um dia realidades/ bem mais grandes/ que estes poemas,/ afetuosamente o/ seu amigo/ Alphonsus Filho/ Junho de 1940"; *Poesias* (Rio de Janeiro/Porto Alegre/São Paulo: Livraria do Globo, 1946): "Ao Otto,/ amigo de ontem, hoje,/ e certamente de/ amanhã, o/ Alphonsus Filho/ 16.X.1947"; *Discurso no deserto* (Rio de Janeiro/Brasília: Cátedra/INL, 1982): "Ao caro Otto, esta lembrança afetuosa do/ velho amigo e admirador./ Alphonsus/ Rio, 13.7.82".

de fato era o que me interessava mais de perto. Quando deixei a *Folha* (fundada por Virgílio Alvim de Mello Franco e primeiro dirigida por Afonso Arinos[42], depois, quando passou ao governo, por Newton Prates[43] e Gualter Gontijo Maciel[44]), o Paulo Mendes Campos me substituiu. O crítico literário do jornal era o doce poeta Emílio Moura, personagem fundamental de nossa formação em Minas. Aliás, foi importante a boa relação que mantivemos com "os mais velhos", a começar dos mineiros (Emílio, Cyro, Guilhermino Cesar) residentes até os que tinham emigrado, como Carlos Drummond de Andrade. Não vivemos um conflito com essa geração anterior, muito pelo contrário. Nossa admiração pelos *ídolos* que nos precederam foi sempre fiel e crescente, sem mácula. Isto se estende aos paulistas, entre os quais sobressai o Mário de Andrade, pela carinhosa atenção que nos deu. No meu caso, tive boa relação também com Oswald de Andrade[45], depois de uma

---

42. Na subsérie "Correspondência passiva" estão 67 documentos – entre cartas, bilhetes e telegramas – de Afonso Arinos de Melo Franco endereçados a Otto Lara Resende. A Biblioteca OLR possui vários livros de Afonso Arinos.

43. Carta de Newton Prates datada de 28 de maio de 1950 agradece o convite de casamento de Otto, enviando a ele votos de felicidades (V. subsérie "Correspondência passiva").

44. Na série "Correspondência" há duas cartas de Gualter Gontijo Maciel destinadas a OLR, a primeira do Rio de Janeiro, 1º de fevereiro de 1958, e a segunda de Brasília, 2 de dezembro de 1971, em que afirma: "Meu caro Otto Lara Rezende,/ O Gilberto transmitiu-me seu pedido, a que atendo com toda a satisfação./ Se não me falha a memória – e lá se vão tan-/tos anos – o caro amigo trabalhou comigo no jornal *Folha de/ Minas*, de Belo Horizonte, de que eu era na época Diretor, de/ meados de 1943 até fins de 1945, na qualidade de colaborador,/ responsável pela edição do suplemento literário./ Foi um período brilhante do suplemento, toca-/do pelo calor, um pouco juvenil, de sua rara inteligên-/cia./ Com um abraço, seu velho/ Gualter Gontijo Maciel".

45. Na Biblioteca OLR há 18 livros de Oswald de Andrade, entre os quais *Marco zero II – chão* (Rio de Janeiro: José Olympio, 1945), que traz a dedicatória: "Exemplar do/ congressista/ Otto Lara Resende/ cordeal/ o/ Oswald de Andrade/ 1945 – Janeiro". Na série "Matéria extraída de publicações" encontra-se o texto de OLR "A vaca premiada contra o taradão ilustre" (in: *Folha de S. Paulo*, 1º de março de 1992, e *O príncipe e o sabiá*, *op. cit.*, p. 283), no qual Otto relata uma conferência em que Oswald "metia a ridículo o Bernanos" e "espinafrou o Otto Maria Carpeaux": "A certa altura da conferência não agüentei ficar em silêncio diante do show oswaldiano e gritei um aparte desafiador. [...] Oswald parou, deu um tapa na mesa e saiu para a chacota. Misturou o nome do Carpeaux com o meu e passou a se referir a um jocoso Otto Lara Maria Carpeaux de Resende. Amigos vieram em meu socorro e Paulo Emílio Salles Gomes subiu numa cadeira e deu um morra à geração da piada. Como o bate-boca prosseguisse tumultuado, a mulher de Oswald, que estava sentada à mesa, Maria Antonieta de Alkmin, recorreu ao

briga pública durante uma sua conferência em Belo Horizonte. Os paulistas jovens foram e são outro pólo de nossa fervorosa admiração. São muitos, mas basta citar Antonio Candido[46] e Paulo Emílio Salles Gomes[47].

Essa relação com os "mais velhos" contribuiu para dar-nos um estilo de vida. Falo por mim: foi extremamente importante em todos os sentidos. Também no sentido político, o que implicava uma "pedagogia" lecionada por homens como Mário de Andrade e Milton Campos, para não falar de tantos e tantos outros. A atitude "progressista", isto é, modernista, nas artes e letras levou-nos ao "progressismo" político e social. Pessoalmente, nunca pertenci ao Partido Comunista, nem a nenhum outro. Mas nunca tive simpatia pelos partidos ou regimes autoritários. *Aliadófilo* durante a guerra, sempre tive um sagrado horror ao fascismo em todas as suas versões. A vida só fez aprofundar minhas convicções.

– *Chegou a pensar que a sua vocação era para a crítica?*[48]

– Cheguei. E aqui alguns amigos me ajudaram no equívoco. Álvaro Lins, a quem saudei com estusiasmo, escreveu-me uma carta "consagradora" e me mandou o seu primei-

---

extremo lance: desmaiou. Foi um escândalo. Ao fim e ao cabo, entre mortos e desmaiados, todos nos salvamos e nos divertimos a valer. Saí sem cumprimentar o conferencista. Na porta da rua, alguém me bateu no ombro. Era Oswald, sorridente. 'Vamos sair por aí repetindo o espetáculo', me disse ele".

46. Antonio Candido e Paulo Emílio Salles Gomes pertenceram a um grupo de jovens intelectuais radicados em São Paulo, ligados à Faculdade de Filosofia, que na década de 1940 fundam a revista *Clima*. A biblioteca de Otto Lara Resende mostra a coleção da revista do nº 1 ao 14 com duplicatas e apenas uma lacuna, o nº 11. Na biblioteca há também 11 livros de Antonio Candido, alguns com dedicatória: *Ficção e confissão* (Rio de Janeiro: José Olympio, 1956): "Ao Oto,/ lembrança do/ Antonio Candido"; *Vários escritos* (São Paulo: Duas Cidades, 1970): "Ao Otto, o abraço cordial do/ Antonio Candido"; *Teresina etc.* (Rio de Janeiro: Paz e Terra, 1980): "Ao Otto,/ acadêmico dos Felizes, dos Seletos, dos Renascidos, mas nunca dos/ Esquecidos, com o afetuoso abraço/ do/ Antonio Candido".

47. Na Biblioteca OLR há duas obras de Paulo Emílio Salles Gomes – *Três mulheres de três pppês* (São Paulo: Perspectiva, 1977), com a dedicatória: "Para Otto o abraço do velho/ Paulo Emílio/ SP abril 77", e os dois volumes de *Crítica de cinema no Suplemento Literário* (Rio de Janeiro: Paz e Terra, 1981).

48. Desmembramento da quinta pergunta de Edla van Steen.

ro *Jornal de crítica* com uma dedicatória constrangedoramente generosa[49]. Álvaro era assim mesmo, meio passional, meio desmedido. Correspondi-me com ele e procurei formar (em vão) uma "cultura sistemática", para equipar-me e poder apresentar-me como crítico e ensaísta. A formação de Minas me seduzia. Sonhava com estudos meio sociológicos sobre Minas. Houve um momento em que me passou pela cabeça a tolice de pretender ser Gilberto Freyre de Minas, veja só. Aliás, fiquei deslumbrado com *Casa-grande & senzala*[50]. Como também gostei muito da prosa do Oliveira Viana[51]. Na crítica, meu exemplo, certamente por influência do Álvaro Lins, era José Veríssimo[52], o austero, o equilibrado, o justo. E Tristão de Athayde, que conheci menino, ainda em São João del Rei, quando lá foi fazer uma conferência sobre "As repercussões do catolicismo"[53], no Centro Dom Vital[54]. O Tristão foi o primeiro grande escritor que eu vi em carne e osso. Já contei várias vezes a

---

49. O exemplar do *Jornal de crítica: 1ª série* (Rio de Janeiro: José Olympio, 1941), presente na Biblioteca OLR, traz a dedicatória: "Otto Lara Resende: – Recebi a sua / carta e o seu artigo. Muito obrigado pelo/ que V. escreveu espontaneamente a/ meu respeito. Sinto-me satisfeito em/ ter podido provocar o seu interesse/ e a sua simpatia. Mas o seu artigo/ não me agradou apenas pelas genero-/sas referências ao meu nome. Tudo/ o que V. escreveu sobre a crítica/ e os críticos é admirável. Se fosse/ maior o número dos que têm a sua/ compreensão e a sua lucidez – então a crítica teria um grande papel no/ Brasil. Além disso o seu artigo/ este muito bem escrito – o que/ também não é muito comum entre/ nós. Estou muito interessado pela/ sua pessoa e pela sua carreira/ literária, gostando, por isso, de receber notícias detalhadas e abundan-/tes a seu respeito.// Aqui fico ao seu dispôr,/ pedindo que receba este *Jornal de crítica* como uma lembrança de/ Alvaro Lins/ Rio, 7.12.941".

50. O exemplar de *Casa-grande & senzala* da Biblioteca OLR (18ª ed., Rio de Janeiro: José Olympio, 1977) possui a dedicatória: "A Otto Lara Rezende,/ que nunca me enganou,/ em quem sempre reconheci/ aquele valor excepcional,/ tambem descoberto por Prudente,/ agora com agradecimentos/ á sua generosidade, um/ grande abraço de/ Gilberto F/ Rio 77".

51. A biblioteca de Otto Lara Resende não possui livros de Oliveira Viana.

52. Na Biblioteca OLR há 11 livros de José Veríssimo.

53. "As repercussões do catolicismo", conferência pronunciada a 16 de junho de 1932 na solene instalação do Centro Dom Vital de São João del Rei. Na época, Otto Lara Resende tinha apenas 10 anos (V. na Biblioteca OLR o exemplar da 2ª edição com notas de leitura).

54. No datiloscrito, rasura, supressão a hidrográfica azul: "Centro Dom Vital >, que era dirigido por meu pai (suponho). <".

impressão que me causou. Em São João del Rei, vivia um poeta, Bento Ernesto, que pertencia à Academia Mineira de Letras. O Paulo Mendes Campos e eu o olhávamos com os olhos com que o menino Heine via passar Napoleão...

– *A crítica não o entusiasmou? Foi desestimulado por alguém?*[55]

– Tudo me entusiasmava. Tudo para mim era pouco[56]. E ninguém me desestimulou. Pelo contrário: fui muito estimulado, não só pelos que me publicavam os artigos, como pelos que me liam e me saudavam como se eu fosse de fato um fenômeno. Era apenas um rapazinho com fumaças intelectuais. Mas gente importante me dava atenção. O Carlos Drummond de Andrade ficou nosso amigo desde o primeiro momento em que nos vimos, em Belo Horizonte. Foi sempre comigo de uma gentileza tocante. O Mário de Andrade recebeu-nos em São Paulo, visitou-nos em Minas e nos escrevia copiosamente. Hoje tenho certeza de que ele morreu de tanto trabalhar. E nós todos temos um pouco de culpa nesse fúnebre cartório. O Álvaro Lins não apenas me escrevia ("Não sou uma madame de Stael" – me dizia ele), como me levou a colaborar no *Correio da Manhã*. Antes, colaborei em *O Jornal*, pela mão de Vinicius de Moraes e de Moacir Werneck de Castro[57], outras presenças que enriquecem a nossa vida.

55. A sexta questão da entrevista: "A carreira de crítico não o entusiasmou? Foi desestimulado por alguém? (Aproveite para contar a sua correspondência com Álvaro Lins, Mário de Andrade, assim por diante)."

56. No datiloscrito, rasura, supressão a hidrográfica azul: "pouco.> Eu queria tudo. <".

57. Na subsérie "Correspondência passiva" há 31 cartas de Moacir Werneck de Castro a Otto, datadas do fim da década de 1950 até 1991; na série "Matéria extraída de publicações" estão 24 textos assinados por ele. Na Biblioteca OLR há quatro livros dele com dedicatória: *O libertador: a vida de Simón Bolívar* (Rio de Janeiro: Rocco, 1988): "A Helena e Otto – / que deu força decisiva para/ a gestação deste fruto dos úl-/timos *fogonazos* de um septua-/genário –/ com o afeto de sempre, do/ Moacir/ Junho de 1988"; *Mário de Andrade: exílio no Rio* (Rio de Janeiro: Rocco, 1989): "Para Helena e Otto, cujas/ preciosas dicas muito me/ ajudaram a retocar esta/ obrinha, com o abraço muito/ afetuoso do/ Moacir"; *O sábio e a floresta* (Rio de Janeiro: Rocco, 1992): "Para Helena e Otto/ septuagenário de recente/ safra, portanto, para mim,/ broto, com a amizade do/ Moacir/ 1º de maio 1992!/ P. S. – E mais, o agrade-/cimento muito grande pela/ leitura dos originais, com/ aquelas notas, observações,/ achegas e adminículos da/ maior procedência e sabe-/doria!".

– *Continua escrevendo poesia até hoje?*[58]

– Nunca mais. Curei-me.

– *Francisco Iglésias*[59] *fala de uns seus contos, publicados em Belo Horizonte e nunca reunidos em livro. Por quê?*[60]

– Só reli um desses contos – "O pai"[61], que saiu na revista paulista *Planalto*. Antes saiu, ilustrado por Fernando Pierucetti, na *Folha de Minas*. Achei-o uma droga. Os outros

58. Ao responder, Otto ameniza a sétima questão da entrevista: "E da poesia, desistiu ou continua até hoje escrevendo poemas escondidos..."

59. Em "Simples depoimento", quando da entrada de OLR para a Academia Brasileira de Letras, Francisco Iglésias escreveu : "O dom da palavra é seu bem maior, seja o da palavra oral – que o faz o maior *causeur* –, seja o da palavra escrita – que o faz o escritor de inigualável estilo. [...] Amigo fraternal há mais de trinta anos, pude acompanhar sua carreira. Li seus artigos em *O Diário*, já bem marcados pela originalidade de posições e pela linguagem de alto nível – forte, incisiva, justa, bela. Acompanhei também suas aventuras pela ficção, quando escrevia contos que infelizmente ficaram em jornais, não constituíram livros: 'O pai', 'Os outros não existem', 'A tia' (era-me dedicado e saiu no suplemento literário de *O Jornal*, então dirigido por Vinicius de Morais). Reunidos, dariam um livro de boa qualidade. O perfeccionismo do autor os recusou" (V. "Otto Lara Resende, um mineiro universal". *Estado de Minas*. Belo Horizonte, 2 de outubro de 1979). A forte amizade que unia Otto Lara Resende e Francisco Iglésias tem como testemunha a extensão da correspondência recíproca. Na série "Correspondência", há 184 cartas recebidas por Otto de Francisco Iglésias e os originais de 75 cartas enviadas por ele a Iglésias. Na Biblioteca OLR encontram-se quatro livros com dedicatória do historiador mineiro. Destacamos a que está na *Outorga do título de professor emérito a Francisco Iglésias* (Belo Horizonte: Faculdade de Ciências Econômicas da Universidade Federal de Minas Gerais, 1984): "Otto,/ querido amigo, ontem e sempre,/ Francisco Iglésias/ B. Hte., 26 dezembro 1984" e a deixada no livro de Joaquim Nabuco, *Un estadista del imperio y otros textos* (Seleção, prólogo, notas, cronologia e bibliografia de Francisco Iglésias. Caracas, Ayacucho, 1991): "A Otto Lara,/ amigo querido, com/ admiração crescente,/ Francisco Iglésias/ Belo Horizonte,/ 2 de Julho 1992". Na série "Matéria extraída de publicações" estão presentes dois textos assinados por ele, publicados no *Estado de Minas*, "Evocação de Hélio Pellegrino" (8 de abril de 1988) e "Sábato Magaldi. O mestre da nossa crítica de teatro" (6 de outubro de 1989).

60. A oitava pergunta de Edla van Steen: "O historiador Francisco Iglésias, em artigo publicado no *Estado de Minas*, quando da sua entrada na Academia Brasileira de Letras, elogia uns contos – 'A tia', 'O pai', 'Os outros não existem' – que você nunca publicou em livro. Por quê?"

61. Na subsérie "Manuscritos Otto Lara Resende" estão os contos "Os outros não existem" (datado de Belo Horizonte, 21 de fevereiro de 1944, publicado em *Mensagem*. Belo Horizonte, 15 de maio de 1944. V. série "Matéria extraída de publicações"), "O pai" (datado de Belo Horizonte, 22 de fevereiro de 1944, publicado no

nunca reli, mas não preciso relê-los para ter a certeza de que são muito chinfrins. Trata-se de literatura de iniciação, inconsistente. O Iglésias colaborou para que eu escrevesse essas histórias, porque lia com generosidade os meus originais. Aliás, é um tema interessante, ainda por estudar, este da influência dos amigos sobre cada um de nós. O *grupo*, reunido segundo afinidades intelectuais e outras, exerce um papel importantíssimo na vida de cada qual. Eu não seria eu mesmo sem os amigos, todos os amigos que num certo sentido me configuram.

– *Quando veio para o Rio, Belo Horizonte já não o satisfazia?*[62]

– O Rio era então uma fatalidade. Não se emigrava de Minas para São Paulo, como depois veio a acontecer com freqüência. Nem para Brasília, que não existia. A vida cultural estava basicamente no Rio, apesar da importância de São Paulo e até de outras capitais, como Porto Alegre. O Fernando casou e mudou-se[63]. O Paulo veio encontrar o Pablo Neruda, que passava pelo Rio. Eu vim crivado de dúvidas, num momento muito sofrido[64].

Suplemento Literário da *Folha de Minas*. Belo Horizonte, 30 de abril de 1944. V. série "Matéria extraída de publicações") e "A tia" (manuscrito datado de Belo Horizonte, 23 de fevereiro de 1944).

62. A nona pergunta formulada por Edla van Steen: "Como se deu a sua mudança para o Rio de Janeiro? Belo Horizonte já não o satisfazia?"

63. Em 1944, Fernando Sabino muda-se para o Rio de Janeiro logo após seu casamento com Helena Valadares, filha do então governador de Minas, Benedito Valadares.

64. O momento sofrido a que Otto se refere corresponde ao fim do namoro com Ione Gianetti, que mais tarde veio a se casar com Justo Pinheiro da Fonseca, primo da mulher de Otto (V. Benicio Medeiros, *op. cit.*, p. 55). A decisão de mudar-se para o Rio de Janeiro decorreu não só do incentivo de Fernando Sabino e Paulo Mendes Campos, amigos já radicados naquela cidade, mas também do empurrão de seu pai. Antônio de Lara Resende escreve a Alceu Amoroso Lima externando a intenção de Otto de transferir-se para a capital federal. Recebe como resposta uma tranqüilizadora carta, datada de 6 de janeiro de 1946, em que Alceu afirma: "Ficarei muito satisfeito se puder fazer alguma coisa pelo Oto. Considero-o um dos grandes valores da nova geração. E nenhuma maior honra para nossa velha guarda, do que dar a mão aos novos. Aqui no Rio ele terá seguramente um campo muito maior do que aí. Não é fácil. É mesmo difícil. Terá de quebrar um pouco a cabeça contra os muros. Mantendo a tenacidade, talento e decência moral – há de vencer. De minha parte prometo fazer tudo o que estiver ao meu alcance junto a conhecidos, [Editora] Agir, nas redações, nos colégios" (V. subsérie "Correspondência

Aqui encontrei acolhida nos amigos que já eram indispensáveis. Além dos mineiros, muitos outros, como o Rubem Braga, que chegou a me hospedar em sua casa, e o Vinicius, de quem nunca me afastei[65].

Houve um momento em que, trabalhando nas *Folhas*, aqui no Rio, fui chamado para São Paulo pelo Nabantino Ramos[66]. Me arrependo de não ter ido. Sinto que me faz falta ter vivido uns dois anos pelo menos em São Paulo. Agora é tarde. Não consigo sequer entender a topografia paulistana. Aliás, à medida que o tempo passa, vou ficando cada vez mais burro em matéria de orientação.

– *Quer falar um pouco na sua vida jornalística?*

– Vida de cigano. Fui jornalista pela mesma razão por que o cachorro entra na igreja: porque encontrei a porta aberta. Várias vezes me interroguei sobre o meu destino profissional. Moço, irritei-me com o dia-a-dia do jornalismo. Eu me acreditava reservado para tarefas mais altas, mais nobres. Soberba intelectual, restos daquele menino orgulhoso a quem a vida iria quebrar o topete. Pensei em ser professor. Quando vivi na Europa, nos

---

de terceiros"). É, provavelmente, neste mesmo envelope que chega às mãos de Otto uma espécie de salvo-conduto: "Tem por fim êste atestado recomendar o jovem escritor e professor Oto Lara Resende, que apezar de sua pouca idade já se revelou, por seu caráter, por seu estilo, por suas idéias, um dos espíritos em que mais confio, entre os da nova geração, não só em Minas, mas de todo o Brasil. Rio - 6 - janeiro - 1946. Alceu Amoroso Lima" (V. facsímile à página 156). Encorajado, OLR parte com destino ao Rio, em 14 de janeiro de 1946. Ao chegar, hospeda-se no Pax Hotel, na praia do Russel, de onde escreve na mesma noite a Francisco Iglésias – cometendo lapso no cabeçalho da carta: "B.H., quero dizer: Rio" – e também a Hélio Pellegrino: "Rio, 14-1-1946. Hélio: não vou lhe contar, por maior que seja a vontade de, as estrepolias e misérias deste 14 de janeiro que me trouxe ao Rio, de 2 milhões de habitantes! Digo-lhe sumariamente: tomei o avião aí nesta bela capital mineira, de repente, não mais que de repente, o mar se abriu sobre os meus olhos acostumados a apascentar as suaves paisagens montanhesas. Eis que aqui cheguei, após uma fatigante viagem [...]" (V. subsérie "Correspondência ativa").

65. No datiloscrito, rasura, supressão a hidrográfica azul: "afastei > , apesar das nossas musicais diferenças. <".

66. José Nabantino Ramos foi um dos proprietários da Empresa Folha da Manhã (ao lado de Clóvis Queiroga e Alcides Meirelles) de 10 de março de 1945 a 13 de agosto de 1962, quando a empresa foi vendida a Octavio Frias de Oliveira e Carlos Caldeira Filho, após enfrentar, desde 1958, dificuldades para renovar o parque gráfico e fazer frente ao aumento do preço do papel, situação agravada por uma greve no jornal em 1961.

anos 50[67], aconselhei-me com o meu saudoso amigo Herón de Alencar[68], professor na Sorbonne, e decidi fazer um concurso para o magistério. Fiquei decepcionadíssimo quando Francisco Iglésias, por carta, me convenceu de que não era o meu caminho[69]. Hoje estou certo de que ele tinha razão. Pensei em advogar, mas a advocacia[70] exigia um período de maturação que eu não podia suportar, já que na imprensa eu ganhava a vida com alguma folga (folga financeira, quero dizer).

Trabalhei num mundo de jornais e revistas. Fiz praticamente de tudo numa imprensa que já não existe mais, porque tudo mudou. Hoje não entendo uma oficina de jornal. Já não existem linotipos. Tudo é computação e eletrônica. Jornal não tem mais cheiro de jornal do meu tempo. Ainda assim, continuo um leitor capaz de trocar o sono por uma revista mundana. Mantenho o hábito de escrever, adquirido na rotina jornalística. Até pouco tempo, eu fazia uma "leitura profissional" dos jornais e não continha o impulso de trabalhar, sugerir, dar idéias, fazer roteiros para a reportagem. Sou um *pauteiro* nato[71].

---

67. No datiloscrito, rasura, substituição a hidrográfica azul: "vivi * em Bruxelas por três anos *, aconselhei".

68. No texto de OLR sobre Michel Simon, "O Brasil: nome e sobrenome" (em *O Globo*, 14 de dezembro de 1976, e em *O príncipe e o sabiá*, *op. cit.*, p. 89), Herón de Alencar é mencionado: "[Michel Simon] saiu daqui primeiro para a Itália, Florença. Depois retornou definitivamente a Paris. Lá o vi mais de uma vez. Recordo o nosso primeiro encontro na Europa, com a excepcional figura de Herón de Alencar, outro amigo que a morte levou, e levou cedíssimo. Fomos primeiro à Sorbonne, onde Herón dava um curso sobre Machado de Assis" (V. série "Matéria extraída de publicações").

69. Em carta datada de Belo Horizonte, 20 de julho de 1957, Francisco Iglésias argumenta: "Otto Lara Resende: magistério é erudição, gosto de minúcia, sistemática. As virtudes aí requeridas estão próximas da mediocridade; nada de audácia, arrojo, de livre espírito criador. Não vou dizer, é claro, que só o medíocre pode ser professor – a afirmativa seria estúpida. O que quero assinalar é que o bom professor (não o ótimo), o professor comum, é feito de dedicação, estudo, capacidade de ter interesse por coisas miúdas. Não acho que seja essa a sua linha. Lembre-se que Benedeto Croce orgulhava-se de nunca ter sido professor; muitos dos maiores economistas, filósofos e sociólogos orgulhavam-se igualmente de não pertencer a nenhuma Universidade, de não serem catedráticos. O assunto é amplo, comporta talvez um ensaio. Ou uma longa conversa – que espero tenhamos um dia" (V. subsérie "Correspondência passiva").

70. No datiloscrito, rasura, supressão a hidrográfica azul: "a advocacia > , além de me parecer chata < exigia".

71. No datiloscrito, rasura, supressão a hidrográfica azul: "pauteiro nato. > Agora me mantenho e vejo, entre alegre e triste, que ninguém reclama a minha colaboração, talvez porque me achem muito distante das pequenas tarefas da redação. <".

Fui repórter político, o que me levou a conhecer muitos homens públicos. E a conhecer a natureza humana. Cobri para vários jornais, ao lado de Edgar da Mata-Machado, toda a Assembléia Nacional Constituinte em 1946. Entrevistei vários presidentes e candidatos a presidente[72]. Há mais de 40 anos, tenho sido jornalista. O jornalismo me levou à televisão, que pratiquei com gosto, enquanto a pratiquei. Contra a minha vontade, tive numerosos cargos de chefia. Fui redator-principal de *Última Hora,* ao lado de Francisco de Assis Barbosa, assim que o jornal de Samuel Wainer apareceu. Fui diretor da *Manchete*, a *Manchete* da rua Frei Caneca, 511, dos Irmãos Karamabloch...[73] Fui diretor do *Jornal do Brasil.* Estive nos Diários Associados, dirigi os suplementos dominicais de *O Jornal.* Fui repórter parlamentar do *Diário Carioca* de Pompeu de Sousa[74] e sua equipe renovadora. Participei de várias aventuras fundadoras, como a do semanário *Comício*, que desapareceu, ou do *Jornal de Letras*[75], em que escrevi anos a fio com pseudônimo[76]. A minha biografia profissional é um

---

72. Em *Reportagens que abalaram o Brasil* (Rio de Janeiro: Bloch, 1973) está "O depoimento de Lott", de Otto Lara Resende (V. Biblioteca OLR).

73. Apelido dado por OLR aos irmãos Bloch por protagonizarem brigas homéricas. No datiloscrito, rasura, supressão a hidrográfica azul: "dos > saudosos < Irmãos Karamabloch...".

74. Na subsérie "Correspondência passiva" há uma carta de Pompeu de Sousa e Prudente de Moraes Neto (que assina seu pseudônimo, Pedro Dantas) datada da década de 1940: "Testemunhamos/ que o sr. Paulo/ Mendes Campos/ tentou várias vezes,/ exaustivamente,/ comunicar-se com/ o dr. Otto Lara Resen-/de na noite de 30/ de abril, entre 11? e meia-noite/ Pompeu de Sousa/ Pedro Dantas".

75. No número 60, de junho de 1954, em comemoração aos cinco anos do *Jornal de Letras,* é publicada uma foto do coquetel de lançamento do periódico na ABI, em 1949, com a seguinte legenda: "Estão aí reunidos alguns redatores-fundadores deste mensário: [...] Franklin de Oliveira, Otto Lara Resende, Herberto Sales, Octacílio Alecrim, José Paulo Moreira da Fonseca e o jornalista Braga Filho [...] Ledo Ivo, José Condé, Manuel Cavalcanti e Medeiros Lima [...] Willy Lewin e João Condé". Na Biblioteca OLR há uma coleção incompleta do *Jornal de Letras.* Destacamos o nº 10, de abril de 1950, onde Otto, que era redator, publica o conto "Uma noite com Teresa". O diretor-responsável era Elysio Condé; a direção ficava a cargo de João e José Condé, Brito Broca era o redator-chefe e Aloísio Belo, o gerente; o conselho fiscal era formado por Álvaro Lins, Augusto Frederico Schmidt, Carlos Drummond de Andrade, José Lins do Rego e Manuel Bandeira.

76. Otto Lara Resende não deixou, nem nos exemplares nem nos recortes do *Jornal de Letras*, notas marginais esclarecendo o pseudônimo que adotara. No entanto, essa questão se elucida em "Meios pobres: livros e letras" (*O Globo.* Rio de Janeiro, 14 de outubro de 1979): "[...] participei da fundação do *Jornal de Letras*, [...] fui seu

reflexo das grandes transformações por que passou a imprensa nestes últimos decênios, sobretudo depois do advento do rádio e da televisão como veículos de informação.

– *Sua estréia só se deu em 1952*[77], *com* O lado humano. *Por que tão tarde?*[78]

– Eu tinha 30 anos quando apareceu *O lado humano*. Nunca pensei em estrear cedo. Por mim, teria esperado mais. Não tinha confiança no que escrevia. E sempre sofri de um certo pudor do livro, do meu próprio livro. Uma vez, saía da José Olympio, na avenida Nilo Peçanha, na Esplanada, quando encontrei Rachel de Queiroz[79]. Eu trazia um exem-

---

redator e colaborador; nele assinei uma coluna que era uma espécie de 'consultório literário'; que não levava meu nome, mas o pseudônimo de Joaquim Leonel, que é nome de um meu tio-avô, médico de pobres. Achei que a minha atividade tinha algo em comum com esse remoto parente de Resende Costa, Minas Gerais" (V. série "Matéria extraída de publicações"). A coluna "Correio Literário", assinada por Joaquim Leonel, recebia cartas de todo o Brasil, como a de Carlos Matheus, de São Paulo: "É confiando na sua sinceridade que lhe vou [...] pedir uma opinião sobre meus versos...". O colunista responde-lhe: "É melancólico ver alguém, como você, aos 17 anos, escrever versos tão impessoais, tão inexpressivos, tão acadêmicos. Se ao menos você tivesse 87 anos! Seu soneto 'Manhã' é uma sucessão de lugares-comuns, de versos convencionais, vazios [...]"; Patrícia Brasil, de Niterói, escreve: "Qualquer que seja sua opinião, fico desde já muito grata". Joaquim Leonel responde: "Se você quer fazer versos com rima e medida, aprenda a medir e a rimar. Os que você me manda estão de pés quebrados e as rimas são de uma pobreza que eu diria franciscana, se não fosse com isto ofender a São Francisco, que foi grande poeta". Por outro lado, Geraldo Rocha Barbosa, do Rio de Janeiro, recebe o aval do crítico: "'Enquanto caminhava, já no fim do trajeto entre a vendinha e a fazenda, Gilberto, alheio à paisagem...' Assim começa o seu 'Fronteira vedada' [...]. Seu conto é bom, vazado num estilo sereno e delicado. Pena que seja tão longo, mas não duvidei, apesar do tamanho, em recomendar a sua publicação no *Jornal de Letras*. Obrigado pelo oásis que pôs no meio da minha caminhada, sombra e água fresca" (V. Biblioteca OLR).

77. No datiloscrito a data "1951" representa lapso de OLR ao datilografar a pergunta, corrigido na publicação.

78. A 11ª pergunta da entrevista: "O seu primeiro livro – *O lado humano* – saiu só em 1952, quando tinha 30 anos. Não devia ser difícil para o jornalista conhecido e importante arranjar editor. Por que tão tarde, se o talento foi tão precocemente detectado?"

79. Na Biblioteca OLR, entre os vários livros com dedicatória da escritora, destacamos: *As três Marias* (Rio de Janeiro: José Olympio, 1956): "Para/ Otto Lara Rezende/ sua leitora/ e admiradora/ Rachel de Queiroz"; *3 romances* (Rio de Janeiro: José Olympio, 1957): "Ao Otto Lara,/ muito encabulada/ com estas velhas his-/torias, mas querendo/ lhe mandar lembran-/ças para a Europa,/ com votos de Feliz/ 58, a/ Rachel de Queiroz/ 1-12-57"; *O brasileiro perplexo* (Rio de Janeiro: Editora do Autor, 1963): "A Otto Lara/ o mais célebre dos mi-/neiros e em breve o/

plar de *Boca do inferno*, o primeiro que eu via. Imediatamente escondi-o de Rachel e meti-o debaixo do casaco. Rachel desmascarou-me, achou graça, mas confessou que ela também tinha uma atitude meio encabulada diante de seus próprios livros. Na verdade, cuido mal[80] dos meus livros. Podia ser um autor de obra numerosa, porque escrevo muito. Basta dizer que até agora nunca reuni artigos em livro, o que é rotina de todo escritor. E não têm me faltado ofertas de editores temerários. Pode ser que proximamente venha a publicar um livro com artigos selecionados da série que há anos escrevo no *Globo*[81].

Antes de aparecer *O lado humano*, em 1952, tive oportunidade de publicar, mas recusei. A Agir chegou a me pedir um original. Bons tempos! *O lado humano* saiu pela Editora A Noite, graças ao incentivo de amigos[82].

---

mais rico!/ Rachel de Queiroz/ Rio, dez-63"; *Dora, Doralina* (Rio de Janeiro/Brasília: José Olympio/INL, 1975): "Rio, março 75/ Ao Oto – Quem é vivo sempre/ aparece e quem é morto às veses!/ Não é?/ [...]/ Rachel"; *O galo de ouro* (Rio de Janeiro: José Olympio, 1985): "Otto, que lhe digo? As letras são/ velhas, é velha a cantiga. Deus/ que me perdôe!/ Rachel/ Rio, out. 85".

80. No datiloscrito, rasura, supressão a hidrográfica azul: "verdade, > nunca tive prazer em me ver editado. < Cuido mal".

81. Na carta de 22 de julho de 1976, Ênio Silveira, da Editora Civilização Brasileira, cobra de Otto Lara Resende: "Você me animou, há alguns meses, com a possibilidade de confiar-nos um trabalho seu para edição. Anime-me ainda mais com dados específicos: qual? quando? Ou, então, aceitando esta sugestão: por que não reúne seus artigos em *O Globo* num pequeno volume, que publicaríamos com toda urgência?" Em 4 de julho de 1979, insiste: "Relembro-lhe meus insistentes apelos no sentido de lançar obras suas, [...] Coloco-me, como sempre, às suas ordens. Uma seleção de suas excelentes crônicas publicadas em *O Globo* daria um bom frango ao molho pardo, perdão, seria um bom lançamento pós-eleitoral..." Em 22 de setembro de 1981: "Um desses sonhos, antigo e recorrente: o de editar boa seleção de suas crônicas publicadas em *O Globo* e reeditar qualquer um de seus livros de contos. Realizá-lo dependerá apenas de você..." (V. subsérie "Correspondência passiva").

82. A série "Correspondência" testemunha o incentivo para publicar que Otto Lara Resende recebia de seus amigos, como o bilhete de Fernando Sabino, datado de 28 de julho de 1984: "Otto,/ aí vai. Dez anos já!/ Vê se você se anima e/ manda brasa. Este e os outros. E os novos. [...] Abraços/ F./ E me devolve!/ é meu! Está dedicado". A mensagem de Sabino é elucidada pela nota de Otto Lara Resende no verso do suporte: "Com este cartão, FS me mandou o exemplar de/ 'O lado humano', que lhe dediquei em 1952. No dia 9 de novembro de 1974, há 10 anos, o mesmo livro/ me foi mostrado pelo FS, em sua casa, com as modi-/ficações (copidesque) por ele sugeridas, tendo em/ vista uma eventual 2ª edição. Ele agora me manda o/ mesmo exemplar mais uma vez, para ver se me animo/a publicar a 2ª edição. O livro está cheio de rabiscos e 'desenhos' feitos por mim há 10 anos – e/ dos quais não me

– Boca do inferno *foi a sua maneira de recriar o clima infantil?*[83]

– Acho que não. Na verdade, ignoro como e por que meti na cabeça a empreitada de escrever histórias centradas em personagens infantis. *Boca do inferno* tem sete contos. Escrevi vários outros, que felizmente não incluí no livro. O livro causou certo escândalo. Fui xingado em vários tons. Recebi tudo com espanto, pois eu achava que tinha escrito um livro dramático, mas poético. Suponho que as histórias sejam de fato chocantes. Ou eram naquela época. Por que hoje o que é que pode chocar? *Boca do inferno* não tem um palavrão. A violência é apenas sugerida. Como também o sexo. Ainda assim, o livro irritou muito. Fiquei traumatizado com certas reações. Talvez por isto nunca tenha querido reeditá-lo. E tive várias ofertas. Um grande editor me propôs lançar uma nova edição de 10 mil exemplares. Decidi estudar a proposta e pensei em juntar nas orelhas e na contracapa opiniões agressivas e desfavoráveis ao livro. Fui ler o primeiro conto, achei-o barroco, palavroso. Reescrevi-o[84]. E não consegui ler o segundo. Desisti. Como publicar um livro que o próprio autor não consegue ler? Há tempos, uma revista de São Paulo me pediu para publicar uma história de *Boca do inferno*. Resisti. Depois Gilberto Mansur[85], que é de São João del Rei como eu, cismou de publicar "Três pares de patins"... Reescrevi o conto, limpei-o de alguma gordura[86] e a custo publiquei-o[87]. Para espanto meu, houve quem gostasse. No entanto, é um conto que foi dado como sinistro. Ouvi dizer que até um sermão foi feito

---

lembrava. Tem também palavras con-/tra o ato de escrever e o escritor, entidades exe-/cráveis, cada vez mais desprezíveis. Não me animo a/ nova edição. Nem a publicar livro novo./ Otto – 30.7.84".

83. A 12ª pergunta encaminhada por Edla van Steen: "Todo escritor transmuda suas próprias experiências. *Boca do inferno* foi a sua maneira de recriar o clima infantil?"

84. Na subsérie "Manuscritos Otto Lara Resende" há um exemplar de *Boca do inferno* com inúmeras rasuras no conto "Filho do padre".

85. Na Biblioteca OLR há três livros de Gilberto Mansur com dedicatória, como a de *A fome do mundo* (São Paulo: Melhoramentos, [1992]): "Ao Otto,/ com o abraço e/ a admiração/ do/ Gilberto/ SP 15.11.92".

86. O exemplar de *Boca do inferno* com as rasuras que instauram uma nova versão de "Três pares de patins" está presente na subsérie "Manuscritos Otto Lara Resende".

87. O conto "Três pares de patins" saiu na revista *Status*, nº 76. São Paulo, 1980, pp. 82-85.

contra ele. *Boca do inferno*, até pelo título, reúne histórias inseparáveis da noção do pecado. As crianças que nelas circulam estão cheias de culpa. São tristíssimas. O Rubem Braga, por ocasião do aparecimento do livro, escreveu uma nota engraçada sobre os personagens, de que ele tem horror com toda a razão[88]. Um crítico falou nos "monstrinhos de OLR"[89]. Outro me acusou de ter aberto as portas do SAM[90], que era uma instituição monstruosa, que mais perdia do que recuperava os menores. Até telefonemas anônimos recebi. Até hoje me pergunto o que terá esse livro de tão abominável. Dito isto, não posso concordar com quem diz que *Boca do inferno* foi a maneira de recriar o clima infantil. Pelo menos o meu...

---

88. A crítica de Rubem Braga, publicada no jornal carioca *Diário de Notícias* em 19 de janeiro de 1957, está no recorte obtido na Agência Lux: "Francamente, prefiro os personagens de Jean Pouchard... Esses de Oto Lara Resende são ainda mais novos, alguns ainda nem chegaram à adolescência. Mas, no lugar de freqüentarem a piscina do Copa, vivem pelos fundos de quintal e no escuro dos porões. São pobres meninos de uma cidade do interior do Brasil, marcados por um destino infeliz. A sucessão desses sete contos é angustiante, o leitor não espera nunca nada de bom – e afinal quase sempre acontece o pior. Como em seu livro anterior [...] O novo livro é ainda mais triste, porque trata de crianças; confesso que tive de fazer um esforço para ler até o fim, sempre me embalando na desesperada esperança de que algum desses meninos encontrasse uma saída, uma fuga para seu destino miserável. Mas o autor é implacável como um deus antigo, e esmaga todos. [...] O livro traz até nosso apartamento esse cheiro de terra, essa madorna doce dos quintais do Brasil. Mas traz muita tristeza demais" (V. série "Matéria extraída de publicações").

89. Referência aos textos de Temístocles Linhares: "Os monstrinhos de *Boca do inferno*" (*O Estado de S. Paulo*, 30 de março de 1957) e "Os monstrinhos de Otto Lara Resende" (*Diário de Notícias*. Rio de Janeiro, 14 de abril de 1957): "Eis-me assim diante dos doces monstrinhos do sr. Oto Lara Resende. Doces, seguramente, é força de expressão, tanto mais que o autor parece empenhado em lhes agravar o monstruosismo. Perversos, cruéis, contraditórios, beirando a indiferença, e a premeditação, a sordidez e a inocência, eles se traem a si próprios, sem piedade consigo mesmos, capazes de tudo, sim, de todas as loucuras possíveis e os gestos mais surpreendentes, capazes até de morrer, para alcançar a única coisa que talvez instintivamente os interesse: que os vejamos como eles são, que os aceitemos tais como se apresentam, que os amemos, nas suas renúncias ao mundo e à escolha, na verdade humana de suas ações e lutas interiores. É claro que a colaboração do autor nesse sentido nos é imensamente preciosa" (V. série "Matéria extraída de publicações").

90. Trata-se de "O SAM do Otto Lara Resende", crítica de Ruy Santos a *Boca do inferno* publicada em 10 de março de 1956 na *Tribuna da Imprensa*: "Há siglas que prestam um admirável benefício aos serviços que representam. É o caso do SAM. SAM é Serviço de Assistência a Menores, mas como ali só há menores, nem serviço, nem assistência, melhor é tomar o jeito de repartição diferente, de coisa original. [...] O Otto Lara Resende tem, porém, o seu SAM. O seu último livro de contos, *Boca do inferno*, editado por José Olympio, é a história de uns garotos escolhidos a dedo, ou a esmo, no seu SAM particular" (V. série "Matéria extraída de publicações").

– *Em* O braço direito *você retoma o tema do colégio, transformado em orfanato. O objetivo era resgatar o tempo infantil?*[91]

– Depois de vários anos ausente, fui uma vez a São João del Rei e lá encontrei-me com um colega de ginásio. Conversamos sobre coisas do passado e de repente me interessei por um crime que houve na cidade, quando éramos meninos, ele e eu. Fomos até o Fórum ver os autos. Fiquei sabendo de uns pormenores que até então desconhecia. Voltei para o Rio, esqueci o crime e o mais. Uma noite, acordei com um empurrão para a mesa no escritório. Veio-me a compulsão de anotar a idéia para uma história, precisamente um romance. Me lembro que aquele primeiro impulso caiu dentro de mim como uma barreira que desaba. Senti que ia escrever. A vida continuou. Em Bruxelas, num fim de semana, sozinho, entregue às baratas, encontrei a anotação que mantinha um vínculo com o tal crime em Minas. Comecei a escrever sofregamente. Não parei praticamente durante seis dias. Quase morri de cansaço, fiquei até doente. A história saiu completamente diferente do que eu planejara. Escrevi um romance que tinha uma parte na terceira pessoa. Mostrei o original a Lucy Teixeira[92], que vivia também em Bruxelas. E mandei-o ao João Cabral de Melo Neto. Ambos me fizeram observações preciosas. Os originais foram parar em Lisboa, se não me engano com o Alexandre O'Neill[93], para serem publicados, quando consegui interceptá-los e recomecei a escrever. Mudei quase tudo. O crime praticamente desapareceu. Surgiu o orfanato. Em São João del Rei, via de fora, da rua, o Orfanato Maria Teresa, que aliás está sendo agora demolido. Era próximo da minha casa. E era de meninas. Meninas que me lembravam o poema de Manuel Bandeira[94] (outro

91. A 13ª pergunta: "Em *O braço direito* você retoma igualmente o tema do colégio, naturalmente transformado em orfanato. O objetivo era resgatar o tal diário da adolescência?"

92. Na subsérie "Correspondência passiva" há 48 cartas da poeta Lucy Teixeira, das décadas de 1940 a 1970; na série "Fotografias" há várias fotos dela ao lado de OLR e sua família em Bruxelas.

93. Na subsérie "Correspondência passiva" há uma carta cuja data pode ser atestada como anterior a 16 de abril de 1959, em que Alexandre O'Neill se coloca à disposição de Otto Lara Resende para intermediar negociação com editor português.

94. Menção ao poema "Flores murchas", de *Estrela da manhã* (V. nota nº 100 do texto "Quem é OLR?").

grande amigo, São Manuel, Bandeira do Brasil). A milhares de quilômetros de distância, na Europa, pus-me a escrever incessantemente até que acertei o que seria a "arquitetura" do *Braço direito*. Saiu o que saiu: tudo na primeira pessoa, uma história de um sujeito em luta consigo mesmo, o pano de fundo da cidade em que se trava uma luta política e social, etc.

– *Você declarou que* O braço direito *é um romance humorístico*[95].

– De fato, quando rebati à máquina, pela última vez, o que veio a ser editado como *O braço direito*, às vezes, de madrugada, me surpreendia a rir diante do personagem-narrador, cuja amargura tem, a meu ver, um certo *sense of humour*. Aliás, não há *humour* sem amargura e até sofrimento. Vejo o personagem, cujo nome só uma única vez aparece no livro, como um sujeito dramático, mas também como um sujeito engraçado. Com o tempo, tendo a achá-lo cada vez mais engraçado...

O braço direito reúne muitos "casos", o que pode ser que alivie a leitura e faça o romance respirar um pouco mais livremente, sem o sufoco permanente do orfanato. Por isto imagino que o livro tenha tido relativa aceitação, foi traduzido na Inglaterra[96], vendeu-se um pouco na África do Sul e ameaça sair em alemão.

– O braço direito *é considerado o seu melhor livro*[97].

– Gostaria de ter escrito outros romances. Quem sabe ainda consiga escrever pelo menos mais um. Não pretendo ser um autor de obra numerosa. Há livros demais no mundo. Sendo o único romance que publiquei, *O braço direito* pode ser visto como o melhor e igualmente como o pior romance da minha autoria...

---

95. A 14ª questão formulada por Edla van Steen: "Você declarou que *O braço direito* é um romance humorístico, que o escreveu às gargalhadas. Será que a intenção foi bem realizada?"

96. A versão de Anne Cravinhos foi publicada com o título *The inspector of orphans* (London: Andre Deutsch, 1968).

97. A 15ª pergunta: "*O braço direito* é considerado por muitos o seu melhor livro. Você concorda?"

– *E os outros planos?*[98]

– Me arrependo sempre quando conto que pretendo escrever ou publicar alguma coisa. A Clarice Lispector[99] dizia que não se deve contar o que a gente está escrevendo. Duas vezes eu inadvertidamente deixei escapar meu projeto. Uma vez foi *O baile da Aleluia*[100], uma história de um padre e seus paroquianos. A história me divertiu muito. O personagem cresceu, virou uma figura simpática e muito engraçada, dentro de seu estreitíssimo e santo moralismo. Mas acabei desistindo, atirei fora. E hoje não tem mais sentido essa história. Nem encontro motivação para trabalhar com material que a bem dizer saiu da ordem do dia, sobretudo depois da mudança por que passou a Igreja.

Outra vez, anunciou-se que eu ia publicar *As andorinhas de Nossa Senhora*[101]. Já pelo título pode-se ver a preocupação religiosa. Digo de passagem que fui criado no catolicismo, numa cidade católica. *As andorinhas de Nossa Senhora* pretendia reunir histórias líricas, de santos que se ignoram. Um deles é um surdo-mudo que me persegue há anos e anos. Até parece que contraí a mudez do meu personagem, porque o livro não sai.

---

98. A 16ª questão formulada por Edla van Steen: "Por volta de 1970, você anunciou um outro romance: *O baile de aleluia*. O que aconteceu com ele?"

99. Na série "Correspondência" há uma carta de Clarice Lispector datada de Washington, 8 de dezembro de 1952, e na série "Matéria extraída de publicações" há um texto de sua autoria, "Crônica? Não faço. Conto histórias" (*Crítica*. Manaus, 23 de março de 1972), e alguns artigos relacionados à morte da escritora, em 1977. Na Biblioteca OLR estão presentes 34 obras de Clarice Lispector, a maioria com dedicatória, como: *A cidade sitiada* (Rio de Janeiro: A Noite, 1949): "A Oto, lembrança da/ amizade de/ Clarice/ Rio, setembro 1949"; *Laços de família* (São Paulo: Francisco Alves, 1960): "A Helena e a Oto,/ obrigada pelo sacrifício,/ um grande abraço,/ Clarice/ Rio, 29/7/60"; *Água viva* (Rio de Janeiro: Arte Nova, 1973): "Otto Lara Rezende/ A Otto e a/ Helena, se vocês/ ainda se lembram/ de minha existencia,/ aceitem minha/ amizade leal/ Clarice"; *Onde estivestes de noite* (Rio de Janeiro: Arte Nova, 1974): "Rio, abril 1974/ A Otto e a Helena,/ com saudade que/ parece não ter mais/ remédio (vocês estão/ me castigando?),/ um abraço amigo de/ Clarice".

100. No Arquivo OLR estão os manuscritos de *O baile da Aleluia*.

101. Na subsérie "Manuscritos Otto Lara Resende" há uma nota prévia, possivelmente relacionada a *As andorinhas de Nossa Senhora*.

– *O conto parece ser a sua forma predileta*[102].

– Não tenho preferência pelo conto. Mas gosto de contos, tanto de ler como de escrever. Gosto mais de ler um bom conto. A Clarice Lispector dizia que conto a gente vai escrever ou já escreveu, enquanto que romance a gente está escrevendo. Mas não precisa ser romance[103]. Aliás, tendo para escrever, se escrever, uma novelinha de suas 50, 60 páginas, não mais. Que fosse delicada e forte, que ninguém lesse indiferente. Ainda não mereci escrevê-la[104].

No *Retrato na gaveta*, título sugerido pelo Fernando Sabino, há uma novela – "O carneirinho azul". O título do livro devia ser este, mas saiu antes do meu, que já estava escrito, a peça *O cavalinho azul*, da Maria Clara Machado[105]. "O carneirinho azul" começou sendo um romance, que tinha capítulos entremeados, ora a infância, ora a idade adulta do personagem-narrador. Acabei deixando só a infância e fechei a história. Nunca mais voltei ao resto, ao que sobrou e que não publiquei[106].

– *Você escreve contos por falta de tempo?*

– Não. Escrevo contos segundo um primeiro impulso que pode ser chamado inspiração. Às vezes é um pormenor de nada. Acho que assim acontece com todo mundo que escreve.

---

102. A 17ª pergunta de Edla van Steen: "Voltando ao conto: *O retrato na gaveta* e *As pompas do mundo*. O conto parece ser a sua forma predileta de expressão literária... Ou você a adota por falta de tempo?"

103. No datiloscrito, rasura, substituição a máquina e hidrográfica azul: "ser * conto * romance".

104. No datiloscrito, rasura, supressão a hidrográfica azul: "escrevê-la. > Talvez nunca mereça. <".

105. A Biblioteca OLR não exibe obras de Maria Clara Machado, como a citada *O cavalinho azul*, publicada em 1960. Na subsérie "Correspondência passiva" há apenas um telegrama dela felicitando Otto pela eleição para a Academia Brasileira de Letras.

106. No datiloscrito, rasura, supressão a hidrográfica azul: "publiquei. > Não me arrependo de não ter publicado. <".

– *Como você dá nome aos personagens?*

– Nas histórias "mineiras", ou supostamente "mineiras", mesmo quando se passam em cidade inventada, imaginária, os nomes às vezes me vêm do fundo da memória infantil, sem que nada tenham a ver com as pessoas que de fato existiram. Às vezes busco propositadamente uma deformação do nome verdadeiro. O personagem de *O braço direito* chama-se Laurindo Flores, nome que, como disse, só aparece uma vez no romance. Laurindo é um nome que ouvi quando menino. É estranho, parece Lauro, parece diminutivo, talvez tenha uma ponta de pitoresco. Flores é um nome suficientemente incaracterístico e, ao mesmo tempo, sugere uma oculta doçura do personagem, que não desabrochou, que nunca amou. Os meninos têm nomes de meninos. Às vezes troco nome de homem por nome de mulher e vice-versa, sobretudo apelido (como Juca). Evito nomes e sobrenomes conhecidos, ou que dêem margem à confusão. O nome é importante[107] para ajudar o personagem a "sair", a existir. Veja, por exemplo, no conto "Os amores de Leocádia" como o nome da pobre solteirona, Leocádia, parece funcionar para o que pretendo. Pelo menos é assim que entendo. Às vezes troco de nome várias vezes, mas em geral o personagem já nasce batizado. No caso do *Braço direito*, o padre teve mais de um nome e acabou Bernardino. Padre Bernardino. Pois lá a certa altura, ao datilografar os originais para a editora, me enganei e ficou o nome anterior. Ninguém, claro, notou, mas o erro está lá, nunca foi corrigido[108].

– *Que é um bom conto para você?*[109]

– Um conto de Machado de Assis[110], de Dalton Trevisan[111], de Clarice Lispector, de Rubem Fonseca[112]. De tanta gente mais, de hoje, de ontem, de todas as línguas. Não pre-

---

107. No datiloscrito, rasura, supressão a hidrográfica azul: "nome é > muito < importante".

108. Nas duas primeiras edições de *O braço direito*, no penúltimo parágrafo do capítulo 2, ao mencionar o personagem nomeado como padre Bernardino, OLR comete o lapso: "Eu sou apenas um verme da terra, que não vê a luz do sol. Que diferença do momento em que, pela mão de *padre Moreira* [grifo nosso], dei entrada neste Asilo!" O erro foi corrigido em 1991, na edição do Círculo do Livro (p. 10).

109. A 19ª pergunta: "O que é um bom conto para você?"

cisa ter meio, princípio e fim, mas pode ter meio, princípio e fim. Pode até não ter história. Mas tem garra. Um conto é uma criação verbal que se lê de uma sentada. E que nos desvenda algo de novo, que ressoa para sempre.

– *Vê alguma diferença entre o conto e a novela?*[113]

– A discussão sobre gêneros literários não me interessa muito. No caso, a diferença é praticamente uma questão de tamanho. Logicamente, a novela implica situações e personagens desenvolvidos de maneira distinta. Cada qual tem o seu ritmo. Ainda assim é difícil fazer a distinção. *O alienista*, de Machado de Assis, é um conto ou uma novela?

– *Você escreve diretamente à máquina?*[114]

– Em princípio, sim. Faço anotações à máquina também, usando palavras meio cifradas, abreviaturas e um pouco de línguas estrangeiras. Mas anoto também à mão. Prefiro dati-

---

110. Encimando o sumário de *Várias histórias* (Rio de Janeiro/Brasília: Civilização Brasileira/INL, 1975), Otto fez a nota traçada a caneta esferográfica azul: "'Obras-primas (de M. de A.) perfeitíssimas/ de forma e fundo', na opinião de Mário de Andra-/de: 1. O anel de Polícrates; 2. O segredo do Bonzo;/ 3. A igreja do Diabo; 4. O lapso; 5. Conto alexandri-/no; 6. Academias de Sião; 7. Entre santos; 8. A-/dão e Eva; 9. Viver!; 10. Eterno!; 11. Lágrimas/ de Xerxes; 12. Pílades e Orestes; 13. Ex cathedra;/ 14. Identidade/ Otto/ 21.VI. 1989/ 150 anos!" (V. Biblioteca OLR).

111. Na Biblioteca OLR estão várias obras de Dalton Trevisan, muitas com mais de um exemplar, perfazendo 62 volumes. Dentre os com dedicatória destacamos: *Novelas nada exemplares* (Rio de Janeiro: José Olympio, 1959): "Ao Otto,/ com um abraço do/ Dalton./ Rio, março 59"; *O vampiro de Curitiba* (Rio de Janeiro: Civilização Brasileira, 1965): "Ao Otto,/ que seja cruel/ o Dalton"; e as versões *The vampire of Curitiba and other stories* (New York: Alfred A. Knopf, 1972): "Para o Otto,/ do eterno aprendiz de contista/ Dalton/ Nov. 72"; *De Vijfvleugelige Vogel* (Amsterdam: Meulenhoff, 1977): Ao Otto,/ o abraço holandês do/ Dalton/ Junho 77".

112. Otto Lara Resende possui dez livros de Rubem Fonseca, vários com dedicatória, como *Os prisioneiros* (Rio de Janeiro: Codecri, 1978): "Para Otto Lara Resende/ do amigo e/ admirador/ Rubem Fonseca/ 24-10-87/ Eu telefonei várias/ vezes. Você nunca está/ em casa".

113. A 20ª pergunta: "Vê alguma diferença entre o conto e a novela? Muita gente acha que na literatura moderna o gênero desapareceu..."

114. A 21ª questão: "Você escreve diretamente à máquina, ou..."

lografar os meus originais. Até há alguns anos, eu era muito exigente como datilógrafo. Mesmo no jornal os meus originais não tinham um só erro. E não usava borracha. Se errasse, começava a lauda de novo. Hoje, acho que sofro cada vez mais para escrever. Para escrever o que leva a minha assinatura, seja o que for, o que é da minha direta responsabilidade. Risco e corto muito. Releio até a exaustão. Modifico até o último instante. Freqüentemente escrevo um texto e acordo à noite com duas ou três correções a fazer, que me foram ditadas no sono. Até artigo de jornal me custa um esforço imenso. Evito modificar depois que entrego o original, mas ainda assim não consigo sempre evitar o desejo de corrigir. Atualmente não guardo cópia comigo, para não ter o desejo de reler e daí modificar. Mesmo assim, há correções que me vêm à cabeça sem a presença do original e localizo cada palavra que escrevi. O hábito e uma certa memória visual me ajudam a guardar o texto, o meu ou o alheio. Gosto também de escrever à mão. Já enchi cadernos com uma letra tão pequena e complicada que eu mesmo não consigo decifrar o que escrevi. Então jogo fora. É um original a menos.

– *Grafomania: como se manifesta a doença?*[115]

– A palavra, grafomania, aprendi-a com Eduardo Frieiro[116], escritor mineiro digno de toda admiração. Ele tem um livro – *O clube dos grafômanos*. Daí grafomania. Ou grafomaníaco, tal como eu me digo. Tenho de fato a mania de escrever. Em todo lugar por onde passei

---

115. A 22ª questão: "Perguntei isso porque você já disse que sofre de grafomania. Como se manifesta a doença?"

116. Na subsérie "Manuscritos de outros autores" há um "exemplar, com/ emendas, para a/ 3ª edição" de *A ilusão literária*, de Eduardo Frieiro, autor lido também pelo pai de Otto, Antônio de Lara Resende, que fez anotações em *Os livros nossos amigos* (Belo Horizonte: Livraria Inconfidência, 1945) e *Torre de papel* (Belo Horizonte: Imprensa/Publicações, 1969), exemplares presentes na Biblioteca OLR. Além desses há *O clube dos grafômanos* (Belo Horizonte: Itatiaia, 1981) e outros nove volumes, com algumas duplicatas: *Letras mineiras* (Belo Horizonte: Amigos do Livro, 1937) com notas de leitura, como a da página 275: "Otto/ Rio, 13.9.87/ Relido hoje"; *Como era Gonzaga?* (Belo Horizonte: Secretaria da Educação de Minas Gerais, 1950), com a indicação: "Relido hoje,/ 28.2.87/ Otto/ Petrópolis,/ Vale do Bonsucesso"; *Feijão, angu e couve* (Belo Horizonte: Centro de Estudos Mineiros, 1966), com duas datas de leitura: "Otto Lara Resende/ Domingo de chuva/ 26.XII.1972" e "Otto Lara Resende/ Domingo, 4.X.1981"; *Novo diário* (Belo Horizonte: Itatiaia, 1986), com nota na página de rosto: "(Presente do Franc° Iglésias)" e na última página: "Otto/ Vale do Bonsucesso,/ Petrópolis, 2.3.1987./ 2ª feira do

sempre escrevi muito. Uso o recado escrito, o bilhete, para qualquer necessidade ou emergência. Acho mais prático, mais delicado e diminui a margem de erros ou enganos, no trato entre as pessoas. Quero crer que a grafomania é um pouco mal de família. Meu pai tem mania de escrever. Sempre escreveu a todo e qualquer propósito. Mesmo em casa, se quer sugerir uma providência ou deixar um recado, recorre ao bilhete, ao aviso, quase sempre à mão. Na minha família todo mundo é mais ou menos dado à escrita. Somos de um tempo em que se estudava caligrafia e se lia um livro de textos manuscritos. Quase posso dizer que nasci escrevendo e vendo escrever. Sou um ser do alfabeto. Escrever é também hábito. Observo que as pessoas que vêem escrever tendem também a escrever. Meus filhos sempre usaram o recurso de se comunicarem por escrito. Minha filha caçula e temporã, aos 13 anos, já é uma perfeita grafômana. Não há um dia que ela não me deixe um bilhete, isto é, uma ordem[117]. E a minha neta[118] de 4 anos começa a escrever o meu nome e, onde não sabe escrever o que quer, desenha os seus ucasses...

– *Há um clima geral de morte em* As pompas do mundo. *O tema da morte é para você uma obsessão?*

– Da mesma forma que fiz histórias centradas em crianças, em *Boca do inferno*, escrevi histórias com morte em *As pompas do mundo*. Neste caso, não foi programado, não foi de propósito. Quando juntei os contos, para o livro, é que percebi que todos tinham a presença da morte, salvo "O elo partido", que é a seu modo uma forma de morrer para a vida cotidiana. Eu próprio fiquei impressionado com essa obsessão. O título, que não está em nenhum conto, me foi sugerido pela evidente correspondência religiosa, mas pensei

---

Carnaval./ Almoçaram hoje conosco/ Lúcia e João de Lima Pádua,/ Regina e Carlos Soares Brandão". Na série "Matéria extraída de publicações" há um texto de Eduardo Frieiro, "Canto da hora amarga" (*Minas Gerais*. Belo Horizonte, 19 de abril de 1969).

117. OLR guardou entre seus papéis vários bilhetes de sua filha caçula, Helena Cristina Pinheiro de Lara Resende (V. série "Correspondência").

118. Trata-se de Mariana Jaguaribe Lara Resende, filha de André Pinheiro de Lara Resende e Cláudia Jaguaribe, nascida em 28 de fevereiro de 1977.

também em "pompas fúnebres", expressão corrente em alguns países. De qualquer forma, diante das histórias que eu próprio escrevi, seria difícil dizer que não tenho uma permanente preocupação com a morte. Além do mais, sou um tanatologista amador, isto é, leio tudo que me cai sob os olhos e que diga respeito à morte. No exterior, procuro sempre algum livro sobre o tema. Atualmente procuro desativar curiosidades como é essa e que me tomam muito tempo, me obrigam a ler muita coisa e quase sempre sem proveito. A morte e temas afins sempre me seduziram. Durante anos procurei me informar sobre o suicídio. O suicídio de Getúlio Vargas me impressionou profundamente. No entanto, poucas vezes abordei o tema (fora da ficção também). Duas ou três vezes em que escrevi sobre o suicídio, movido por episódios do meu conhecimento e até da minha afeição, não publiquei os textos. Eu próprio, ao lê-los, fiquei horrorizado com o que escrevi... Mas no fundo o único assunto é mesmo a morte. O resto é paisagem.

– E o amor, Otto? Não acredita no amor como tema?

– Claro que acredito. Gosto muito de ler histórias de amor, trágicas ou não. E gostaria de escrever pelo menos uma história de amor. Resisto à tentação de contar. Amor e morte, eis aí: parece que é tudo, não é? É o quinhão de cada um. Que literatura e que arte, se vão ao coração do homem, não são sobre o amor e a morte?

– Mencione os cargos que ocupou[119].

– Tenho sido basicamente jornalista. Duas vezes estive no exterior, em função pública, na Bélgica e em Portugal. Fui diretor de um banco oficial. Renunciei por motivos que não vêm ao caso. Fui assistente jurídico, advogado-substituto e advogado da Prefeitura do antigo Distrito Federal. Passei a procurador do Estado, com a mudança da capital para Brasília. A vida burocrática foi ainda uma imposição de sobrevivência. Hoje é diferente,

119. Otto Lara opta por responder primeiro à parte final da 25ª pergunta: "Mudando um pouco de assunto: 'Sou um político com uma bomba-relógio escondida no ventre' – você afirmou em entrevista ao Odylo Costa, filho. Quer desenvolver a frase? (Mencione os cargos que ocupou)".

pode-se viver de um ofício só, o jornalismo remunera melhor. Comecei minha vida de funcionário em Minas, antes de completar 17 anos de idade. Sempre evitei gabinetes e cargos de confiança, apesar das oportunidades e convites que tive. Por estranho que pareça, fui nomeado coordenador da Assistência Técnica da Presidência da República, pela mão de Jânio Quadros[120], por indicação de José Aparecido de Oliveira. Fui demitido no dia da renúncia e soube da minha demissão pelo rádio.

– Você escreveu: "Sou um político com uma bomba-relógio no ventre".

– Isso está numa entrevista feita pelo saudoso Odylo Costa Filho[121]. Seria preciso ver o contexto, voltar ao meu estado de espírito daquela hora, para saber o que de fato eu quis dizer. Hoje não subscrevo essa frase. Não sou político nem tenho bomba-relógio no ventre.

---

120. Na série "Correspondência" há um telegrama e uma carta de Jânio Quadros endereçados a Otto Lara Resende. Na carta, Jânio encomenda a ele dois textos: "Prezado Oto Lara/ Abraços./ Estou jubiloso com a notícia/ da sua colaboração preciosa, e a do Odilo/ Costa, com a presença *maior* do nosso Cas-/telo Branco. Encomendo, *já*, os dois primei-/ros trabalhos; uma palavra à nossa geração/ sobre os problemas ligados ao nacionalismo e/ ao municipalismo./ Meus respeitos, e meus agradeci-/mentos, esperando encontrá-los, brevemente./ Do/ J. Quadros". Na série "Matéria extraída de publicações" encontra-se uma nota de 1962 intitulada "Jânio e Otto": "No *O Cruzeiro* que circula hoje, Otto Lara Resende estréia como colaborador, com um artigo que é uma terrível crítica ao Sr. Jânio Quadros, a quem o autor considera no ocaso político. Por dois motivos o artigo de Otto provocará enorme decepção em seu velho amigo, o Deputado José Aparecido: primeiro, porque foi Aparecido quem insistiu com Jânio para que, ao tempo da Presidência, convidasse Otto para trabalhar no Palácio, fato que jamais chegou a se concretizar, embora o convite tivesse sido feito; segundo, porque, há poucas semanas, Aparecido levou Otto para um encontro com Jânio, em São Paulo, quando articulista e ex-presidente conversaram longamente, daí resultando o artigo".

121. Na verdade, OLR escreve isso a Paulo Mendes Campos, na longa resposta à pergunta: "Quem é OLR?" A entrevista a Odylo Costa Filho, "Retrato de Otto", publicada em *Vogue Brasil* (nº 14. São Paulo, jul. 1976), toma este texto por base; trechos são destacados e as perguntas são elaboradas simulando um bate-papo. Na publicação, Odylo Costa Filho pergunta: "E política?" Com a resposta de Otto: "Política é a arte de enfiar a mão no esterco. Tenho espertezas, podia fazer política. Mas não tenho o pulo-do-gato, nem sei esperar o cavalo arreado na porta. Não, não. Se não fosse o meu compromisso com a literatura, quem sabe seria político. Meio cético, meio enraivecido, paralisado, mas sem compromisso conservador, tendo politicamente para a esquerda melancólica do Rubem Braga. Não gosto de palavras de ordem, não gosto de ordens. Não gosto de ser enquadrado. Ah! meu lado anarquista... E ao mesmo tempo sou tão ordeiro, tão pacato, moderado, moderador". Para reforçar o impacto: "Pensa um instante, se define: – Sou um político mineiro com uma bomba-relógio escondida no ventre".

– É bastante conhecido o fato de que você é um grande papo e que, se não esbanjasse tanto os seus temas, teria hoje mais de dez volumes publicados. O que pensa disso?

– Eu poderia publicar mais. Como disse, espero uns restos de decisão interior para publicar uma seleção dos meus artigos, aqueles que, pelo tema e pelo tratamento literário, tenham possibilidade de maior interesse. Tenho escrito muito, ao léu. A propósito de prefácios e textos assemelhados, outro dia descobri que só com este material podia publicar um livro.

Quanto ao papo, suspeito que já fui de mais conversa do que sou hoje. Os amigos é que fazem esse tipo de legenda. Ao contrário do que possa parecer (até pelo que escrevo), sou um homem do convívio. Gosto do convívio. E sempre gostei de conversar, desde que também me reservo para a indispensável solidão, em que a gente recarrega a bateria. O bate-papo não prejudica o trabalho literário. Quantos escritores conseguiram conciliar uma coisa e outra? Jean-Paul Sartre[122], com obra tão numerosa, adorava a conversa fiada e a vida boêmia. Esta coincidência, do trabalhador com o boêmio, é mais comum do que parece. Eu sempre fui capaz de grandes esforços, de noites seguidas em claro, seja para o que for, desde que esteja motivado. Claro que a idade pesa e agora preciso cada vez mais de recolhimento e, se possível, de vadiagem.

– Há quem diga que você tem uma grande ambivalência entre ser personagem e ser escritor...

– É possível que o meu nome, a simples sonoridade dele, explique a obsessão com que às vezes fui citado. Personagem mesmo, acho que nunca fui. Aqui e ali fui mencionado, ou caricaturado. Uma dose de equívocos parece que é inseparável de qualquer notoriedade. Nunca busquei badalar o meu nome. Se ele se tornou mais ou menos conhecido, nem sempre esse conhecimento dá notícia de mim, do escritor que sou, ou que pretendo ser.

---

122. Na Biblioteca OLR há 18 títulos de Jean-Paul Sartre ou sobre ele.

– *Algum autor abusa de sua generosidade?*[123]

– Sempre fui um leitor de boa vontade de originais de toda espécie, bons e maus. Ultimamente disponho de pouco tempo e às vezes sou muito solicitado, acima das minhas próprias forças. Naturalmente, como eu próprio faço com uns tantos amigos, há amigos escritores que me dão originais para ler. Esta prática é felizmente cada vez mais rara. Aconselho a qualquer autor a enfrentar o público sozinho, de cara, sem apoios de qualquer espécie.

Nunca jamais aconselhei ninguém, nem tenho autoridade para isto, a não dar entrevista.

Sou um leitor minucioso e atendo de tudo quanto escreve Dalton Trevisan, que, por ser meu velho amigo, às vezes me concede a honra de lê-lo no original, antes de impresso[124].

– *Fernando Sabino, Paulo Mendes Campos, Hélio Pellegrino... se propuseram a quê, na juventude?*[125]

– Todo o numeroso bando de mineiros mais ou menos da mesma idade acho que se propunha, cada um a seu modo, fazer uma vida intelectual. O saldo não pode ser avaliado por nós, ou pelo menos por mim. No meu caso, não posso dizer que estou satisfeito com o que fiz. Aceito-me com uma ponta de melancolia e de *sense of humour*. Não tenho razões de queixa.

---

123. Otto Lara Resende opta por tirar os nomes citados e funde as questões 28ª e 29ª: "O Dalton Trevisan continua a enviar todos os originais para que você faça anotações? Algum outro autor também abusa da sua generosidade?" e: "É verdade que foi você quem convenceu o Dalton a jamais dar entrevistas?"

124. Na subsérie "Correspondência passiva" há 410 cartas de Dalton Trevisan, com datas-limite 1956 e 1992, muitas escritas com o intuito de enviar textos para apreciação de Otto Lara Resende. Notas deixadas por Otto esclarecem o fato: "Remetido de Curitiba/ a 10.5.1983./ Sete histórias de 'Carnaval de sangue'"; "Remetendo bole-/tim com a 'Cartinha/ a um velho poeta' e/ outros textos do Autor. / Otto/ 25.2.1991"; "R/ Devolvi hoje,/ pelos correios,/ anotados, os/ originais./ Otto./26.XI.91/ Sobrescrito do enve-/lope que me trouxeram/ os originais do novo livro/ do DT, devolvidos hoje,/ com notas e carta./ Otto/ 26.XI.91". Dalton Trevisan chegava a enviar várias versões de um mesmo trecho durante o período em que OLR ficava com seus originais.

125. A 30ª pergunta: "Fernando Sabino, Paulo Mendes Campos, Hélio Pellegrino (cite mais alguns, se for o caso) e você se propuseram a quê, na juventude?"

– A sorte lhes deve ter sido favorável, já que todos tiveram sucesso profissional... Ou você acredita que o espaço foi duramente conseguido?

– A sorte conta muito. Em tudo. Eu nunca parti de um pressuposto do gênero "vou conquistar o mundo". Acho que sou isento desta paranóia. Fui deixando a vida acontecer e eis aí: deu nisto.

– Se não fosse mineiro, que seria de você? E da sua literatura?[126]

– Não tenho a menor idéia. Ainda consciente de que o mineiro é um ser igual a qualquer outro, o fato é que a circunstância mineira integra a minha personalidade e a minha experiência. Evidentemente esta impregnação deixa marcas no que faço e no que escrevo.

– Já pensou em escrever um livro de memórias?[127]

– Não. Em todo caso, no que escrevo fora da ficção vou dando notícia mais objetiva do que vivi. Gostaria talvez um dia de dar um depoimento sobre a minha vida de jornalista. Mas não sei se chegarei a escrevê-lo[128]. O resto é silêncio, para sempre.

– Mais de uma vez você se referiu à "mitologia literária". Que quer dizer esta expressão?

– Mais de uma vez de fato lamentei, ou melhor, constatei a morte de uma certa mitologia literária. Digamos que seja o conjunto de valores e até de mitos que aprendi a identificar, nos quais acreditei, nos quais me formei e que agora não existem mais, no mundo de hoje. Ou pelo menos não existem com a mesma configuração. Tudo mudou.

---

126. A 32ª questão: "Se não fosse mineiro, Otto, o que seria de você? E da sua literatura?"

127. Suprimido o comentário imperativo de Edla van Steen ao fim dessa pergunta: "(Seja honesto!)".

128. Otto Lara Resende não chega a escrever um livro de memórias, apesar do pedido do editor Ênio Silveira, da Civilização Brasileira: "Creio que é mais do que chegada a hora de republicarmos, do *corpus* de sua obra, aquelas partes que você considera legáveis à posteridade e, ainda, de lhe acrescentarmos um volume de crônicas, selecionadas dentre as que regularmente aparecem em *O Globo*, outro de memórias (que você as tem ricas e substanciosas) e o que mais possa ter no seu baú de inéditos..." (V. subsérie "Correspondência passiva", carta datada de 22 de dezembro de 1988).

– O livro fazia parte dessa "mitologia literária"? E a crise do livro tem alguma coisa a ver com a morte dessa mesma mitologia?

– Claro que fazia, mas a crise do livro não é de hoje, é de sempre. O livro mudou de personalidade. Será fácil provar que estatisticamente nunca se editou tanto, como nunca se leu tanto. Mas o livro entrou no ciclo do objeto de consumo. Digamos que perdeu uns restos de sacralidade, ou que outro nome tenha. Tudo contribui para o fim da "mitologia literária" a que me referi. O escritor e o livro de hoje são muito diferentes do livro e do escritor da nossa juventude. Se é bom, se é mau, no caso não interessa: é diferente.

– E a "fé literária" a que você também sempre se refere?

– Difícil de explicar sem cair no jargão comunicólogo, etc. Limito-me a dizer que perdi, sim, a minha fé literária.

– Então desistiu de escrever?

– Não desisti, não. Nem consigo desistir. Pode ser até que nunca mais escreva. Mas serei sempre um escritor. Um escritor *défroqué*.

[OS CAMINHOS DA PROVIDÊNCIA]*

A academia aconteceu. Não foi programada. Mais ou menos como tudo que vou experimentando, ao longo da minha já longa experiência, deixei a vida acontecer. Morto Elmano Cardim[1] meu nome surgiu entre os possíveis sucessores do antigo diretor do *Jornal do Commercio*. Recebi com surpresa a notícia. Acompanhei com ceticismo a "campanha". Minha mulher foi operada logo depois e a cirurgia reclamava um período longo de adaptação. Esta circunstância e outras preocupações me fizeram praticamente esquecer a candi-

---

* Depoimento; assinatura datilografada: "Otto Lara Resende"; datiloscrito original, fita preta; rasuras a caneta hidrográfica azul; uma folha; escrita ocupando a frente; papel sulfite amarelecido; 29,3 x 20,2 cm; marcas de oxidação; borda inferior esquerda recortada. Nota de terceiros (secretária de OLR): "Estado de Minas/ 1º/10/79". Nota OLR, a caneta hidrográfica azul, encimando o texto: "TEXTO DE OTTO LARA RESENDE". O jornal *Estado de Minas*, de Belo Horizonte, em 2 de outubro de 1979 traz uma página especial com o título "Otto Lara Resende, um mineiro universal", na qual aparece este texto de OLR ao lado de reportagem sobre a posse do novo acadêmico e de depoimentos de Geraldo Magalhães, Francisco Iglésias, João Etienne Filho, Fernando Sabino e Hélio Pellegrino sobre o amigo.

1. Elmano Cardim, em 1970, se tornara membro da Academia Brasileira de Letras. No "Elogio de Elmano Cardim", discurso de posse, OLR relata: "O *Jornal do Commercio* foi dos poucos jornais por que não passei, em minha já longa trajetória profissional. Talvez por isto pudesse machadianamente dizer que conheci Cardim de vista e de chapéu. Na verdade, conheci-o de longa data e muitas vezes nos falamos, em encontros de rua, no acaso do cotidiano. Nossa prática mais longa deu-se, porém, em Lisboa. Ciente de que, como ele, eu não conseguia desprender-me do vício de ler jornais, Cardim vinha à tarde procurar-me para saber das novidades e tomar conhecimento do que acontecia deste lado do Atlântico. No seu jeito macio, civilizado, sentava-se às vezes ao lado da minha mesa e me pedia que o esquecesse, enquanto mergulhava na ruma dos jornais e revistas que eu lhe passava. Já afastado da direção do *Jornal* e distante do Brasil, em viagem de recreio, queria tudo saber sobre a pátria atribulada, vítima crônica de crise aguda. Sua atitude acolhedora, sua palavra prudente, sua larga experiência, tudo nos convidava a segurá-lo para um dedo de prosa. Moderado, mas firme, ou moderado porque firme, sabia divergir com civilidade, a ponto de cativar o interlocutor que dele dissentisse".

datura à cadeira 39[2]. De repente, apareceu Ariano Suassuna[3] candidato. Respirei aliviado. Eu podia desistir em nome dele, ou até perder a eleição, se fosse até o fim. Mas o Suassuna, instado por amigos comuns, retirou primeiro o nome dele do "páreo". Fiquei sozinho de novo. Até que surgiu o professor Djacir Menezes[4], homem de obra vasta, com serviços prestados no campo da cultura, principalmente universitária. Caminhamos juntos, sem azedume ou competição, até o dia da contagem dos votos. Meu nome teve maioria. Fiquei um tanto encabulado e, por que não dizer?, satisfeito. Satisfeito também, ou sobretudo, por ver a alegria dos amigos, de tanta gente que empresta sentido a um pleito assim. A academia existe. É uma instituição com peso específico. Seu convencionalismo me pesa bastante, mas na opinião pública esse "mito", pude verificar, dá-lhe repercussão e acentua a sua existência. Questão de prestígio (se me permitem esta palavra abominável). Eleito, começou então o meu pesadelo – fardão, discurso, etc. Agora, está tudo prestes a acabar. O presidente Austregésilo de Athayde[5], parte fundamental em tudo que diz respeito à academia, comandou toda a operação da posse[6]. Pôs e dispôs. Obedeço e marcho, dócil, para o que se considera "consagração". Digamos que são os caminhos da Providência e que fui

2. A cadeira vaga, desde 19 de fevereiro de 1979, com a morte de Elmano Cardim fora inaugurada por Oliveira Lima, tendo como patrono Francisco Adolfo Varnhagen, visconde de Porto Seguro.

3. Na Biblioteca OLR há dois livros de Ariano Suassuna, *Auto da Compadecida* (Rio de Janeiro: Agir, 1957) e *Romance d'A Pedra do Reino e o príncipe do sangue do Vai-e-volta* (Rio de Janeiro: José Olympio, 1971), com a dedicatória: "Para Otto Lara de Rezende/ cordialmente/ Ariano Suassuna/ Rio, 1.IX.71".

4. Djacir Menezes recebeu 13 votos, contra os 24 de Otto Lara Resende, na disputa da cadeira 39 da Academia Brasileira de Letras. O escrutínio, ocorrido no Rio de Janeiro em 3 de julho de 1979, contou também com duas abstenções.

5. Austregésilo de Athayde está presente no Arquivo OLR em 14 artigos publicados em diversos periódicos e em um ofício datado: Rio de Janeiro, 13 de agosto de 1992, da Academia Brasileira de Letras, da qual era presidente, convidando OLR para a cerimônia da entrega do Prêmio Internacional de Literatura Neustadt a João Cabral de Melo Neto.

6. Em 1º de outubro de 1979 ocorre a cerimônia da posse: Francisco Assis Barbosa coloca o colar, Alceu Amoroso Lima oferece a espada, fazendo a saudação ao novo acadêmico, e a filha caçula de Otto Lara Resende, Helena Cristina, de 11 anos, entrega a ele o diploma de acadêmico.

chamado sabe-se lá por quê. Que tudo se faça segundo o melhor. E que, incapaz de melhorar a academia, ao menos eu não piore. Dou-me assim por contente e agradeço aos que me honraram com a láurea. Afinal, o sentido é este, não é?, de uma láurea, de homenagem. A mim me compete dizer, sincero: obrigado.

*[JORNAL DO BRASIL]**

Quando Cipião Martins[1] me falou na hipótese deste meu depoimento, minha primeira reação foi fugir. Ando pouco disposto a descer às galerias do passado, numa arqueologia que, por menos dolorosa ou emocional que seja, sempre desarruma a gente por dentro. E depois toma tempo para arrumar de novo.

Cheguei atrasado ao *JB*, quando já tinha passado o primeiro momento da festa da reformulação, desde o *SDJB*[2] até a motivação da equipe coesa na busca de novos caminhos. E cheguei tarde por culpa minha.

Na minha geração, o jornalismo, muito menos profissionalizado do que veio a ser em seguida, guardava a velha reminiscência de bico, ou de segunda profissão, sujeita a toda sorte de instabilidade. Emprego é que não faltava, até porque os jornais eram numerosos. Mudar de jornal era quase um esporte e freqüentemente uma alegria.

Num remoto dezembro eu tinha saído da *Manchete* e Odylo[3] me chamou para conversar sobre a perspectiva de reformar o *JB*. Fomos à condessa[4], que ele já conhecia, e ao

---

* Depoimento; data atestada como anterior a 1991, levando-se em conta os preparativos para a comemoração do centenário do *JB*; sem assinatura; datiloscrito original, fita preta; duas folhas; escrita ocupando a frente da primeira e quatro linhas da segunda; papel branco amarelecido; folha 1: 22,8 x 21,6 cm e folha 2: 22,9 x 20,1 cm; rasuras a máquina.

1. Em "Correspondência passiva", encontra-se uma carta de Cipião Martins Pereira a Otto Lara Resende datada de 6 de agosto de [1991].

2. Suplemento Dominical do *Jornal do Brasil*.

3. Trata-se de Odylo Costa Filho.

4. A condessa Pereira Carneiro, nascida Maurina Dunshee de Abranches, assumiu o comando do *Jornal do Brasil* em 1954, após a morte do marido. Formou uma equipe que contou com Otto Lara Resende no período que

Brito[5], que aquecia os motores na rádio. A proposta que fascinava o Odylo era fazer um jornal que mexesse nos nervos da cidade e até do país. Era preciso levar o pessoal do Jockey Club a comentar o jornal na hora do almoço, como dizia a condessa.

Poucos dias antes, em Copacabana, num sábado à noite, eu tinha ido encontrar o meu amigo Mozart Janot Júnior e ele, ao saber que eu iria em pouco examinar a perspectiva de um novo emprego, me perguntou por que é que não ia substituir o nosso comum amigo Murilo Mendes como professor de Estudos Brasileiros no Benelux. A conversa me pareceu utópica, mas no dia 4 de janeiro seguinte eu assinava no Itamaraty um contrato que ia me levar a Bruxelas por três anos, na Divisão Cultural, dirigida pelo futuro embaixador J. O. de Meira Penna.

Em Bruxelas, tendo a companhia de Lucy Teixeira, acompanhei a zorra festiva da reformulação do *JB*. Tinha aqui deixado um livrinho recém-saído e levei tanto pau que o bom Odylo se sentiu no dever de me reabilitar numa crônica intitulada "Otto, o bom". Em 1958, tive ocasião de rever a condessa em Bruxelas e, se não estou fantasiando, me coube o privilégio de apresentá-la a Assis Chateaubriand[6], então embaixador em Londres.

---

vai de maio de 1965 a dezembro de 1973, parte desse tempo como diretor. Na série "Matéria extraída de publicações" há vários textos sobre a condessa, entre os quais o de Carlos Drummond de Andrade, "Um ano sem a condessa". Na subsérie "Manuscritos de outros autores" há um projeto de livro sobre a condessa, cuja iconografia, em cópias xerox de várias fotos, registra momentos importantes da História do país, como a inauguração de Brasília, em que ela aparece em destaque.

5. Trata-se de Manuel Francisco do Nascimento Brito. O depoimento de Bernard da Costa Campos, "O papel do homem mau", publicado no *Jornal do Brasil*, exalta Manuel Francisco do Nascimento Brito como o grande responsável pela reestruturação do periódico: "Lembro-me bem do famoso encontro que o doutor Nascimento Brito, o doutor Celso de Souza e Silva e eu tivemos com o general Costa e Silva, dez dias depois da Revolução de 64, durante 1 hora e 15 minutos. O general, então ministro da Guerra, reclamou do doutor Brito, [...] que o *Jornal do Brasil* o criticava muito e criticava o governo também. O doutor Nascimento Brito ponderava que a crítica era construtiva, mas Costa e Silva respondeu bem-humorado: 'Doutor Brito, eu não quero crítica construtiva, eu quero elogio" (V. série "Matéria extraída de publicações").

6. Assis Chateaubriand e a condessa Pereira Carneiro possivelmente não chegaram a se conhecer antes, já que Chateaubriand rompeu relações com o conde Pereira Carneiro em 1922 por ter discordado do apoio dado pelo conde à candidatura de Nilo Peçanha em oposição a Artur Bernardes. No Arquivo OLR, na série "Matéria extraída

Como não podia deixar de ser, a conversa enveredou pelo passado e pelo futuro, com uma pausa dançante sob o olhar de Hugo Gouthier.

De volta ao Brasil e ao Rio, eu tinha muitos motivos e contatos que me levaram ao *JB* – Bernard Campos[7], Celso Souza e Silva[8], Nascimento Brito e depois Lywal Salles[9]. Mas foi Alberto Dines[10] que me deu o empurrão que me jogou de novo na estiva da redação. Eu me integrei sem estranheza de parte a parte na rotina do jornal. A reunião da tarde[11]

---

de publicações", há dois textos de Assis Chateaubriand publicados no *Jornal do Brasil*. Na biblioteca, o exemplar de *Atuação parlamentar: senador Assis Chateaubriand* (Brasília: Senado Federal/Fundação Assis Chateaubriand, 1989) traz a nota de Otto Lara Resende a caneta hidrográfica azul à p. 416: "Vergonhosamente mal/ editado, mal impresso/ e mal revisto! Bom e-/xemplo, este livro, da in-/competência boçal de/ certos brasileiros.../ Rio, 28.VII.90".

7. Na subsérie "Correspondência passiva" estão cinco cartas de Bernard da Costa Campos, ex-diretor do *Jornal do Brasil*, datadas do final da década de 1960, uma carta coletiva e um telegrama assinado por ele e outros jornalistas do *JB*; na subsérie "Correspondência ativa" há uma carta de OLR a Bernard da Costa Campos datada de 30 de novembro de 1973. Na subsérie "Manuscritos de outros autores", integrando a iconografia do projeto de livro sobre a condessa Pereira Carneiro, ele aparece ao lado da condessa e de Manuel Francisco do Nascimento Brito em cópias xerox de fotos.

8. Celso Souza e Silva, diretor do *Jornal do Brasil* ao lado de Nascimento Brito na década de 1960, conta no depoimento sobre o periódico, "Quatro anos de um centenário": "Informados como estávamos da apreensiva vigilância com que o Governo norte-americano acompanhava os acontecimentos, interessava-nos apurar que reações teria caso outro tipo de regime se instalasse no país. Parti em viagem de 24 horas a Washington a fim de avistar-me com o Secretário de Estado Assistente Thomas Mann, [...]. Era o dia 13 de março de 1964, data do comício na Central do Brasil, o último em que João Goulart deitaria falação. Ouvi então do meu interlocutor, com a autoridade de quem, no espaço de duas horas, havia sido chamado por duas vezes ao telefone pessoalmente pelo Presidente Johnson, a afirmação categórica: se o Poder, em qualquer país ou em qualquer lugar da América Latina, for assumido por comunistas os Estados Unidos não hesitarão um instante em despachar forças militares para derrotá-lo" (V. também na série "Matéria extraída de publicações" o outro depoimento dele, "Dias idos – penosos e saudosos"). Na série "Correspondência" há três cartas de Celso Souza e Silva da década de 1980.

9. Lywal Salles assina um telegrama coletivo, datado de 30 de abril de 1968, em que os companheiros de Otto Lara Resende do *Jornal do Brasil* o cumprimentam pelo aniversário (V. subsérie "Correspondência passiva").

10. Na subsérie "Correspondência passiva" há 65 cartas de Dines para Otto datadas desde o início da década de 1970; em "Correspondência ativa" estão três cartas endereçadas a Dines; e na "de terceiros" há duas cartas de outros remetentes dirigidas a Dines. Na série "Matéria extraída de publicações" há 16 textos de Alberto Dines, a maioria publicada na *Folha de S. Paulo*, além de uma entrevista que deu para Ziraldo (*O Pasquim*. Rio de Janeiro, 21.7.77).

11. Sobre as reuniões à tarde no *Jornal do Brasil*, Celso Souza e Silva lembra em seu depoimento "Dias idos – penosos e saudosos": "Diariamente, às cinco horas da tarde, [a condessa Pereira Carneiro] atravessava o salão de

contava com uma alegre companhia – Callado[12], Wilson Figueiredo[13], Hélio Pólvora[14], João Paulo Almeida Magalhães[15], Dines, L. A. Bahia[16], Lan[17]...

---

espera que separava o meu gabinete do seu, e passávamos em revista os acontecimentos do dia, em torno da mesa do chá, e aguardávamos Maneco [Nascimento Brito] para acertar as posições do jornal face aos acontecimentos mais relevantes, para, em seguida, reunirmo-nos com a equipe editorialista, talvez das mais brilhantes que a imprensa brasileira tenha tido. Como esquecê-los? Luiz Alberto Bahia, Hermano Alves, Antonio Callado, Otto Lara Resende, Mário Martins, Wilson Figueiredo, Pedro Gomes, Omer Mont'Alegre e outros, que se revezavam e aos quais vinha juntar-se às vezes Carlos Castello Branco, especialmente convocado de Brasília quando a situação parecia mais crítica, e Heráclito Salles, responsável infalível da coluna 'Coisas da política'" (V. série "Matéria extraída de publicações").

12. Trata-se de Antonio Callado. Na Biblioteca OLR há vários romances do escritor com dedicatória, dentre os quais destacamos: *Assunção de Salviano* (Rio de Janeiro: José Olympio, 1954): "Para Otto Lara Resende/ com a admiração e amizade/ do seu/ Antonio Callado/ Rio 25/3/1954"; *Quarup* (Rio de Janeiro: Civilização Brasileira, 1967): "Ao Oto, para que leia devagar e/ assim não vá para Lisboa. Não se/ privam tantos amigos do seu/ braço direito./ Com o grande abraço/ do Callado/ 20/6/67".

13. A amizade que unia Otto e Figueiró (Wilson de Figueiredo) durou meio século, até a morte de OLR. No Arquivo OLR encontra-se um conjunto de 40 cartas desse período (V. subsérie "Correspondência passiva"); na subsérie "Correspondência de terceiros" há duas cartas de Autran Dourado a Figueiró, datadas do início da década de 1990. Na Biblioteca OLR estão três livros de Wilson de Figueiredo, publicados em Belo Horizonte pela Editora Edifício, todos com dedicatória: *Mecânica do azul* (1946, capa de Roberto Burle Marx): "A Otto Lara Resende,/ com o velho e amigo abraço,/ oferece/ Wilson de Figueiredo/ BH 11/46"; *O amante* (1947): "A Otto de Lara Resende/ a simpatia intelectual/ de/ Wilson Augusto de/ Figueiredo/ BH – setembro 47"; *Poemas narrativos* (1948, dois exemplares): "Ao Otto,/ às 3,15 do dia (madrugada)/ de 5 – digo cinco menos/ de, de (agora) 1949,/ esqueci o mês: janeiro./ Portanto: 5/1/49, às/ 3,17 da madrugada,/ após vergonhosa derrota/ de sinuca pt. Abraço/ mais que perfeito, do/ Figueiró/ À testa: Paulo [Mendes Campos]"; o segundo exemplar: "Ao velho Otto,/ o velhíssimo/ Figueiró/ BH: 5/1/49".

14. Na Biblioteca OLR estão três livros de Hélio Pólvora – *Massacre no km 13* (Rio de Janeiro: Antares, 1980), *O grito da perdiz* (São Paulo: LR Editores, 1982), *Mar de Azov* (São Paulo: Melhoramentos, 1986) – e uma tradução feita por ele de *Faulkner*, de Monique Nathan (Rio de Janeiro: José Olympio, 1991).

15. João Paulo Almeida Magalhães também assina o telegrama coletivo destinado a OLR, datado de 30 de abril de 1968, em que ele e seus companheiros do *Jornal do Brasil* o cumprimentam pelo aniversário (V. subsérie "Correspondência passiva"). Encontra-se também na série "Correspondência" um telegrama de condolências à família pela morte de Otto.

16. Trata-se de Luiz Alberto Bahia. No já citado "Quatro anos de um centenário", de Celso Souza e Silva: "Nosso mais ferrenho editorialista antijanguista, Luiz Alberto Bahia, teve que se abrigar por três dias na minha casa porque os 'vitoriosos revolucionários' exigiam-lhe a cabeça". Na subsérie "Correspondência passiva" há uma carta dele

em que agradece o comparecimento de OLR ao lançamento de livro de sua autoria. Na Biblioteca OLR encontra-se *Um jornal assassinado: a última batalha do* Correio da Manhã, de Jeferson de Andrade, que traz um depoimento de Luiz Alberto Bahia sobre o diário e a imprensa brasileira em geral (pp. 102-110).

17. Lan, Lanfranco Vaselli, era responsável pelas charges políticas do *JB* desde 1963. No depoimento "Uma tradição de 100 anos" relata que em 1970, "depois de uma licença médica – o médico chegou a me perguntar se queria morrer ou continuar fazendo *gracinhas* diárias no jornal –, voltei, mas pleiteando um revezamento com outro desenhista. Alberto Dines deixou a escolha a meu cargo, considerando o espaço de minha exclusiva responsabilidade. O inesquecível Henfil, chegado fresquinho de Belo Horizonte, extrapolava no *Jornal dos Sports* com charges de futebol. Eu o escolhi, influenciado por seu humor direto e sua origem mineira. Mas a *mão mineira*, que tantas vezes ouvi o Dr. Brito recomendar ao Otto Lara Resende, quando se tratava de um editorial polêmico, no caso do Henfil não funcionou. O homem não era fácil. Tinha dias que enviava até cinco charges e as cinco esbarravam na censura, que não era do jornal e sim dos censores do governo, com os quais éramos obrigados a conviver diariamente" (V. série "Matéria extraída de publicações"). Lan também assina o telegrama coletivo, datado de 30 de abril de 1968, em que os companheiros de OLR do *JB* o cumprimentam pelo aniversário (V. subsérie "Correspondência passiva").

[NO JORNAL É MELHOR ERRAR DEPRESSA DO QUE ACERTAR DEVAGAR...]*

Mudei muito; instabilidade da profissão (bico). Mercado fácil. Não pedia emprego. Entrava e saía. Duas vezes saí sem querer.

A festa: coesão. Empurrão do Dines[1]. Operar no invisível. "Sou pago para escrever". Tentação da arrogância e da prepotência – o jornalista precisa não só de amor à verdade, mas também de humildade (sobretudo?)

O que parece importante e o tempo apaga. A vida imolada ao instante que passa, ao efêmero. Dirão que a vida é assim, todas. Mas o tempo no jornal está modulado dia a dia, hora a hora. O contingente, esse pacto com a dama da frivolidade – cheguei a dizer, quase convicto, que no jornal é melhor errar depressa do que acertar devagar... *Boutade*? A experiência é vapor de nada, escória dos acontecimentos, cisco das horas que o tempo varre.

Incompreensões, atritos, a briga profissional, em que é preciso não engajar a emoção – não vale; e não implica julgamento.

1957 – rádio e TV.

---

* Nota sem data; sem assinatura; manuscrito a caneta hidrográfica, tinta preta; uma folha, escrita ocupando a frente; papel branco; 10,9 x 17,2 cm; borda inferior recortada.

1. Trata-se do jornalista Alberto Dines.

[É POSSÍVEL QUE TUDO AQUILO EM QUE EU CREIO SEJA MENTIRA]*

É possível que tudo aquilo em que eu creio seja mentira. É possível.

Emocional/culturalmente, estou mais próximo do meu avô do que dos meus filhos.

Moro numa casa, construída com bastante espaço e muito esforço. Palacete é linguagem de reportagem policial.

Gosto de padres de batina, por hábito. É como se anu ficasse branco de repente.

Não reconheço autoridade em quem, por ter feito operação plástica, ou por ter subido à passarela, para doutrinar sobre tudo.

Direito ao silêncio, à solidão, à intimidade. A máquina da publicidade devassa tudo; exige *hara-kiri* público. Por mais que o homem conte de si mesmo, ele é sobretudo o seu insondável segredo. Como a reserva de ar pulmonar, que não se expira.

Sou um especialista em idéias gerais.

Não creio em soluções políticas, mas desejo uma sociedade livre. Politicamente, sou da linha paranóica: tudo em grande, para errar ou acertar.

Um homem deve ter ambições modestas e humildes – entender-se com os mais próximos, varrer a sua porta. Um homem deve pôr os seus objetivos no mais alto. Ambos são verdade.

---

* Nota sem data; sem assinatura; autógrafo a caneta esferográfica, tinta azul; uma folha, escrita ocupando o verso de bilhete: "Otto:/ Amanhã é o seu plantão./ Dejair", em papel branco, timbrado; letras verdes: "JB/ CORRESPONDÊNCIA INTERNA".

Em Montparnasse, no café La Coupole (Paris, 1972). Foto de Alécio de Andrade

A CRIAÇÃO

Segurando a foto de Clarice Lispector, de Alair Gomes, com dedicatória do fotógrafo a Otto datada de dezembro de 1987 (Rio, 1989). Foto de Claire Varin

RESPOSTA A UMA PERGUNTA DE PMC: "QUAL A SUA MAIOR AMBIÇÃO LITERÁRIA?"*

Tenho tido muitos projetos literários. Algumas coisas comecei a escrever; outras concluí mal; muitas jamais iniciei. Tenho um vasto cemitério literário, de onde pode ser que muitos mortos ainda ressuscitem[1]. Como realização, não há meu um só epigrama que preste. Outro dia fiz 28 anos. É tempo de deixar de ser um *jovem escritor*, para ser um *escritor*. A paixão (ou vocação) literária em mim continua intacta; eis um ponto contra o qual o tempo nada tem podido. Olho para trás e não vejo rastros de uma obra. Encontro apenas um homem, dilacerado pelas mesmas contradições: não consegui me assassinar. É prova bastante da permanência do escritor em mim (a literatura como exigência de um ser que pretende, *hélas*, uma certa singularidade, extraindo de suas fraquezas a sua força). Minha maior ambição literária? Não sou poeta, apesar de um lodo lírico que tenho procurado escoar, com insistência, por dezenas de poemas em prosa. Dos gêneros literários, é a ficção – conto, novela, romance – o que mais me seduz e, portanto, o que mais persigo[2]. Por enquanto, meus personagens têm se embaraçado demais em mim, meu maior inimigo

* Entrevista a Paulo Mendes Campos; datada: "Rio, 14.V.1950"; sem assinatura; datiloscrito original, fita preta; uma folha; escrita ocupando a frente; papel branco, filigrana; 32,5 x 21,8 cm; marcas de oxidação; rasgamentos nas bordas direita e esquerda.

1. A subsérie "Manuscritos Otto Lara Resende" é formada por rascunhos, esboços, planos, além de versões completas de textos. Otto utiliza essa imagem em seu texto sobre Rosário Fusco, "Poeira sonâmbula", um dos perfis incluídos no livro *O príncipe e o sabiá*, *op. cit.*: "Há tempos, remexendo o meu cemitério de papéis, mais confuso e inescalável do que o cemitério de automóveis nos Estados Unidos, dei de cara com o Rosário" (p. 117).

2. De fato, o escritor privilegiou a prosa. Na subsérie "Manuscritos Otto Lara Resende" praticamente não constam poemas. As crônicas, porém, são marcadas pela poeticidade.

literário. Poderia esquecer-me para entregar-me a certos malabarismos gráceis. Há que dar, todavia, um testemunho e não vale a pena escrever se o que escrevemos não circulou antes no nosso sangue. É difícil dizer quais são as minhas ambições literárias, ou a minha maior ambição; eu daria apenas títulos, ou rótulos. Pode ser que eu nada consiga literariamente, e morrerei sufocado. Pois minha mais alta ambição é então não morrer dessa asfixia.

Rio, 14 de maio, 1950

[RECEITA DE UM ESCRITOR]*

Você me pergunta, meu jovem amigo, o que, a meu ver, é preciso para ser escritor. Reconheço que não tenho razões ou títulos para me arvorar a mestre, mas, em todo caso, me disponho a lhe dizer o que geralmente se costuma exigir de uma pessoa que se dedica ao ofício de escrever. Antes de tudo, será necessário conhecer muito bem a língua que você vai usar. Não se concebe um oficial que não conheça, em toda a sua intimidade, o instrumento de seu ofício. Assim, nunca se admitiria um escritor brasileiro que não soubesse o seu tanto de Língua Portuguesa. Só aí, há todo um vasto campo para ser explorado – e muitas horas poderão ser consumidas nesse aprendizado. Conhecer a língua, e sobretudo manejá-la com encanto e altivez, não dispensa, é óbvio, o trato dos clássicos. Comece, pois, assim que tenha desbastado os mistérios da Gramática, da Semântica, da Lingüística e ciências afins, a manipular, com mão diurna e noturna, todos os clássicos de nossa Língua, que foi a de Camões. Por falar, não se dispensa um minucioso conhecimento da obra e do processo camonianos. Os cronistas, depois dos fundadores, e evidentemente dos precursores, tudo são leituras indispensáveis, até chegar os nossos dias. Aqui, você terá de adaptar os seus já minudentes e bastos conhecimentos da "flor do Lácio, inculta e bela" à não menos inculta língua falada (e escrita) no Brasil.

Qualidades: observação (ex. de descrição), acuidade, etc.
Método de trabalho pertinaz
Originalidade[1]

* Nota sem data; sem assinatura; datiloscrito original, fita preta; acréscimos a caneta esferográfica azul; uma folha; escrita ocupando a frente; papel-jornal; 33,1 x 21,8 cm; borda inferior irregular; rasgamentos em todas as bordas.

1. Trecho manuscrito adicional.

Entomologia, Botânica, Ornitologia, Ciências Sociais, Filosofia, gregos, latinos, americanos, alemães, franceses, ingleses, italianos[2], Shakespeare[3], Cervantes[4], Dante[5], etc. etc.

Se você me perguntar se me dei a todo esse trabalho, digo-lhe que não, mas, por favor, não espalhe.

---

2. Na Biblioteca OLR estão presentes obras de praticamente todas as áreas citadas.

3. A Biblioteca OLR possui 32 obras de William Shakespeare, inclusive a coleção completa *The plays of William Shakespeare* (encadernação em couro), e uma sobre o bardo.

4. A Biblioteca OLR tem duas obras de Miguel de Cervantes e três sobre o escritor espanhol.

5. Na biblioteca de Otto estão cinco obras de Dante Alighieri e uma sobre o poeta italiano.

[GÊNESE DE *O BRAÇO DIREITO*]*

19 de março de 1957

São 9 horas da noite. Acabo de jantar. De repente, vem-me, inteiramente de graça, a idéia de um romance que vou escrever, tenho absoluta certeza de que vou escrever. Inspiração autêntica, encontro de uma realidade que já estava dentro de mim e que agora, de súbito, se descolou, inteirinha, desabando para o mundo do meu consciente todo um assunto, toda a estrutura de um livro. Vem-me até a sugestão do título: *Os asilados*[1]. História de 12 meninos que vivem num asilo (paisagem, geografia, casa, luz, ambiente em suma do Asilo São Francisco de São João del Rei, que conheci de perto e que visitei recentemente, em fevereiro último). Cabeças raspadas. Uniforme de zuarte. Calças no meio da canela. Os vários tipos: Arquimedes, Nolasco, Joaquim Rosa... O preto, o gordinho e efeminado, o valentão, o sujo, sempre encatarrado, o habilidoso, marceneiro, fazedor de papagaios, o oligofrênico que vive entre bichos – Laurindo –, o espertalhão que ganha dinheiro, etc. O regente é um tipo puxado ao Gilaberte (com a cena do juramento diante do crucifixo, dentro do biombo do dormitório, por causa do namoro; as preferências por uns, contra os outros, o jeito gorduroso, de mãos brancas de sebo cruzadas abaixo da barriga, o terno branco, a barba bem-feita). A luz no dormitório, a capela, as aulas, as empregadas. O romance, dentro de todo este ambiente, é a introdução, nesse mundo, do crime

* Nota datada: "19 de março de 1957"; assinatura datilografada: "Otto Lara Resende"; datiloscrito original, fita preta; uma folha; escrita ocupando a frente; papel branco; 27,6 x 18,6 cm; rasgamentos na borda inferior; canto inferior esquerdo roído por inseto.

1. No Arquivo OLR não há manuscritos sob esse título. Esta nota vale como primeiro momento conhecido de *O braço direito*: o escritor levanta personagens e elementos para a trama.

do Bine[2], com todos os pormenores que minha imaginação guarda (ou inventou?), sendo o Aurélio um benfeitor do asilo de quem, há poucos dias, se tinha inaugurado o retrato na sala de honra. O Aurélio, não; o Bine é que é o benfeitor. O enterro, a corrente de ouro, o medo dos meninos.

Desculpem, meus amigos e inimigos, mas vou insistir no tema dos meninos. E esses que vêm aí são de amargar...

---

2. Em resposta a Edla van Steen, OLR esclarece a menção a este crime: "Depois de vários anos ausente, fui uma vez a São João del Rei e lá encontrei-me com um colega de ginásio. Conversamos sobre coisas do passado e de repente me interessei por um crime que houve na cidade, quando éramos meninos, ele e eu. Fomos até o Fórum ver os autos. Fiquei sabendo de uns pormenores que até então desconhecia. Voltei para o Rio, esqueci o crime e o mais. Uma noite, acordei com um empurrão para a mesa no escritório. Veio-me a compulsão de anotar a idéia para uma história, precisamente um romance. Me lembro que aquele primeiro impulso caiu dentro de mim como uma barreira que desaba. Senti que ia escrever. A vida continuou. Em Bruxelas, num fim de semana, sozinho, entregue às baratas, encontrei a anotação que mantinha um vínculo com o tal crime em Minas" (V. p. 104).

[*GHOST-WRITER*]*

Escrever para os outros é um ato de humildade. É muito humilde o ato de escrever para outra pessoa. Só quem se despoja de si mesmo, do que talvez não seja o melhor de si mesmo, mas é positivamente o mais irredutível de si mesmo, o mais si mesmo, só quem abre mão do que é ele dentro dele, só quem deixa esquecido a si mesmo no fundo de si, só esse é que consegue escrever para o outro. Escrever é sempre um ato de amor, mas escrever para os outros é mais do que um ato de amor, é a suprema humildade.

O que é redutível ao outro. O que é pior em nós é isso, o que há em mim de habilidade, de *técnica*, de capacidade de não ser eu mesmo, irredutivelmente eu mesmo, e que por isso posso empregar em favor do outro, escrevendo como se não fosse eu.

Quem lhe pedia para escrever entendia, ainda que sem o dizer, que o distinguia, que o honrava com essa escolha. Mas na verdade o ultrajava, o diminuía. Era como se ele, o outro que lhe encomendava o texto, tivesse tanta certeza de que ele não existia que até podia meter-se lá dentro dele e impor-se ele como se fosse ele. Aparelho, como se diz em linguagem de médium, para receber os espíritos. Não será um mau caráter? Uma falta de caráter, na falta o outro se intromete e ocupa o espaço vazio e exige expressão que não é a de quem escreve, de quem se exprime. Não há nada mais humilde e ultrajante do que

---

* Nota datada: "17.VII.65"; sem assinatura; datiloscrito original, fita preta; uma folha; escrita ocupando a frente; papel kraft; 32,8 x 22,0 cm; rasgamentos nas bordas esquerda e direita. Otto Lara Resende trabalhou como *ghost-writer* em várias ocasiões. Na TV Globo escrevia textos para Roberto Marinho. Benicio Medeiros relata em *A poeira da glória* (*op. cit.*) que Otto foi chamado para escrever uma réplica a uma crítica contundente. No entanto, o autor dessa crítica era o próprio Otto. Ou seja, foi escalado para responder aos próprios ataques. No Arquivo OLR encontra-se, por exemplo, um discurso encomendado por João Araújo, presidente da Som Livre.

escrever para os outros. O médium recebe o espírito (*ghost*), o *ghost-writer* está por trás do que aparenta.

E ele me disse que eu escrevo como quem mija. Foi o que ele disse. Como quem mija. Podia ter dito: você escreve como quem urina. Ou você, para você escrever é como urinar. Mas o que disse foi: para você escrever é como mijar. Claro, esse homem desconhece os rins, o obscuro trabalho dos rins, e de todo o organismo, até a urina. Esse homem julga pelo resultado e não vê o que está por trás do resultado. Esse homem não ama os rins. Esse homem não tem apreço, sobretudo não quer ter apreço pelo trabalho alheio. Ele se dispensa de me ser grato, ou de me admirar, desde o momento em que se convence de que não trabalho, não faço esforço para escrever. O que ele quis dizer é que mijar e escrever são atos que não custam nada, que são espontâneos e fatais como a função para o órgão a que esse mesmo órgão está destinado. E assim ele desrespeita o que escreve e se desobriga de qualquer ônus para quem escreve para ele. Desvaloriza o trabalho do outro. Anula-o, esquece-o. E é como se dissesse: eu sou melhor do que você, porque eu não sei escrever como você, escrever para mim não é mijar. Você não vale nada, então venha ficar aqui no meu porão e venha mijar, isto é, venha escrever para mim. Venha alumiar a minha candeia, esconda-se aí, que você não vale nada, mas me dê aqui a sua chama, a sua centelha espontânea, tudo isso com que você não sabe o que fazer, me dê que eu sou um grande homem e sei o que fazer do que em você não é talento, nem custa esforço. Escreva para mim, seja contente de emprestar o que em você não vale nada para um homem que sabe como aproveitar isso que só não é talento porque está em você e não em mim, grande homem que te contrato para escrever para mim.

17 de julho de 1965

[PAPEL E MÁQUINA DE ESCREVER]*

Rio, 1º de maio de 1987. Nunca pensei que alcançasse um dia data tão adiantada. Para quem nasceu em São João del Rei, ou melhor, São João d'El Rey, como se escrevia o nome da minha cidade naquele tempo, até que é preciso reconhecer que não está nada mau. Nasci a 1º de maio de 1922, às 4 e 10 da manhã, na rua do Matola, nº 9. A rua hoje se chama Padre Sacramento, se é que já não tem novo nome, homenagem a algum edil, ou qualquer benfeitor local. E eu nem sei quem foi o padre Sacramento! – posso exclamar, parodiando Mário de Andrade, quando poetava e morava na rua Lopes Chaves[1]. Neste momento, quando o Serviço de Meteorologia desde ontem prevê tempo chuvoso para hoje, faz um sol radioso. A manhã é limpa e azul. A temperatura, depois de um verão causticante e imundo, nem parece que é a desta mui desleal e pobre cidade do Rio de Janeiro, cujo patrono é São Sebastião, santo também de minha preferência, não por ser soldado, mas por ter sido flechado e morto. Aqui me encontro na rua Piratininga, 30, Gávea, a um passo de onde morou e morreu Vinicius de Moraes. Instalado no apartamento 202, que está transformado num pequeno e gracioso escritório, aqui estão comigo duas Helenas – Helena-mãe e Helena-filha, esta uma temerária motorista, com vocação de caminhoneira

* Nota datada: "Rio, 1º de maio de 1987"; sem assinatura; datiloscrito original, fita preta; uma folha; escrita ocupando a frente; papel branco, filigrana, timbrado: "OTTO LARA RESENDE"; 21,7 x 15,6 cm.

1. Menção à terceira estrofe de poema da *Lira paulistana*: "Na rua Aurora eu nasci/ Na aurora da minha vida/ E numa aurora cresci.// No largo do Paissandu/ Sonhei, foi luta renhida,/ Fiquei pobre e me vi nu.// Nesta rua Lopes Chaves/ Envelheço, e envergonhado/ Nem sei quem foi Lopes Chaves.// Mamãe! me dá essa lua,/ Ser esquecido e ignorado/ Como esses nomes da rua". No exemplar das *Poesias completas*, de Mário de Andrade, OLR destaca a caneta esferográfica preta essa estrofe.

e piloto de Fórmula 1. Escritório sem escritor, tenho papel e máquina de escrever. Tenho tempo e talvez tenha calma. Falta agora o livro de 222 laudas que vou começar a escrever neste iniciante mês de maio, sob a proteção de Maria e de Joaquim Maria. Amém.

[CONSERVE DA VIDA APENAS O ESSENCIAL]*

Estive pensando em todos os poetas e escritores que conheci ao longo da minha vida. Quem fez obra considerável (nada de eterno, permanente, coisa de que ninguém sabe, nem a posteridade), quem fez obra, digo, só a fez porque defendeu, com unhas e dentes, a sua própria disponibilidade. Quando adolescente, eu já sabia que, para me dedicar à minha paixão, eu devia renunciar ao mundo – à carreira, ao sucesso, ao dinheiro. Exatamente como na religião, no sentido estrito em que a palavra mundo (ou século) é empregada pelos teólogos e moralistas católicos. A leitura de Bernanos, Bloy e outros[1] – tudo me impunha essa escolha, na linha profética, que apenas implicava um lado do meu temperamento, do meu eu, e bastante da minha formação (por força do ambiente familiar, dos exemplos que vieram antes, da cultura em que nasci e de que cedo tive notícia). Ainda com os carvões acesos da adolescência, eu sabia o que queria e o que não queria. Li então Rilke. Conheci escritores e poetas, os da minha geração, amigos a que um mesmo ideal ateava fogo, e os da geração mais velha. O Mário[2], este chegava a dizer que para escrever, para se dar por inteiro às letras e ao estudo, à poesia, à criação, era preciso até não casar. O casamento para o escritor, o homem de letras, podia (pode) ser um entrave. Está nas suas

---

* Nota datada: "Rio, 23.8.87"; sem assinatura; datiloscrito original, fita preta; quatro folhas; escrita ocupando a frente; papel branco; folha 1: 12,5 x 14,6 cm; folha 2: 26,1 x 19,3 cm; folha 3: 26,1 x 20,6 cm; folha 4: 25,7 x 20,8 cm; bordas irregulares; marca de ferrugem de clipe; rasuras a máquina.

1. Na Biblioteca OLR, encontram-se 20 obras de ou sobre Georges Bernanos, 12 livros de Léon Bloy ou sobre ele e várias obras de Rainer Maria Rilke.

2. Mário de Andrade.

cartas, como estava na sua conversa. Octavio de Faria[3], por força de razões que não vêm ao caso, sustentava o mesmo – e a sua obra de romancista (como a anterior, de ensaísta e polemista) dizia o mesmo, trazia essa mesma selvagem mensagem. Murilo Mendes é outro que lutou pela sua liberdade, sem fazer fé na carreira, sem dar qualquer importância ao que pensassem dele. Tinha-se na conta de um poeta – e pronto. Todo o anedotário, verdadeiro ou não, do Murilo dizia e diz a mesma coisa. A tentativa de trabalhar num banco, a saída do banco, ele passando diante do banco e cumprimentando (tirava o chapéu) diante do cofre. A renúncia ao curso superior, à profissionalização. A ligação íntima com um cotidiano disponível, num horizonte de afetos e afinidades. A roda do Murilo – o Dante Milano[4], o Jayme Ovalle[5], o Evandro Pequeno, o Ismael Nery[6] (este é outro caso exemplar). No café da rua Araújo Porto Alegre com avenida Graça Aranha, na esquina próxima do Ministério da Educação, onde encontrava o CDA[7], e onde certa manhã encontrei o Murilo Mendes... Na verdade, encontramo-nos na rua e MM me levou ao café. Sentamo-nos, ele num tom alto, meio estratosférico, em estado de poesia, meio inspirado, solto, livre, e eu vermemente preso à redação d'*O Globo*, de onde tinha saído e para onde devia voltar. A conversa do Murilo me deliciava e me dava um imenso remorso – remorso de não cumprir o dever, de me esquivar à rotina, de não ter voltado, como me cumpria, ao jornal – e o superego pesan-

---

3. Na subsérie "Correspondência passiva" há oito cartas de Octavio de Faria, com datas-limite 1941 e 1979.

4. Dante Milano está presente na Biblioteca OLR em quatro livros; no arquivo, na subsérie "Correspondência passiva", há três cartas dele.

5. Jayme Ovalle, compositor nascido em Belém (PA), ainda adolescente mudou-se para o Rio de Janeiro, onde entrou em contato com Villa-Lobos, Luciano Gallet e outros músicos. As canções "Azulão" e "Modinha", ambas com letra de Manuel Bandeira, o tornaram famoso. Fundador da Academia Brasileira de Música, ocupante da cadeira nº 3.

6. Ismael Nery, pintor considerado pela crítica precursor do surrealismo no Brasil. Em 1918, matriculou-se na Escola Nacional de Belas-Artes, no Rio de Janeiro; rebelando-se contra o ensino acadêmico, abandona a instituição. Em 1921, viajou para a Europa, detendo-se especialmente na Itália e na França, freqüentando, em Paris, a Academia Julian. Novamente na Europa em 1927, conheceu as obras de Picasso, Miró e Chagall e encontrou-se com André Breton. No final de sua vida, trocou a pintura pela poesia.

7. Carlos Drummond de Andrade.

do, a formação disciplinar, a correção moral, tudo o que me tinha sido passado desde o leite materno. Eu, fascinado pela prosa do poeta, quase pedindo desculpas, murmurei que tinha de ir, que ia trabalhar... MM afinal pôs os olhos em mim, me deu atenção e, paternalmente, me perguntou se eu tinha certeza de que devia voltar ao jornal. Achei estranha aquela ênfase. Ele sentiu a minha dúvida e me sapecou este aforismo: "O., conserve da vida apenas o essencial". Eis a questão: *O Globo*, de que eu tinha um sagrado horror, era essencial ou não? O Edgar (Mata-Machado) me esperava, certamente não aprovaria nem concordaria com a minha ausência. Fatalizado pela presença do Murilo, um vadio que vadiou toda a vida, respondi que não. Não era essencial. E fui ficando no café. Esse encontro me custou uma crise no jornal e na vida. De outra feita, fundado no mesmo conselho do Murilo, fiquei pela rua e deixei na redação um paletó. Saí para tomar um caldo de cana na Galeria Cruzeiro e lá encontrei um grupo de conhecidos que me seduziram para flanar. Não voltei à redação. O paletó ficou na cadeira. Tempos depois, eu ia passando pela esquina da rua Barata Ribeiro com a rua Siqueira Campos, quando vi o Ricardo Marinho[8]. Tentei me esquivar, mas ele me viu e docemente me chamou, sorrindo. "Quando é que você vai buscar o seu paletó?" Como eu fugisse de uma resposta direta, ele despediu-se de mim assim: "Passe lá amanhã. Só para buscar o paletó. Nem que seja só para buscar o paletó". Assim voltei a trabalhar n'*O Globo*... Guimarães Rosa: este me concitava a me concentrar. Condense-se – dizia ele. Não se disperse. E me dizia, sério, os olhos sorridentes, que ninguém faz nada se se divide entre dois senhores. Já pensou Jesus Cristo trabalhando no jornal? Curioso é que, a certa altura, o Vasco Leitão da Cunha me chamou e me deu uma oportunidade de entrar para o Itamaraty, fazendo o concurso direto (já havia o Instituto Rio Branco). Como eu dissesse ao Vasco que eu não tinha o necessário preparo de tantas disciplinas, ele me ofereceu um posto na América Latina, como contratado do Itamaraty. Eu lá passaria um ano, estudaria o que fosse preciso, e depois faria concurso. Eu tinha nessa época 32 anos (ia fazê-los breve). O Vasco só faltou me garantir que eu passaria no concurso. "Você é bacharel em Direito", isto, segundo ele, bastava para as provas de Direito... Eu

8. Ricardo Marinho, um dos irmãos de Roberto Marinho, conviveu com OLR no jornal *O Globo*.

daria uma olhada nos livros, enquanto estivesse lá fora, num posto na América Latina, e voltaria para ingressar na carreira. "Você tem ainda a vantagem de não ser tão moço, tão verde, já tem experiência profissional. O Brasil precisa de diplomatas como você, com alguma experiência da vida e do Brasil." O Vasco me ofereceu três alternativas quanto ao país para onde me mandaria. Saí da conversa com ele e procurei o Rosa. Não estava. No dia seguinte, voltei ao Itamaraty e fui conversar com o Rosa. Um dos três países era a Bolívia, onde o Rosa tinha estado logo depois que voltou da Europa (quando foi internado em Baden-Baden, seu primeiro posto tinha sido Hamburgo). O Rosa começou a rir e me disse que ele não iria para nenhum dos postos, nenhum dos três, ainda que só conhecesse um deles – a Bolívia. Essa conversa foi decisiva para eu desistir do projeto que o Vasco me ofereceu e que, na verdade, não me seduzia muito. No Itamaraty eu via um abrigo contra a vida dispersiva, o vencimento tranqüilo, a solidão no exterior, mas via também, pelo que eu já sabia, alguns inconvenientes (tinha presentes inclusive os casos de escritores que, tendo ido viver no exterior, nada mais escreveram, como Aluísio de Azevedo[9]). Fora essa conversa, o Rosa nunca deixou de me pregar a vida de monge... escritor. Fizesse eu a minha própria pirâmide. Para fazê-la, porém, eu tinha de me isolar, de me defender ferozmente contra a vida do mundo, contra o século, contra a vida social, de que ele tinha um sagrado horror. Ele me viu colaborar com o JLML[10] no caso do Prêmio Walmap, em 1964. Entrou no júri por indicação minha e a meu pedido. Resistiu enquanto pôde. E só entrou quando convenci o Zé Luiz de que os jurados deviam ser pagos... O Rosa gostava de ganhar um dinheirinho, dizia ele, e o confessava sem pudor. Como saía pouco do Brasil, portanto não ganhava em dólares, e era separado, obrigado a dar pensão à primeira mulher, mãe de suas duas filhas, provavelmente precisava mesmo de dinheiro (só hoje percebo). Podia continuar este relato indefinidamente. Oswald de

9. Em 1895, Aluísio de Azevedo, autor de *O mulato*, fez concurso na Secretaria do Exterior para cônsul de carreira, sendo aprovado com distinção e nomeado, no fim do mesmo ano, vice-cônsul em Vigo, na Espanha. A partir desse momento, dedicou-se exclusivamente à carreira diplomática, não mais publicando.

10. Trata-se de José Luiz de Magalhães Lins. Na subsérie "Correspondência passiva" encontram-se 14 cartas dele; na subsérie "Correspondência ativa" há duas cartas de Otto Lara a Zé Luiz de Magalhães Lins.

Andrade, Raul Bopp[11] (que se tornou meu amigo a partir de uma entrevista na *UH*[12] e que me sugeriu ir para o exterior), Gilberto Amado[13] ("Homem que não tem tempo para si, homem inteligente, não merece o meu apreço"). Gilberto não tinha o menor escrúpulo quando se tratava de buscar o "êxito" do *dolce far niente*, da sinecura. Buscou a sinecura descaradamente, com o Getúlio, de quem foi adversário em 1930. Quando fui para a Bélgica, conversei várias vezes com Murilo Mendes, que tinha estado lá, no lugar de professor da cadeira de Estudos Brasileiros no Benelux. O Murilo nunca me contava nada sobre o seu curso. Eu, aflito, lhe fazia perguntas objetivas – quantos alunos, quantas aulas por semana, o nível de conhecimento dos alunos, as dificuldades de expor e falar numa língua estrangeira, etc. Só quando cheguei a Bruxelas e depois que me tornei digno da confidência dos amigos da embaixada, do Mafra[14], do Mozart[15], eu soube que o MM, professor

---

11. Há vários livros de Raul Bopp na Biblioteca OLR. Dentre os exemplares com dedicatória destacamos: *Seleta em prosa e verso* (Rio de Janeiro/Brasília: José Olympio/INL): "Ao Otto Lara Rezende/ Intelectual de altos méritos/ nos quadros da cultura brasi-/leira, com um abraço de/ admiração e alto apreço. Cordial-/mente/ o Raul Bopp/ 20/7/75"; *Coisas do Oriente* (Rio de Janeiro: Tupy, 1971): "Muito prezado Otto Lara Resende/ Ao voltar do Rio Grande (RGS) onde fui/ participar de um churrasco da família/ (os Bopps, os Kroeifs e velhos amigos) perguntaram-me/ si eu não havia lido o belo artigo do Otto/ Lara Resende, com referencias ao meu nome./ Não o havia lido, por estar ausente./ Mas, no recorte que eu consegui, apreciei/ com especial sensibilidade, as suas gene-/rosas palavras. Receba por isso um abraço/ com os meus cordiais agradecimentos deste/ seu velho leitor e admirador, com o mais/ alto apreço intelectual./ O Raul Bopp/ Este livrinho despretencioso (por engano/ do encarregado da edição) devia ser/ intitulado *Viagens no oriente de/ antigamente/* Bopp/ 17/4/77"; *Vida e morte da antropofagia* (Rio de Janeiro: Civilização Brasileira, 1977): "Rio/ Ao grande escritor Oto Lara Resende/ com velha simpatia intelectual/ deste seu admirador/ Com muita estima/ e alto apreço/ o/ Raul Bopp/ 27/4/77".

12. Trata-se do periódico carioca *Última Hora*, em que Otto publicava muitas vezes sob pseudônimo; OLR não conservou a entrevista em seu arquivo.

13. O embaixador Gilberto Amado foi, ao lado de Silveira Sampaio, responsável pela saudação a Otto Lara Resende no almoço oferecido pela revista *Manchete* ao seu novo diretor (V. "Gilberto Amado saúda o discípulo", na série "Matéria extraída de publicações"). Na subsérie "Correspondência passiva" estão presentes cinco cartas de Gilberto Amado; na subsérie "Correspondência de terceiros" há uma carta de Érico Veríssimo a Gilberto Amado, datada de 1º de novembro de 1954. Na Biblioteca OLR constam 18 livros dele.

14. Egberto da Silva Mafra, funcionário de carreira diplomática, trabalhava na Embaixada do Brasil em Bruxelas ao lado de OLR (V. "M. Otto LARA RESENDE", série "Matéria extraída de publicações").

15. Mozart Janot Júnior.

de uma inexistente cadeira de EB no Benelux, morava com a Saudade[16] em Paris... e foi pouquíssimas vezes a Bruxelas, para ver o Magritte, coisas assim, ou ouvir um concerto no Palais de Beaux Arts. De lá saiu para Roma. Antes tinha estado em Madri, de onde saiu meio *persona non grata* – e eu escrevi um artigo no *O Jornal* em defesa dele, contra Franco, e exigindo que o Itamaraty lhe desse lugar melhor ou equivalente no exterior. Como era do protocolo, o Itamaraty deu-lhe Bruxelas, que ele preferia naquela altura a Madri (porque era o Niterói de Paris). O Alberto Araújo, amigo do Oswald de Andrade e do Oswaldo Costa, me encontrava no Senado. Foi diretor da Agência Nacional. Era mais velho, tinha um crespo cabelo grisalho e muita simpatia humana. Tendo percebido meu interesse pela literatura, passou a me pregar a saída do Brasil. Como eu conhecia o Getúlio, AA me sugeria que eu pedisse (ou deixasse que pedissem) ao Getúlio um lugar para mim na Europa, de preferência Paris... De lá eu traria uma obra que iria enriquecer a cultura brasileira, que seria muito mais útil do que eu me perder, me gastar naquela rotina idiota de repórter do Senado[17]. E eu me esquivava, lhe dizia que o Machado de Assis também tinha sido repórter no Senado e nunca tinha saído do Rio de Janeiro... Essa simpatia do Alberto Araújo (nome do vereador que mandou matar o Leon Eliachar[18]) me cativou para sempre. Me lembro de uma conversa nossa, ao cair da tarde, na Cinelândia, num banco de praça, diante dos pombos. Ele lembrava os anos 10, São Paulo, Oswald de Andrade, o encanto de Paris... "Você merece Paris" – ele me dizia. O Alberto tinha um contraparentesco qualquer com a família do FS[19], ou com alguém chegado à família do Fernando. Quando Getúlio

16. Maria da Saudade Cortesão Mendes, esposa de Murilo Mendes. Na subsérie "Correspondência passiva", há uma carta assinada apenas por ela e sete com o marido.

17. Otto Lara Resende publicava em *Comício*, Rio de Janeiro, uma seção intitulada "A Semana do Senado" (V. Biblioteca OLR e, no Arquivo OLR, a série "Matéria extraída de publicações").

18. Leon Eliachar, jornalista e escritor assassinado em 29 de maio de 1987 na cidade do Rio de Janeiro. Segundo o noticiário da época, a mando de um rico fazendeiro e vereador em Palmas, no Paraná, com cuja esposa Eliachar vinha mantendo um romance.

19. Fernando Sabino.

me chamou ao Catete e me ofereceu, através do desembargador Florêncio de Abreu, um de dois empregos, estou certo de que teria tranqüilamente concordado em me dar um lugar no exterior se eu o tivesse pedido... Mas eu andava na roda udenista[20], Adauto, Milton, Gabriel, Hamilton Nogueira, e não poderia aceitar nada do Getúlio... ó inocência! Quando Negrão de Lima[21] me indicou para o gabinete do prefeito Mendes de Moraes[22], consultei o Hamilton no Senado e ele me disse, sério: "O Mendes quer comprar você, porque você é um jornalista independente. Sério". Não concordei inteiramente com a versão, porque não me dava tanta importância e também porque eu sabia que o Chico Negrão era parte decisiva no convite – a sugestão tinha partido dele. No caso do Mendes de Moraes, foi até bom, porque ele era um homem inconvivível. E o próprio Negrão, que me chamou para adjunto do gabinete dele? Queria que eu fizesse vida pública, como ele fez a partir de um convite do Raul Soares[23], que só conheceu no dia da posse no Palácio da Liberdade. Me chamou a mim e ao Paulo Mendes Campos, este por sugestão do Schmidt[24]. Recusei. Aceitei depois[25], quando ele, brigado com o Mendes de Moraes, me mandou para o gabi-

20. Trata-se dos deputados da UDN na legislatura de 1946 Adauto Lúcio Cardoso, Milton Campos e Gabriel de Resende Passos e do senador Hamilton Nogueira. Otto Lara Resende publica em *O Globo*, Rio de Janeiro, em 3 de fevereiro de 1976, "O meu velho Senado", em que cita: "Lá estava, surpreendentemente eleito pelo povo carioca, Hamilton Nogueira. Citava Dostoiewsky e Xavier de Maistre. Um dia um pesquisador dirá quantas vezes ele citou Kafka numa casa do Congresso. Que só ele se lembrou de Kafka. Gostava de falar e, improvisando nem sempre com apuro, tinha sempre o que dizer. Culto, honrado, magisterial. Felizmente, até hoje aí está, sem mandato mais ou menos como todo mundo, mas vivo e renovado" (V. série "Matéria extraída de publicações").

21. Francisco Negrão de Lima, vide notas 53 e 54 do texto "Quem é OLR?".

22. Ângelo Mendes de Moraes, prefeito do Rio de Janeiro de 1947 a 1951.

23. Raul Soares de Moura, nascido em Ubá em 1877, advogado, professor e político. Foi ministro da Marinha no governo de Epitácio Pessoa. Iniciou sua carreira política como vereador e prefeito de Visconde de Rio Branco, chegando a governador de Minas em 1922.

24. Augusto Frederico Schmidt.

25. Na série "Documentação pessoal" encontra-se uma portaria de 6 de maio de 1949, em que Jair Negrão de Lima, secretário-geral de Finanças, "resolve designar para ter exercício/ no Serviço de Expediente, a fim de servir junto ao Gabinete do/ Secretário, o Controlador Mercantil, padrão 'L', matrícula nº/ 62370 – OTTO OLIVEIRA DE

nete do irmão Jair Negrão de Lima, na Secretaria das Finanças, na rua da Alfândega com Quitanda. Lá fiquei anos e anos, escrevendo relatórios e dando parecer para sucessivos secretários de Estado, até, se não me engano, Nelson Mufarrej[26], ao lado do santo Geraldo Mendes Barros[27], ajudado pela boa e solícita d. Odete Abiate[28], que morava na rua Farme de Amoedo (domingo eu passava na casa dele e lhe deixava os processos que tinha informado no fim de semana – naquela época trabalhava-se sábado de manhã nas repartições públicas). Uma coisa que me pergunto, com todas estas reminiscências, é por que me deixei seduzir pela dispersão, por que me deixei ficar preso no jornal, por que aceitei a direção, por que entrei *full time* num ambiente que não era o meu, que não passava pelo hori-

---

LARA RESENDE". Em 29 de janeiro de 1951, quando da entrega do cargo de secretário-geral de Finanças da Prefeitura do Distrito Federal, que ocupou por dois anos e meio, Jair Negrão de Lima publica uma portaria reconhecendo o trabalho realizado pelos servidores que o cercavam: "[...] Não pode, deixar, ainda, de se referir ao/ Adjunto – GUY DE POVOENÇA NEVES DA ROCHA, nem tão pouco, aos Auxiliares de Gabinete ALFREDO GNONE; ROBERTO DE SOUZA PINTO FILGUEIRAS; GERALDO MENDES BARROS E OTTO OLIVEIRA DE LARA REZENDE, que souberam corresponder à confiança que lhes foi depositada pelo Secretário Geral de Finanças". O relacionamento entre OLR e Jair Negrão de Lima não se restringiu ao campo profissional, havia entre eles uma vaga relação familiar, pois o pai de Otto era primo da mulher de Oscar, irmão dele.

26. Na série "Documentação pessoal" encontram-se duas portarias assinadas por Nelson Mufarrej, secretário-geral de Finanças da Prefeitura do Distrito Federal, datadas de 20 de abril de 1951. A primeira: "Resolve remover do Serviço de/ Expediente para o Departamento da Renda Mercantil, o Controla-/dor Mercantil Classe 'L', matrícula 62370 – OTTO OLIVEIRA DE LARA RESENDE"; e a outra: "Resolve designar para o serviço/ de fiscalização externa do Departamento da Renda Mercantil, o Con-/trolador Mercantil Classe 'L', matrícula 62370 – OTTO OLIVEIRA DE/ LARA RESENDE".

27. Geraldo Mendes Barros e Otto Lara Resende foram colegas na Prefeitura do Distrito Federal, onde trabalharam como auxiliares de gabinete de Jair Negrão de Lima, o então secretário-geral de Finanças.

28. Na série "Documentação pessoal" há uma folha avulsa com uma antiga lista de afazeres conservada em que, antes do primeiro item, Otto acrescenta na época a indicação: "D. Odete – 43-7025/ Farme de Amoedo, 82 (Apt. 202)". Muitos anos mais tarde, ciente da importância dos papéis por ele acumulados ao longo da vida, elucida, datilografando: "Nota de 1956 ou antes um pouco. D. Odete é Odete/ Abiate, que trabalhava na Secretaria da Fazenda da/ Prefeitura do DF (Rio) e que sempre demonstrou mui-/ta boa-vontade para comigo. Morava na rua Farme de/ Amoedo, 82, apartº 202, telefone 43.7025./ Rio, 15 de maio de 1990/ Otto". Na mesma série há uma portaria do secretário-geral de Finanças, assinada por Carlos Cardoso, datada de 12 de janeiro de 1953, em cujo verso há assinatura e carimbo de Odete Abiate.

zonte da minha ambição... Por que não me condensei, como me implorava o Rosa? Por que não conservei da vida apenas o essencial, como me aconselhou o MM? Por que cedi à vida burguesa, à obrigação de uma rotina, de uma canga dura? A família... sim, mas eu sempre sustentei que a família não deve ser desculpa de mau pagador, que nenhum filho quer que o pai faça concessões em nome de ajudá-los a comer ou a criar... "É tarde! é muito tarde!" (reler o sermão do frei Mont'Alverne...).

Rio de Janeiro, 23 de agosto de 1987 (saiu daqui agora o HP[29]).
Rua Piratininga, 30.

29. Trata-se de Hélio Pellegrino, psicanalista, poeta e jornalista.

[ESCREVER... REESCREVER...]*

Devia ser proibido escrever romance antes dos 50 anos. Obra de maturidade, como sempre se diz. Não jorra. Exige pesquisa, técnica, perfuração. Beneficiamento, toneladas de cascalho, de refugo, postas de lado. Radiguet[1] é um relâmpago. Poeta? Fruto do deslumbramento (erótico) de Cocteau[2]. Precisaria ser relido. *Le diable au corps* será que fica em pé? No Brasil, fui reler, há poucos anos, o *Sob o olhar malicioso dos trópicos*[3]. Decepção. Pude riscar da minha lista. O que me pergunto é por que se formou em torno desse livro a mistificação. A camorra. A capela dos amigos, equivocados de boa fé. Às vezes, julga-se o livro pelo autor. Antes de ler, já se tem opinião favorável. Pouca gente, aliás, tem espírito crítico. Falo dos bem-intencionados. Porque toda a conspiração do carreirismo, apoiado no mau caráter, na competição, no desejo de vencer a qualquer preço – num terreno em que não há vitória. Raul Pompéia fez cedo o seu romance[4]. Tinha pressa. A premonição de que poria fim à vida. Morte no Natal[5] – nada mais

---

* Nota com data atestada: segunda-feira, 12 de junho de 1989; sem assinatura; manuscrito a caneta esferográfica, tinta azul; cinco folhas; escrita ocupando a frente e o verso de quatro e um quarto da frente da última folha; papel branco, quadriculado, 13,9 x 8,7 cm, pertencente a uma caderneta brochura "Messager" de 60 folhas; capa xadrez de preto e cinza; a folha inicial e as restantes da caderneta não foram utilizadas.

1. A Biblioteca OLR possui um exemplar de *Le diable au corps*, de Raymond Radiguet (Paris: Bernard Grasset, 1923), sem datas de leitura nem notas nas margens.

2. Na Biblioteca OLR encontram-se dois livros de Jean Cocteau.

3. Esta obra não está na Biblioteca OLR.

4. Raul Pompéia, nascido em 1863, publica aos 17 anos seu primeiro romance, *Uma tragédia no Amazonas*, sob o pseudônimo de Procopius.

5. Em 25 de dezembro de 1895, com 32 anos, Raul Pompéia pôs fim à vida com um tiro no peito.

eloqüente da contradição nervosa que se chamou Raul Pompéia. *O Ateneu* tem o traço da proximidade da infância do autor. Falta-lhe distanciamento, mas sempre ficou, respeitável, o candente tom de revide. De acerto de contas. Não amou ninguém, Raul Pompéia. Não suportou o próprio deserto. Suicidando-se em casa, no Natal, ao pé da mãe e das irmãs, fuzilou a família com o tiro fatal. O estilo nervoso de Pompéia é mais um caso psiquiátrico do que literário. Gosto, porém, de *O Ateneu*. Menos do que, durante anos, estimei. A última releitura me deixou à mostra o azedume do ressentimento[6]. Emoções inassimiladas. A escrita artística pretenderia esconder, mais do que revelar, o autor. Encrespada, artificial, rococó. Um bolo de noiva a esconder uma amêndoa. Não é um livro da estante do meu coração. É livro de quem tinha (ou tem) contas a acertar com a vida – e nele pretende acertar um tiro. A vida continua. Morreu o Pompéia de carne e osso. Ficou o escritor, na pobre literatura de ficção do Brasil. Que é que disse Machado de Assis da morte de Pompéia? Que me lembre, nada de importante. Eximiu-se. O suicida, ao se matar, pretende encerrar uma controvérsia. Mas o que faz é realimentá-la, para o resto dos tempos. No caso do Pompéia, isto é eloqüente. O jovem escritor atirou na cara dos inimigos do momento o seu radioso futuro. Saiu da vida com raiva. Mas a morte não toma conhecimento de cóleras e iras. A morte sela a boca e o coração do suicida. Falam, se quiserem, os que lhe sobrevivem. Ou os que se debruçam, entomólogos, sobre o seu ressequido e velho cadáver, ainda hoje nervoso, indignado.

O trabalho de reescrever *O braço direito*, agora pela quinta vez, e última, espero, está sendo muito mais penoso e longo do que eu presumia. O texto sobre o qual trabalho está frouxo, aqui e ali pouco ficcional. O encadeamento da ação atola em bifes editoriais, escritos de fora do personagem-narrador e até da própria ação. Personagens que reclamam melhor desenho, mais atenção, não estão alinhados com o livro, sem lhe quebrar a unidade, ou melhor, a homogeneidade. Achar o lugar exato e a medida do desempenho da peni-

---

6. A edição de *O Ateneu*, de Raul Pompéia, na Biblioteca OLR (Rio de Janeiro: Francisco Alves, 1976) possui duas assinaturas, correspondentes, provavelmente, a duas datas de leitura: "Otto Lara Resende/ Rio, 1978" (na folha de rosto) e "Otto/ maio 1984" (na última página).

tente Maria do Rosário exige, às vezes, um esforço gigantesco. O jogo do tempo atual com a reminiscência, presente e passado, é um obstáculo quase intransponível, quando se trata de não quebrar o ritmo da narrativa.

Seria ridículo, ou grotesco, se não fosse dramático o trabalho e o tempo que levei para me livrar, mais do que do livro, da história, do universo do *Braço direito*. Levei, modo de dizer. Porque continuo em plena batalha. Empaquei na parte final da III parte e perdi horas lendo e relendo o que escrevi. Me veio a certeza de que a narrativa estava desequilibrada. Afinal, fiz o diagnóstico. Um personagem vinha crescendo demais e ocupava um espaço que não era dele. Trata-se de um padre, mais um padre, este visto na perspectiva infantil. Tinha o nome de monsenhor Emílio. Acordei durante a noite e me ocorreu que o personagem tinha de mudar. Não seria mais padre, mas um tio, desempenhando na infância do Narrador o mesmo papel. Doze horas depois, concluí que seria preciso eliminar *tout court* o personagem. Reli todo o livro, relacionei as suas aparições e decidi amputá-las. A decisão me trouxe alívio por um lado, porque me tirou do pessimismo e do desencanto em que tinha caído. Mas me abateu, diante da perspectiva do trabalho que tenho pela frente. Eliminei um capítulo inteiro, acertei três ou quatro passagens e deixei o resto da "expulsão" do Monsenhor para depois que tiver acabado de bater todo o livro. As passagens a eliminar ficaram anotadas a lápis. Continuei o trabalho, mas toda uma jornada, mais de dez horas, não foi suficiente para concluir a III parte. Há inúmeras emendas de linguagem a fazer. Capítulos cuja ordem deve ser mudada. E a IV parte me parece frouxa. Exige um reaperto geral. Dezenas, centenas de notas, em papéis mínimos, dificultam a marcha do texto[7]. Já concluo que não terei o livro pronto no prazo que me impus. E o pior é que tenho um julgamento severo do livro... Já me pergunto se valeu a pena esta tentativa de "despiorá-lo", como me propus há quase dois anos, quando concordei com a edição do Círculo do Livro[8].

7. De fato, o manuscrito de *O braço direito* possui uma profusão de notas em pedaços de papel aproveitados por Otto Lara Resende.

8. *O braço direito*, publicado pela editora Círculo do Livro em 1991, é praticamente uma cópia da primeira edição. OLR elucida isso em entrevista à *Folha de S. Paulo* em 1º de maio de 1992: "A certa altura, não sei por quê, eu

Hoje, segunda-feira, 12[9], foi um dia passado na luta, no atoleiro e no desânimo. Não posso desistir e sei que o sacrifício vai continuar. Se chegar ao fim da IV parte até sábado, será um milagre. Dostoiewsky[10], aos 20 anos, escrevia ao irmão que, se fracassasse no romance que estava escrevendo, se enforcaria. Aos 67 anos, meu caso é de forca e algo mais... No entanto, prossigo. Por uma única razão: porque não consigo não fazer. A idéia de desistir me é inaceitável. Tenho de ir até o fim, mesmo com a certeza prévia de que vou alcançar um resultado pífio. Estou neste momento tão cansado que não tenho força para anotar o que pretendo com esta reescrita[11] do *Braço direito*, um romance que tenta apreender a atmosfera religiosa católica das primeiras três ou quatro décadas deste século XX.

Abro por acaso as *Confessions* de Rousseau e caio neste trecho: “De là vient l’extrême difficulté que je trouve à écrire. Mes manuscrits, raturés, barbouillés, mêlés, indéchiffrables, attestent la peine qu’ils m’ont coutée”[12]. Se serve de consolo...

Em Montparnasse, no café La Coupole (Paris, 1972). Foto de Alécio de Andrade

---

concordei levianamente em fazer uma edição de *O braço direito*, que é de 63. Aí comecei a ler o livro e fiquei impressionado com o fato de que, hoje, eu escreveria um livro absolutamente diferente. Percebi que aquilo era o embrião de um livro que eu gostaria de ter feito. Mas hoje, na verdade, eu não queria me empenhar em fazer aquele livro. Ele está muito distante” (republicada: “Otto Lara queria voltar à ficção”. *Folha de S. Paulo*. 3 de janeiro de 1993).

9. Essa informação e a menção aos 67 anos de Otto levam a datar este manuscrito: 12 de junho de 1989.

10. Na Biblioteca OLR encontram-se seis obras do escritor russo Fiodor Dostoiewsky.

11. Em 1993, a Companhia das Letras publicou nova versão de *O braço direito*, preparada por Ana Miranda a partir de indicações deixadas por Otto.

12. “Daí vem *a extrema dificuldade que encontro para escrever*. Meus manuscritos riscados, borrados, confusos, indecifráveis atestam o trabalho que me dão” (Trad. Wilson Lousada. Rio de Janeiro: José Olympio, 1948). O trecho citado, pertencente ao Livro III da obra *Confissões*, de Jean-Jacques Rousseau, pode ser lido, na Biblioteca OLR, em duas edições em francês, além da tradução já mencionada. Apesar de citá-lo em francês, o lápis de Otto não deixa nenhum destaque no primeiro parágrafo da p. 112 da edição da Bibliothèque de la Pleiade. O exemplar da edição brasileira, contudo, traz no segundo parágrafo da p. 107 um grifo a caneta esferográfica azul no trecho copiado por nós em itálico.

Tem por fim êste atestado recomendar o jovem escritor e professor Otto Lara Resende, que apesar de sua pouca idade, já se revelou, por seu caráter, por seu estilo, por suas idéias, um dos espíritos em que mais confio, entre os da nova geração, não só em Minas mas de todo o Brasil.

Rio – 6 – Janeiro – 1946

Alceu Amoroso Lima

OTTO E COMPANHIA

Carta de recomendação assinada por Alceu Amoroso Lima (6.01.1946)

Arquivo OLR/IMS

Fernando Sabino, Hélio Pellegrino, Otto Lara Resende e Paulo Mendes Campos (Rio de Janeiro, agosto de 1986)

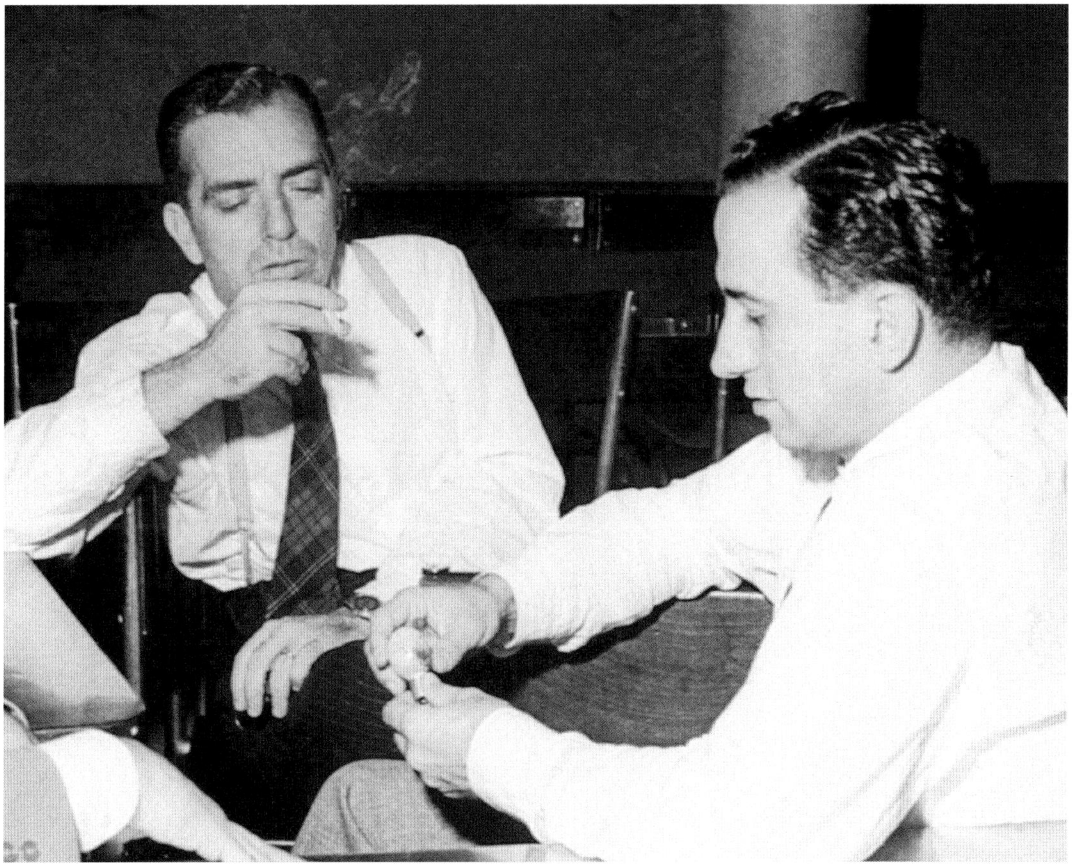

Manchete/Arquivo OLR/IMS

Com o dramaturgo, jornalista e romancista Nelson Rodrigues (Rio de Janeiro, década de 1960)

Arquivo OLR/IMS

Ao lado do historiador e amigo Francisco Iglésias (Belo Horizonte, 1949)

Arquivo OLR/IMS

"Otto Lara Resende/ e Rubem Braga,/ no apartamento deste [no Rio],/ em janeiro de 1988", diz legenda escrita por Otto

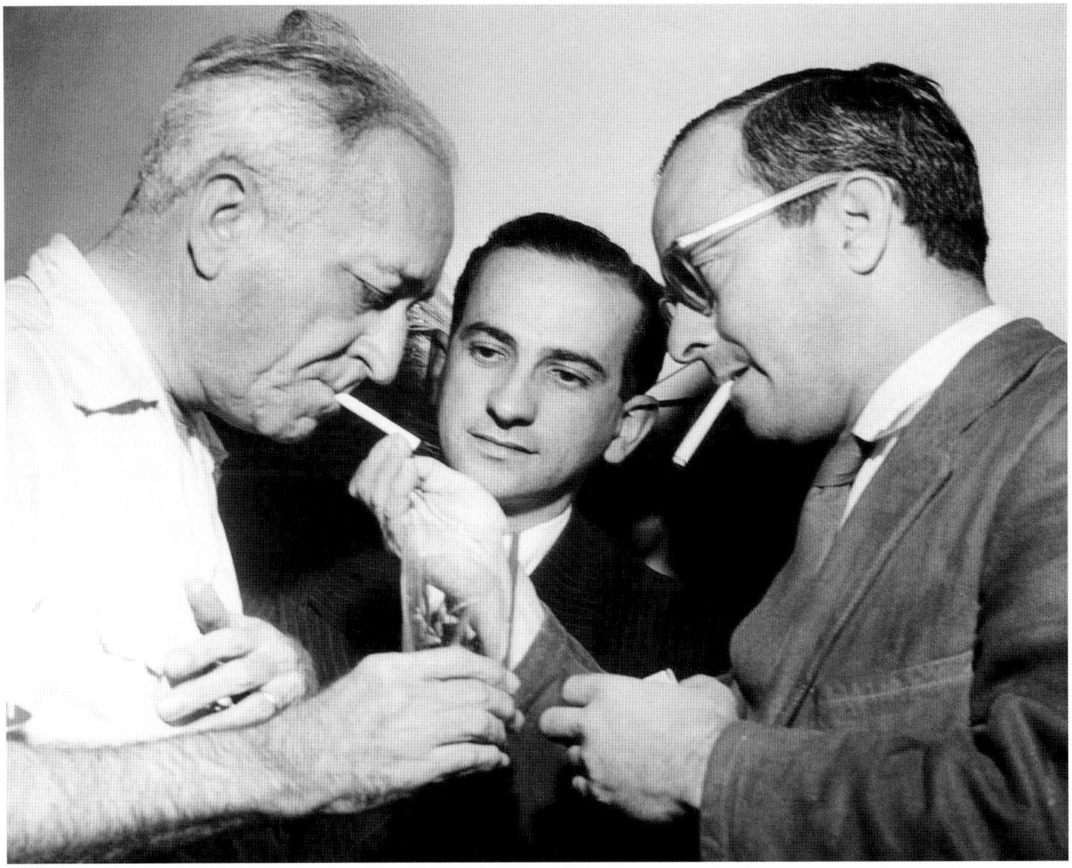

Arquivo OLR/IMS

Legenda de OLR: "Da esquerda para a direita: Jayme Ovalle, Otto Lara Resende, Vinicius de Moraes./ No apartamento de Ovalle, na noite em que foi feita a entrevista para *Flan*. Rio, 28 de maio de 1953"

Arquivo OLR/IMS

Com Yves G. F. Alves, colega da Rede Globo (Rio de Janeiro, agosto de 1981)

O Globo/01.06.83/Arquivo OLR/IMS

Ao lado do escritor e médico Pedro Nava (Rio de Janeiro, maio de 1983)

Arquivo OLR/IMS

Otto Lara Resende com o pintor Cândido Portinari (Rio de Janeiro, 20 de maio de 1953)

Arquivo OLR/IMS

Ao lado do crítico literário Alexandre Eulálio (Bolonha, Itália, setembro de 1958)

Cyntia Brito/Arquivo OLR/IMS

OLR recebe em seu escritório, à rua Joaquim Campos Porto, o filólogo Antônio Houaiss (Rio de Janeiro, década de 1970)

Acervo IMS

Numa reunião do IMS, com Fernando Moreira Salles, Pérsio Arida e Walther Moreira Salles (São Paulo, 1992)

Arquivo OLR/IMS

Na cerimônia da posse, ao lado de seus companheiros da Academia Brasileira de Letras (Rio de Janeiro, 01.10.79)

CRONOLOGIA

1922
Nasce, no dia 1º de maio, às 4 horas da manhã, à rua do Matola, 9, em São João del Rei (MG), Otto Oliveira de Lara Resende, o quarto filho de Maria Julieta de Oliveira e do professor Antônio de Lara Resende. O casal teve ao todo 20 filhos; seis deles morreriam antes de completar 2 anos. Batizado em junho, Otto tem como padrinho o escritor católico Jackson de Figueiredo, com quem não chegaria a conviver.

1929
Ingressa no curso primário do Instituto Padre Machado, colégio religioso fundado por seu pai em 1921. Como a escola era praticamente extensão de sua casa, estuda em regime de internato.

1932
Conhece o escritor e pensador católico Alceu Amoroso Lima, convidado por Antônio de Lara Resende para inaugurar a sede do Centro Dom Vital, importante núcleo de debate e difusão do catolicismo em São João del Rei.

1934
Entra para o escotismo.

1937
Integra o quadro de sócios do Clube da Leitura João Pessoa, do Instituto Padre Machado.

1938
Ocupando o cargo de "gerente" do jornal estudantil do Instituto Padre Machado, assina texto brincando com a pronúncia de seu nome – "Oh Tu!". Forma-se no curso ginasial, sendo escolhido como um dos oradores da turma. Transfere-se com a família para Belo Horizonte, onde o pai abre uma filial de seu instituto de ensino. Inicia a carreira de jornalista em *O Diário*. Conhece João Etienne Filho – então diretor do suplemento literário daquele jornal. É desse período uma série de textos escritos em parceria com Paulo Mendes Campos, publicados sob os pseudônimos Otto Mendes ou Paulo Lara.

1939
Em janeiro é admitido na Secretaria Estadual de Finanças, cargo que ocuparia até 1942. O Instituto Padre Machado de São João del Rei é desativado; a unidade de BH, porém, continua funcionando e lá Otto dá aulas de Português, História Geral e História do Brasil. Inicia o 1º ano do curso pré-jurídico no Ginásio Arnaldo, de Belo Horizonte.

1940
Matricula-se no 2º ano do curso pré-jurídico do Colégio Universitário da Universidade de Minas Gerais.

Fotos: Arquivo OLR/IMS

Otto com cerca de 1 ano e meio de idade

Em família – é o de sapatos escuros (1929)

Na formatura do curso ginasial (1938)

1941
Ingressa na Faculdade de Ciências Sociais e Jurídicas – hoje integrada à Universidade Federal de Minas Gerais (UFMG).

1943
Passa a colaborar no jornal *Folha de Minas*, de Belo Horizonte, onde ficaria até 1945 como responsável pelo suplemento literário.

1944
Conhece, em Belo Horizonte, o escritor paulista Mário de Andrade, uma das principais referências de sua geração.

1945
Participa do I Congresso Brasileiro de Escritores, realizado em São Paulo. Em dezembro, forma-se bacharel em Direito.

Com Paulo Mendes Campos (primeiro à esquerda), Alphonsus de Guimaraens e Hélio Pellegrino, em BH (11.07.42)

Fotos: Arquivo OLR/IMS

Encontro com o escritor Mário de Andrade. Da esq. para a dir., em pé: Cid Rebelo Horta, [?], [?], Hélio Pellegrino, Alphonsus de Guimaraens, Otto Lara Resende, Edgar da Mata-Machado e Fernando Sabino; sentados: Guilhermino César, Oscar Mendes, Mário, João Etienne Filho e Rubem Braga (Belo Horizonte, 14.09.44)

1946
Muda-se para o Rio de Janeiro, então capital federal. Trabalha como jornalista, dividindo-se entre o *Diário de Notícias*, *O Globo*, *Diário Carioca* e *Correio da Manhã*. Ganha carta de recomendação de Alceu Amoroso Lima para dar aulas – mas provavelmente nunca chegou a utilizá-la. Inicia namoro com Helena Uchôa Pinheiro, filha do político mineiro Israel Pinheiro e de Coracy Uchôa Pinheiro.

1949
É nomeado pela Prefeitura do Distrito Federal para o cargo de controlador mercantil, designado para a Secretaria Geral de Finanças. Participa, como redator, da equipe de fundação do *Jornal de Letras*.

1950
Em 14 de maio, casa-se com Helena Uchôa Pinheiro na igreja do Mosteiro de São Bento, no Rio de Janeiro. Entre os convidados estavam o presidente da República, general Eurico Gaspar Dutra, o vice-presidente, Nereu Ramos, e o governador de Minas Gerais e esposa, Juscelino e Sara Kubitschek.

1951
Assume, com Francisco de Assis Barbosa, o cargo de redator principal do recém-fundado jornal *Última Hora*. Neste periódico, Otto escreveria sobre todos os assuntos – no caso de crítica de cinema, sob o pseudônimo JO. Nasce, em 24 de abril, seu primogênito, André Pinheiro de Lara Resende.

Otto e Helena, com quem se casou em 50

1952
Publica, pela Editora A Noite, do Rio de Janeiro, seu primeiro livro, *O lado humano*, volume de contos. Participa – como responsável pela seção política intitulada "A Semana do Senado" – de *Comício*, semanário carioca independente. Nasce, em 20 de novembro, seu segundo filho, Bruno Pinheiro de Lara Resende.

1953
Trabalha na revista *Flan*, na qual assina entrevistas com personalidades de destaque na vida intelectual brasileira.

1954
Assume, em julho, a direção da revista *Manchete*, posto que abandonaria em dezembro de 1956.

1955
Obtém, em novembro, para a *Manchete* uma entrevista exclusiva com Henrique Lott. Nela, o general esclarece o golpe e o contragolpe ocorridos no início daquele mês, bem como a movimentação das Forças Armadas, que asseguraram a posse do novo presidente – o até então vice João Café Filho – no conturbado período que sucedeu ao suicídio de Getúlio Vargas, em agosto do ano anterior. Nasce, em 3 de dezembro, sua filha Cristiana Pinheiro de Lara Resende.

1957
Lança *Boca do inferno* (contos) pela Editora José Olympio, do Rio de Janeiro. A obra recebe duras críticas – chega a ser atacada num sermão –, e o autor é ameaçado por meio de cartas anônimas. A convite do Itamaraty, transfere-se em abril a Bruxelas para lecionar Estudos Brasileiros. Como a cadeira não chegou a ser criada pela universidade local,

Reprodução

Otto Lara Resende trabalharia na Embaixada do Brasil na capital belga e daria aulas de Estudos Brasileiros no Instituto de Estudos Hispano-Portugueses e Ibero-Americanos da Universidade de Utrecht, na Holanda.

1958
Participa da preparação do pavilhão do Brasil na exposição universal "Por um mundo mais humano", realizada em Bruxelas.

1959
Em agosto, retorna ao Brasil, assumindo o cargo de advogado na Procuradoria do Distrito Federal.

Fotos: Arquivo OLR/IMS

"Otto Lara Resende em casa de Rubem Braga. Foto do mesmo. Agosto de 1951. Rio" (anotação do cronista capixaba)

"Otto no Cemitério Brasileiro de Pistoia /4 setº 1958", diz a legenda feita pelo escritor no verso desta foto

Fotos: Arquivo OLR/IMS

Otto Lara Resende brinca com seu segundo filho, Bruno, em Bruxelas (1958)

1961
Cedido pelo governo do Estado da Guanabara, que fora criado no ano anterior com a transferência do Distrito Federal para Brasília, Otto assume o cargo de coordenador da Assessoria Técnica da Presidência da República.

1962
Publica, pela Editora do Autor, do Rio de Janeiro, *O retrato na gaveta* (contos); a segunda edição sairia no ano seguinte. Estréia, no Teatro Maison de France, no Rio, a peça *Otto Lara Resende ou Bonitinha mas ordinária,* de Nelson Rodrigues. O título desagrada Otto, que, no entanto, não rompe com o amigo dramaturgo, a quem conhecera em 1948.

1963
Lança seu primeiro romance, *O braço direito,* que recebe o Prêmio Lima Barreto, instituído pela tradicional Livraria São José, do Rio de Janeiro. Em dezembro, toma posse como diretor do Banco Mineiro da Produção – atual Banco do Estado de Minas Gerais –, aceitando convite do governador Magalhães Pinto.

1964
Em abril, renuncia às suas funções no Banco Mineiro da Produção. Escreve o conto "A cilada", sobre a avareza, para ser incluído na coletânea *Os sete pecados capitais,* da Editora Civilização Brasileira, do Rio.

1965
Participa da fundação da TV Globo, no Rio de Janeiro. Começa a trabalhar no *Jornal do Brasil*, onde permaneceria até dezembro de 1973 – parte desse tempo como diretor.

1966
Sem dispor do recurso do videoteipe, apresenta ao vivo, no *Jornal de Verdade* – noticiário noturno da TV Globo –, uma espécie de crônica falada, intitulada "O pequeno mundo de Otto Lara Resende".

1967
Assume a função de adido cultural da Embaixada do Brasil em Portugal, onde permaneceria até 1969. Integra grupo de jornalistas brasileiros que realiza visita a um jornal da Noruega, sediado em Alesund.

1968
A editora inglesa Andre Deutsch lança *The inspector of orphans*, tradução de *O braço direito* realizada por Anne Cravinhos. Recebe, do Itamaraty, o grau de "Oficial da Ordem do Rio Branco". Nasce, em 24 de julho, sua filha Helena Cristina Pinheiro de Lara Resende.

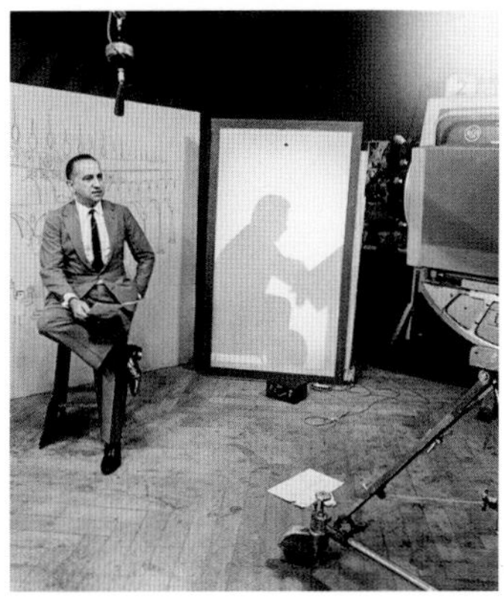

Em "O pequeno mundo de Otto Lara Resende", na TV Globo-Rio (04.04.67)

1969
Sai, pela Editora Livros do Brasil, de Lisboa, uma nova edição de *O retrato na gaveta*.

1971
Assume a função de professor-adjunto no Departamento de Comunicação Social do Centro de Ciências Sociais da Pontifícia Universidade Católica do Rio de Janeiro (PUC-RJ). Recebe do governo de Portugal o grau de "Comendador da Ordem Militar de Santiago da Espada".

1974
Convencido por Walter Clark, assume cargo de direção na Rede Globo de Televisão; sua experiência de jornalista e escritor o leva a redigir os discursos de Roberto Marinho – proprietário da emissora –, ao mesmo tempo que seu espírito conciliador é sempre convocado para solucionar conflitos.

1975
A Editora Rocco, do Rio de Janeiro, publica *As pompas do mundo* (contos). Integra o Conselho de Desenvolvimento da PUC-RJ, no qual permaneceria até 1977. Sofre uma pequena cirurgia vascular.

1977
Faz parte da comissão julgadora dos contos inscritos no Concurso Unibanco de Literatura, ao lado dos escritores João Antônio, Lygia Fagundes Telles e Ignácio de Loyola Brandão, dos críticos Antônio Houaiss e Geraldo Galvão Ferraz e de Marcílio Marques Moreira, à época, vice-presidente daquela instituição bancária.

Reprodução

1978
Recebe a "Grande Medalha da Inconfidência" – por "méritos excepcionais" –, conferida pelo governo de Minas Gerais, e o Prêmio de Jornalismo Estácio de Sá, oferecido pelo governo do Rio de Janeiro.

1979
É eleito, em 3 de julho – por 24 votos contra 13 dados a Djacir Menezes e duas abstenções –, para ocupar a cadeira 39 da Academia Brasileira de Letras na vaga deixada por Elmano Cardim. Saudado por Alceu Amoroso Lima, tomaria posse em 1º de outubro.

1980
Ao lado de seus inseparáveis amigos Fernando Sabino, Paulo Mendes Campos e Hélio Pellegrino, participa da gravação do disco *Os 4 mineiros*, com leitura de textos literários e depoimentos autobiográficos. Tor-

Acervo IMS

Com Marcílio Marques Moreira (ao centro) e Antonio Fernando De Franceschi, à época vice-presidente e diretor de marketing, respectivamente, do Unibanco (Rio, 1977)

Paulo Barbosa/Arquivo OLR/IMS

"Os 4 cavaleiros de um íntimo apocalipse"; da esq. para a dir.: Paulo Mendes Campos, Fernando Sabino, Otto Lara Resende e, agachado, Hélio Pellegrino em Petrópolis, RJ (01.05.78)

na-se membro titular do Conselho Curador da Funarte (Fundação Nacional da Arte), sediada no Rio de Janeiro.

1981

Recebe o diploma de "Serviços Relevantes", conferido pelo governo do Estado do Rio de Janeiro, e a medalha "Cidade de Fortaleza", concedida pela Câmara Municipal da capital cearense.

1983

Aposenta-se como procurador do Estado do Rio de Janeiro. Desliga-se da Rede Globo. A Editora Ática, de São Paulo, lança *Contos mineiros*, antologia de que Otto participa com "O elo partido", texto originalmente incluído em *As pompas do mundo*. É nomeado por Tancredo Neves, governador de Minas Gerais, para integrar comissão encarregada de proceder ao estudo da reformulação do órgão estadual do patrimônio histórico e artístico.

1984

Recebe a medalha "Santos Dumont", conferida pelo governo mineiro. Integra o júri do Prêmio Casa-Grande & Senzala, promovido pela Fundação Joaquim Nabuco, de Recife. Participa, como convidado especial, do comício "Diretas já", realizado na praça da Candelária, no Rio de Janeiro.

1985

Um grupo de amigos, liderado por José Aparecido de Oliveira, indica o nome de Otto para assumir o Ministério da Cultura do governo José Sarney, empossado na Presidência da República em decorrência da morte de Tancredo Neves. O escritor não aceita o convite.

1988

Recebe o título de "Comendador da Ordem do Congresso Nacional" do Senado Federal. Morre seu pai, aos 94 anos.

1990

Torna-se membro do Conselho Consultivo do Instituto Moreira Salles, entidade cultural mantida pelo Unibanco, a partir de sua instalação.

1991

No dia do seu aniversário, 1º de maio, estréia – com a crônica "Bom dia para nascer" – colaboração diária na coluna "Rio de Janeiro", publicada na página 2 da *Folha de S.Paulo*. Otto se ocuparia dessa tarefa até 21 de dezembro de 1992, uma semana antes de sua morte. Recebe, da revista *Imprensa*, de São Paulo, o Prêmio Líbero Badaró de Jornalismo. O Círculo do Livro, editora da capital paulista, reedita *O braço direito*, seu romance de estréia, publicado em 1963. É lançada também a coletânea *O elo partido e outras histórias* pela Companhia das Letras, de São Paulo. Morre sua mãe, aos 91 anos, em Belo Horizonte.

1992

Em 28 de dezembro, Otto Lara Resende morre no Rio de Janeiro, em decorrência de complicações após uma cirurgia de hérnia de disco, operação realizada no início daquele mês.

Arquivo OLR/IMS

Legenda de Otto: "Nelson Rodrigues, Rachel de Queiroz (Oyama [Macedo, seu marido], meio escondido) e Otto Lara Resende./Posse na ABL" (1979)

Eduardo Simões/IMS

Conselho do Instituto Moreira Salles na inauguração do primeiro centro cultural da instituição, em Poços de Caldas (Minas Gerais); da esquerda para a direita, em pé: Gabriel Jorge Ferreira, Antonio Fernando De Franceschi, Fernando Moreira Salles e João Moreira Salles; sentados: Otto Lara Resende, Walther Moreira Salles, Antonio Candido, Francisco Iglésias, Jurandir Ferreira e Pérsio Arida (08.08.92)

1993

A Companhia das Letras lança *Bom dia para nascer,* coletânea de crônicas que Otto escreveu na *Folha de S.Paulo*, e reedita *O braço direito*, nova versão preparada por Ana Miranda segundo indicações deixadas por Otto.

Reprodução

1994

A família do escritor doa seu acervo ao Instituto Moreira Salles, que o abriga em seu centro cultural de Poços de Caldas. A Empresa Brasileira de Correios e Telégrafos (ECT) lança selo em sua homenagem. O IX Concurso Nacional de Crônicas, promovido pela Associação Bamerindus, de Curitiba (PR), instaura o Prêmio Otto Lara Resende. A Companhia das Letras, em co-edição com o IMS, publica *O príncipe e o sabiá,* coletânea de perfis que Otto elaborou de personagens da vida cultural e política do país; a organização do volume é da escritora Ana Miranda.

1995

Sai, pela Companhia das Letras, *A testemunha silenciosa*, que além da novela-título inclui também o conto "A cilada".

1996

A cidade do Rio de Janeiro ganha o largo Otto Lara Resende, localizado próximo ao Jardim Botânico. O acervo do escritor é transferido para o centro cultural do Instituto Moreira Salles na capital paulista.

1998

Um acordo entre o IMS e o Instituto de Estudos Brasileiros da Universidade de São Paulo (IEB-USP) resulta na formação da Equipe Otto Lara Resende, encarregada de organizar o arquivo do escritor. A editora Relume Dumará, do Rio, lança, na coleção "Perfis do Rio", *Otto Lara Resende: a poeira da glória*, de Benicio Medeiros.

2002

É aberto ao público o Arquivo Otto Lara Resende, no centro cultural do IMS-SP.

Juan Esteves

Sala de pesquisa do Arquivo Otto Lara Resende, no centro cultural do IMS-SP

No escritório de seu apartamento, à avenida Alexandre Ferreira, 350, 5º andar, Lagoa (Rio, agosto de 1989). Foto de Helena Cristina Lara Resende

ÍNDICE ONOMÁSTICO

AGRADECIMENTOS

Academia Brasileira de Letras
Agência O Globo
Alécio de Andrade
Ana Miranda
Claire Varin
Claudia Jaguaribe
Família Otto Lara Resende
Fernando Sabino
Instituto de Estudos Brasileiros-USP
JB Online
Orlando Machado
Pedro Paulo da Silva
Revista *Istoé*
Sergio Barbosa da Silva
Therezinha e Marlene Iglésias
TV Globo
Wilson Figueiredo

INSTITUTO MOREIRA SALLES

ENDEREÇOS

Sede

Av. Paulista, 1294, 14º andar, Bela Vista.
CEP: 01310-915. São Paulo-SP.
Tel.: (0 XX 11) 3371-4455;
fax: (0 XX 11) 3371-4497.
Internet – http://www.ims.com.br
E-mail: ims@ims.com.br

Centros Culturais

Rio de Janeiro
Rua Marquês de São Vicente, 476, Gávea.
CEP: 22451-040. Rio de Janeiro-RJ.
Tel.: (0 XX 21) 3284-7400;
fax: (0 XX 21) 2239-5559.

São Paulo
Rua Piauí, 844, 1º andar, Higienópolis.
CEP: 01241-000. São Paulo-SP.
Tel./fax: (0 XX 11) 3825-2560.

Belo Horizonte
Av. Afonso Pena, 737, Centro.
CEP: 30130-002. Belo Horizonte-MG.
Tel.: (0 XX 31) 3213-7900;
fax: (0 XX 31) 3213-7906.

Poços de Caldas
Rua Teresópolis, 90, Jardim dos Estados.
CEP: 37701-058. Poços de Caldas-MG.
Tel./fax: (0 XX 35) 3722-2776.